www.ingramcontent.com/pod-product-compliance
Lightning Source LLC
Chambersburg PA
CBHW080500240426
43673CB00006B/246
* 9 7 8 1 9 9 0 7 6 0 1 3 6 *

مثنوی معنوی

مولانا جلال الدین مولوی بلخی

سریال کتاب: P2225100091

سرشناسه: MLN 2022

عنوان : مثنوی معنوی دفتر اول

زیر شاخه عنوان: دیوان غزل

پدید آورنده: مولانا جلال‌الدین محمد بلخی

به درخواست: حسام‌الدین حسن چلبی

شابک کانادا: ISBN 978-1-990760-13-6

موضوع: شعر، مثنوی

متا دیتا: Poem ، Farsi

مشخصات کتاب: گالینگور ، رنگی

تعداد صفحات: 288

تاریخ نشر در کانادا: March، 2022

طراحی و گردآوری : نغمه کشاورز

انتشارات: خانه انتشارات کید زوکادو

ونکوور، کانادا 2022

دفتر اول

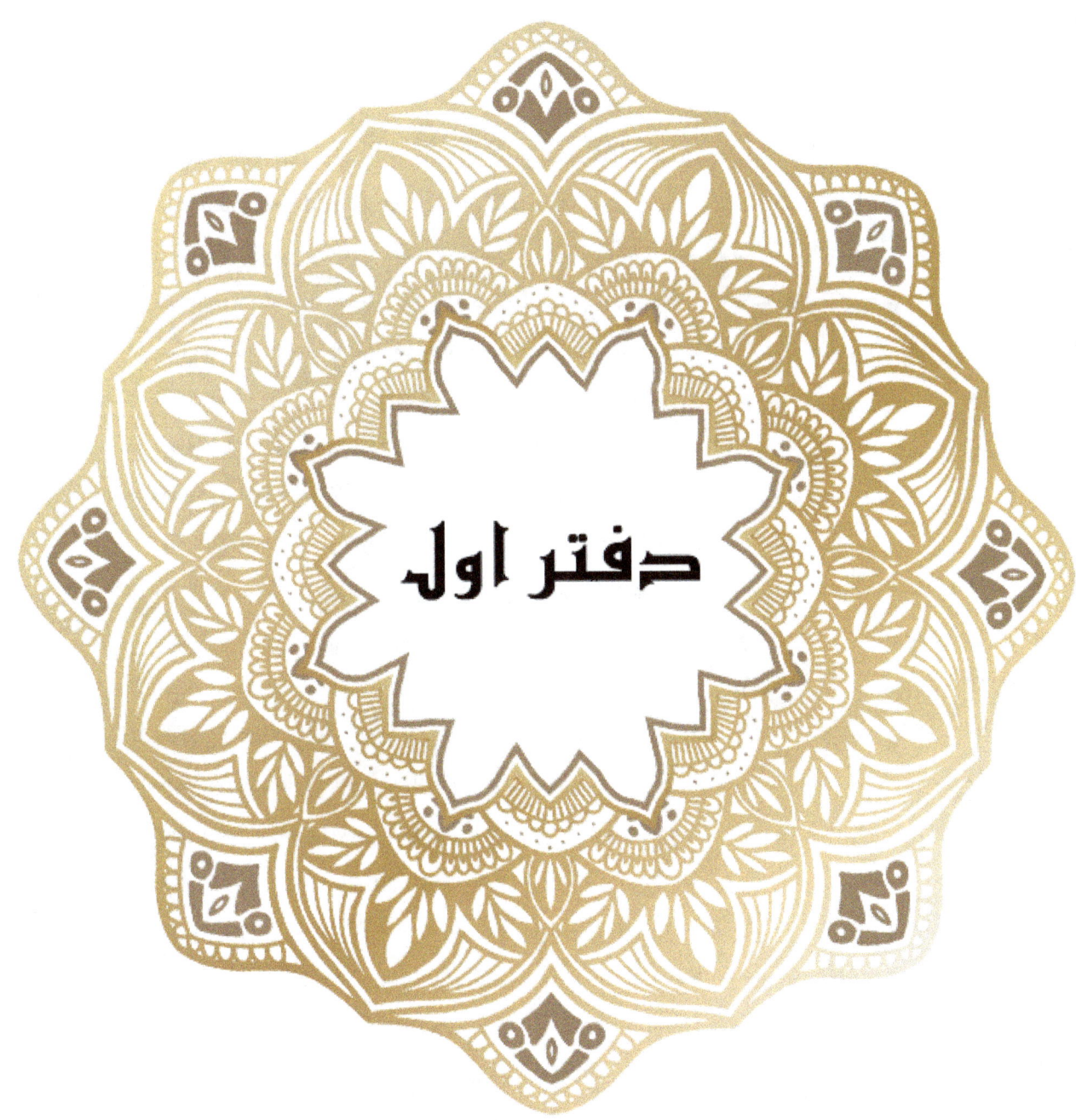

فهرست

۱. نی نامه.. ۹
۲. حکایت عاشق شدن پادشاه بر کنیزک و بیمار شدن کنیزک و تدبیر در صحت او.......................... ۱۲
۳. ظاهر شدن عجز طبیبان از معالجه کنیزک بر پادشاه و رو آوردن بدرگاه پادشاه حقیقی.............. ۱۴
۴. در خواستن توفیق رعایت ادب و وخامت بی ادبی.. ۱۶
۵ . ملاقات پادشاه با آن طبیب الهی که در خوابش بشارت بملاقات او داده بودند........................ ۱۷
۶ . بردن پادشاه طبیب را بر سر بیمار تا حال او را ببیند.. ۱۸
۷. خلوت طلبیدن آن ولی از پادشاه جهت دریافتن رنج کنیزک.. ۲۱
۸. دریافتن آن طبیب الهی رنج کنیزک را و بشاه وانمودن.. ۲۳
۹. فرستادن پادشاه رسولان به سمرقند در طلب آن مرد زرگر... ۲۴
۱۰. بیان آن که کشتن مرد زرگر به اشاره الهی بود نه بهوای نفس.. ۲۶
۱۱. حکایت مرد بقال و طوطی و روغن ریختن طوطی در دکان.. ۲۸
۱۲. داستان پادشاه جهودان که نصرانیان را می کشت از بهر تعصب ملت خود و حکایت آن استاد و شاگرد. ۲۵
۱۳. حکایت وزیر پادشاه و مکر او در تفریق ترسایان.. ۳۳
۱۴. تلبیس اندیشیدن وزیر با نصاری و مکر او.. ۳۴
۱۵. جمع آمدن نصاری با وزیر و راز گفتن او با ایشان.. ۳۶
۱۶. تمثیل مرد عارف و تفسیر الله یتوفی الانفس حین موتها الخ.. ۳۸
۱۷. سوال کردن خلیفه از لیلی و جواب دادن لیلی او را.. ۳۹
۱۸. در تحریص متابعت ولی مرشد.. ۴۰
۱۹. در بیان حسد کردن وزیر جهود.. ۴۱
۲۰. فهم کردن حاذقان نصاری، مکر وزیر را.. ۴۲
۲۱. پیغام شاه پنهانی بسوی وزیر پر تزویر.. ۴۳
۲۲. تخلیط وزیر در احکام انجیل و مکر آن.. ۴۴
۲۳. در بیان آنکه اختلاف در صورت و روش است نه در حقیقت.. ۴۶

24. بیان خسارت وزیر در این خدعه و مکر 48
25. مکر کردن وزیر و در خلوت نشستن و شور افکندن در قوم 50
26. دفع کردن وزیر مریدان را 51
27. مکرر کردن مریدان که خلوت را بشکن 52
28. جواب گفتن وزیر که خلوت را نمی شکنم 53
29. اعتراض کردن مریدان بر خلوت وزیر بار دیگر 54
30. نومید کردن وزیر، مریدان را از نقض خلوت خود 57
31. فریفتن وزیر امیران را هر یک بنوعی و طریقی 58
32. کشتن وزیر خود را در خلوت از مریدان 59
33. در بیان آنکه جمله پیغمبران حقند که لا نفرق بین احد من رسله 60
34. در آنکه انبیاء علیهم السلام را گفتند: کلموا الناس علی قدر عقولهم. زیرا آنچه ندانند، انکار کنند 61
35. منازعت کردن امرا با یکدیگر در ولیعهدی 62
36. نعت تعظیم حضرت مصطفی که در انجیل بود 64
37. در بیان حکایت پادشاه جهود دیگر که در هلاک دین عیسی جهد کرد 65
38. آتش افروختن پادشاه و بت را در پهلوی آتش نهاد، که هر که این بت سجده کند، از آتش برهد 67
39. آوردن پادشاه جهود زنی را با طفل و انداختن او طفل را در آتش و بسخن آمدن طفل در میان آتش 68
40. انداختن مردمان خود را بارادت در آتش از سر ذوق 70
41. کژ ماندن دهان آن شخص گستاخ که نام پیغمبر بتمسخر برد 71
42. عتاب کردن جهود آتش را که چرا نمیسوزی و جواب او 72
43. قصه‌ی هلاک کردن باد در عهد هود علیه السلام قوم عاد را 74
44. طنز و انکار کردن پادشاه جهود و نصیحت ناصحان او را 75
45. قصه نخجیران و بیان توکل و ترک جهد کردن 77
46. جواب شیر نخجیران را و بیان خاصیت جهد 77
47. باز ترجیح نهادن نخجیران توکل را بر جهد 77
48. باز ترجیح نهادن شیر جهد را بر توکل و تسلیم 78

2

49. باز ترجیح نخجیران توکل را بر جهد و کسب 79
50. دیگر بار بیان کردن شیر ترجیح جهد بر توکل 80
51. باز ترجیح نهادن نخجیران مر توکل را بر جهد 81
52. نگریستن عزراییل بر مردی و گریختن آن مرد در سرای حضرت سلیمان و تقریر ترجیح توکل بر جهد 82
53. بیان ترجیح دادن شیر جهد را بر توکل و فوائد جهد را بیان کردن 83
54. مقرر شدن ترجیح جهد بر توکل 84
55. انکار کردن نخجیران و جواب خرگوش مر ایشان را 84
56. مهلت خواستن خرگوش نخجیران را 85
57. اعتراض کردن نخجیران بر خرگوش و جواب دادن خرگوش ایشان را 86
58. ذکر دانش خرگوش و بیان فضیلت و منافع دانستن 87
59. باز جستن نخجیران شرّ و اندیشه ی خرگوش را 88
60. منع کردن خرگوش راز را از نخجیریان 88
61. قصه ی مکر کردن خرگوش با شیر و بسر بردن 89
62. زیافت تاویل رکیک مگس 91
63. رنجیدن شیر از دیر آمدن خرگوش 92
64. هم در بیان مکر خرگوش و تأخیر آن در رفتن 93
65. رسیدن خرگوش به شیر و خشم شیر بر وی 95
66. عذر گفتن خرگوش به شیر از تأخیر و لابه کردن 96
67. جواب گفتن شیر خرگوش را و روان شدن با او 97
68. قصه ی سلیمان و هدهد و بیان آنکه چون قضا آید چشمها بسته میشود 99
69. طعنه زدن زاغ در دعوی هدهد 100
70. جواب گفتن هدهد طعنۀ زاغ را 100
71. قصۀ آدم علیه السلام و بستن قضا نظر او را از مراعات صریح نهی و ترک نهی و تأویل 101
72. پای واپس کشیدن خرگوش از شیر چون نزدیک چاه رسید 103
73. پرسیدن شیر از سبب پای واپس کشیدن خرگوش را 105

3

74. مژده بردن خرگوش سوی نخجیران که شیر در چاه افتاد 107
75. جمع شدن نخجیران گرد خرگوش و ثنا گفتن او را 108
76. پند دادن خرگوش نخجیران را که از مردن خصم شاد مشوید 109
77. تفسیر رجعنا من الجهاد الاصغر الی الجهاد الاکبر 110
78. آمدن رسول قیصر روم به نزد عمر برسالت 111
79. یافتن رسول قیصر عمر را خفته در زیر خرما بُن 112
80. سخن گفتن عمر با رسول قیصر و مکالمات وی 113
81. سؤال کردن رسول روم از عمر 114
82. اضافت کردن آدم (ع) زلت خود را به خویش که رَبَّنا ظَلَمْناو اضافت کردن ابلیس گناه خود را به حق تعالی 116
83. تمثیل 117
84. تفسیر آیه وَ هُوَ مَعَکُمْ أَیْنَ ما کُنْتُمْ و بیان آن 118
85. سؤال کردن رسول روم از عمر از سبب ابتلای ارواح با این آب و گل اجساد 119
86. در بیان حدیث من أراد أن یجلس مع الله فلیجلس مع أهل التصوف 120
87. قصهٔ آن بازرگان که به هندوستان به تجارت میرفت و پیغام دادن طوطی محبوس بطوطیان هندوستان 121
88. صفت اجنحهٔ طیور عقول الهی 122
89. دیدن خواجه طوطیان هندوستان را در دشت و پیغام رسانیدن از آن طوطی 123
90. تفسیر قول فرید الدین عطار قدس الله روحه: 124
91. تعظیم ساحران مر موسی را علیه السلام که چه فرمایی اول تو اندازی عصا یا ما 125
92. باز گفتن بازرگان با طوطی آنچه در هندوستان دیده 127
93. شنیدن آن طوطی حرکت آن طوطی را و مردن و نوحه کردن خواجه 129
94. تفسیر قول حکیم سنائی 133
95. رجوع به حکایت خواجه‌ی تاجر 136
96. برون انداختن مرد تاجر طوطی را از قفس و پریدن طوطی مرده 137
97. وداع کردن طوطی خواجه را و پریدن 138
98. در بیان مضرت تعظیم خلق و انگشت نما شدن 138

۴

99. در بیان تفسیر آیه ما شاء الله کان و ما لم یشاء لم یکن 140

100. در بیان تفسیر قول حکیم سنائی قدس سره در این ابیات 142

101. داستان پیر چنگی که در عهد عمر از بهر خدا روز بی نوایی چنگ زد میان گورستان 143

102. در بیان تفسیر من کان لله کان الله له و بیان آن 145

103. در بیان این حدیث که إن لربکم فی أیام دهرکم نفحات ألا فتعرضوا لها 146

104. سؤال کردن صدیقه (س) از پیغمبر (ص) که باران شد و جامه تو تر نگشت و جواب آنجناب 149

105. تفسیر بیت حکیم سنائی 151

106. در معنی حدیث اغتنموا برد الربیع الی آخره 152

107. پرسیدن صدیقه (س) از پیامبر (ص) که سر باران امروزینه چه بود 153

108. بقیهٔ قصهٔ پیر چنگی در زمان عمر و بیان مخلص آن 154

109. در خواب گفتن هاتف مر عمر را که چندین زر از بیت المال به آن مرده ده که در گورستان خفته است.. 156

110. نالیدن ستون حنانه از فراغ پیغمبر علیه السلام که جماعت انبوه شدند که ما روی مبارک تو چون 157

111. اظهار معجزه پیغمبر علیه السلام بسخن آمدن سنگریزه در دست ابو جهل و گواهی دادن برسالت آنحضرت 160

112. گردانیدن عمر نظر او را از مقام گریه که هستی است به مقام استغراق که نیستی است 163

113. تفسیر دعای آن دو فرشته که هر روز بر سر بازار منادی می کنند که اللهم أعط کل منفق خلفا 165

114. قربانی کردن سروران عرب بامید قبول افتادن 166

115. قصه‌ی خلیفه که در کرم از حاتم طایی گذشته بود 167

116. قصه ی اعرابی درویش و ماجرا کردن زن با او از فقر و درد 168

117. مغرور شدن مریدان محتاج و تشبیه به مدعیان مزور و ایشان را واصل پنداشتن و نقد را از نقل نادانستن و نیافتن . 169

118. در بیان آن که نادر افتد که مریدی در مدعی مزور اعتقاد کند به صدق و به مقامی رسد که 170

119. صبر فرمودن اعرابی زن خود را 171

120. نصیحت کردن زن مر شوی را که سخن افزون از قدر و مقام خود مگو لِمَ تَقُولُونَ ما لا تَفْعَلُونَ 173

121. نصیحت مرد زن را که در فقر فقیران بخواری منگر و در کار حق بگمان کمال نگر 175

122. در بیان آن که جنبیدن هر کسی از آن جا است که وی است هر کس را از چنبرهٔ وجود خود بیند.. 177

123. مراعات کردن زن شوهر را و استغفار کردن از گفتهٔ خویش 179

124. در بیان این خبر که انهن یغلبن العاقل و یغلبهن الجاهل 181
125. تسلیم کردن مرد خود را به‌امر زن و اعتراض او را اشاره حق دانستن. نظامی در شیرین و خسرو فرموده: 182
126. در بیان آن که موسی علیه السلام و فرعون هر دو مسخر مشیت اند چنانکه زهر و پادزهر و 183
127. سبب حرمان اشقیا از دو جهان که خَسِرَ الدُّنیا وَ الْآخِرَةَ 185
128. حقیر دیدن خصمان صالح ناقۀ صالح را، چون حق تعالی خواهد لشکری را هلاک گرداند 187
129. تفسیر آیه کریمه مَرَجَ الْبَحْرَینِ یلْتَقِیان بَینَهُما بَرْزَخٌ لا یبْغِیانِ 190
130. در بیان آنکه آنچه ولی کامل کند، مرید را نشاید گستاخی کردن و همان فعل کردن، 193
131. مخلص ماجرای عرب و جفت او در فقر و شکایت 194
132. دل نهادن عرب بر التماس دل بر خویش و سوگند خوردن که در این تسلیم مرا حیلتی و امتحانی نیست. 196
133. تعیین کردن زن طریق طلب روزی شوی خود را و قبول او. 198
134. هدیه بردن آن اعرابی سبوی آب باران از میان بادیه سوی بغداد نزد خلیفه و 199
135. در نمد دوختن زن سبوی آب را و مُهر بر وی نهادن از اعتقاد 200
136. در بیان آنکه چنانکه گدا عاشق کریم است، کریم هم عاشق گداست 202
137. فرق میان آن که درویش است به خدا و تشنۀ خداست و آن که درویش است از خدا 203
138. پیش آمدن نقیبان و دربانان خلیفه از بهر اکرام اعرابی و پذیرفتن هدیۀ او را. 205
139. در بیان آنکه عاشق دنیا بر مثال عاشق دیواری است که بر او آفتاب تافته و جهد نکرد تا فهم کنَد 207
140. سپردن عرب هدیه را یعنی سبو را به غلامان خلیفه. 208
141. حکایت ماجرای نحوی در کشتی با کشتیبان 209
142. قبول کردن خلیفه هدیه را و عطای بسیار فرمودن با کمال بی نیازی از آن هدیه 210
143. در صفت پیر و مطاوعت کردن با او 214
144. وصیت کردن رسول خدا (ص) مر علی (ع) را که چون هر کسی به نوع طاعتی تقرب بحق جوید، 216
145. کبودی زدن مرد قزوینی بر شانه گاه و پشیمان شدن او به سبب زخم سوزن. 218
146. رفتن گرگ و روباه در خدمت شیر به شکار 220
147. امتحان کردن شیر گرگ را و گفتن که این صیدها را قسمت کن 222
148. قصۀ آن کس که در یاری بکوفت، از درون گفت کیست؟ گ 223

149. خواندن آن یار، یار خود را پس از بربیت یافتن 225
150. روی در کشیدن سخن از ملالت مستمعان 226
151. ادب کردن شیر گرگ را بجهة بی ادبی او 227
152. تهدید کردن نوح علیه السلام مر قوم را که با من می‌پیچید که من رو پوشم 228
153. نشاندن پادشاهان صوفیان عارف را پیش روی خویش تا چشمشان بدیشان روشن شود ... 230
154. آمدن مهمان پیش یوسف علیه السلام و تقاضا کردن یوسف از او تحفه و ارمغان 231
155. طلب کردن یوسف علیه السلام ارمغان از میهمان 232
156. گفتن مهمان یوسف علیه السلام را که ارمغان بهر تو آئینه آورده‌ام تا چون در آن نگری مرا یاد آوری .. 234
157. مرتد شدن کاتب وحی بسبب آنکه پرتو وحی بر وی زد و 236
158. دعا کردن بلعم باعور که موسی و قومش را از این شهر که حصار داده‌اند 240
159. اعتماد کردن هاروت و ماروت بر عصمت خویش در هر فتنه ای 242
160. باقی قصهٔ هاروت و ماروت و نکال و عقوبت ایشان 244
161. به عیادت رفتن کر بر همسایهٔ رنجور خویش 245
162. در بیان آنکه اول کسی که در مقابله نصّ صریح قیاس آورد ابلیس علیه اللعنه بود 247
163. در بیان آن که حال خود و مستی خود پنهان باید داشت 249
164. قصه مری کردن رومیان و چینیان در صفت نقاشی 251
165. پرسیدن پیغمبر صلی الله علیه وآله مر زید را که‌امروز چونی و چگونه از خواب برخاستی " ... 253
166. بقیه جواب گفتن زید رسول خدا صلی الله علیه و آله را که احوال خلق بر من پوشیده نیست 255
167. متهم کردن غلامان و خواجه تاشان مر لقمان را که آن میوه های ترونده که می آوردیم و خورده است 258
168. بقیه حکایت زید با پیغمبر صلی الله علیه و آله و جواب او به آنحضرت 259
169. حکایت ماهی گیر و مرد جوان و گمان او که ماهی گیر سلیمانست 260
170. گفتن پیغمبر صلی الله علیه اله مر زید را که این سرّ را فاش تر از این مکن 262
171. آتش افتادن در شهر به ایام عمر 265
172. خدو انداختن خصم بر روی امیر المؤمنین علی علیه السلام و انداختن آن حضرت شمشیر را از دست . 266
173. سؤال کردن آن کافر از آن حضرت که چون بر من ظفر یافتی چرا از قتل من اعراض فرمودی ؟ 269

174. جواب گفتن امیر المؤمنین که سبب افکندن شمشیر چه بود در آن حالت 270
175. گفتن پیغمبر به گوش رکابدار امیر المؤمنین علی (ع) که هر آینه کشتن علی بدست تو خواهد بود 273
176. تعجب کردن آدم از فعل ابلیس و عذر آوردن و توبه کردن 276
177. بقیه قصه‌ی امیر المؤمنین علی علیه السلام و مسامحت و اغماض کردن او با خونی خویش ... 278
178. افتادن رکابدار در پای امیر المومنین علی علیه السلام که ای امیر مرا بکش و از این بلیه برهان 279
179. بیان آنکه فتح طلبیدن پیغمبر صلی الله علیه و آله در مکه و غیرها جهت دوستی ملک دنیا نبود 280
180. گفتن امیر المؤمنین علیه السلام با قرین خود که چون خدو انداختی. 282
181. خاتمه‌ی دفتر اول مثنوی معنوی مولوی 283
پایان دفتر اول 283

۱. نی نامه

بشنو از نی، چون حکایت می‌کند	واز جدائی‌ها شکایت می‌کند
کز نیستان تا مرا ببریده‌اند	از نفیرم مرد و زن نالیده‌اند
سینه خواهم شرحه شرحه از فراق	تا بگویم شرح درد اشتیاق
هر کسی کاو دور ماند از اصلِ خویش	باز جوید روزگار وصلِ خویش
من به هر جمعیتی نالان شدم	جفت بَد حالان و خوش حالان شدم
هر کسی از ظنّ خود، شد یار من	از درون من نَجَست اسرار من
سِرّ من از نالهٔ من دور نیست	لیك چشم و گوش را آن نور نیست
تن ز جان و، جان ز تن مستور نیست	لیك کس را دیدِ جان دستور نیست
آتش است این بانگِ نای و، نیست، باد	هر که این آتش ندارد، نیست باد
آتشِ عشق است کاندر نی فتاد	جوشش عشق است کاندر می فتاد
نی حریف هر که از یاری بُرید	پرده هایش پرده های ما درید
همچو نی زهری و تریاقی که دید؟	همچو نی دمساز و مشتاقی که دید؟
نی حدیث راهِ پُر خون می‌کند	قصه های عشقِ مجنون می‌کند
دو دهان داریم گویا همچو نی	یک دهان پنهانست در لبهای وی
یکدهان نالان شده سوی شما	های و هوئی در فکنده در سما
لیک داند، هر که او را منظر است	کاین دهان این سری هم، زآن سَر است
دمدمه این نای از دمهای اوست	های و هوی روح از هیهای اوست
محرم این هوش، جز بی هوش نیست	مر زبان را مشتری، جز گوش نیست
گر نبودی ناله نی را ثمر	نی جهانرا پُر نکردی از شکر
در غم ما روزها بیگاه شد	روزها با سوزها همراه شد
روزها گر رفت، گو رو، باك نیست	تو بمان، ای آنکه چون تو، پاك نیست

هر که جز ماهی، ز آبش سیر شد   هر که بی روزیست، روزش دیر شد

درنیابد حال پخته، هیچ خام   پس سخن کوتاه باید، والسلام

باده در جوشش گدای جوشِ ماست   چرخ در گردش اسیر هوشِ ماست

باده از ما مست شد، نی ما از او   قالب از ما هست شد، نی ما از او

بر سماع راست هر تن چیر نیست   طعمه هر مرغکی انجیر نیست

بند بگسل، باش آزاد، ای پسر   چند باشی بند سیم و بند زر

گر بریزی بحر را در کوزه‌ای   چند گُنجد؟ قسمت یك روزه‌ای

کوزهٔ چشم حریصان پُر نشد   تا صدف قانع نشد، پُر دُرّ نشد

هر که را جامه ز عشقی چاك شد   او ز حرص و عیب کلّی پاك شد

شاد باش ای عشقِ خوش سودای ما   ای طبیب جمله علتهای ما

ای دوای نخوت و ناموس ما   ای تو افلاطون و جالینوس ما

جسمِ خاك از عشق بر افلاك شد   کوه در رقص آمد و چالاك شد

عشق، جان طور آمد عاشقا   طور مست و، خَرّ موسی صاعقا

سِر، پنهان است اندر زیر و بم   فاش اگر گویم جهان بر هم زنم

آنچه نی می‌گوید اندر این دو باب   گر بگویم من، جهان گردد خراب

با لب دمساز خود گر جفتمی   همچو نی من گفتنی‌ها گفتمی

هر که او از همزبانی شد جدا   بینوا شد، گر چه دارد صد نوا

چون که گُل رفت و گلستان در گذشت   نشنوی زآن پس ز بلبل سر گذشت

چونکه گُل رفت و گلستان شد خراب   بوی گُل را از که جوئیم؟ از گُلاب

جمله معشوق است و، عاشق پرده‌ای   زنده معشوق است و، عاشق مُرده‌ای

چون نباشد عشق را پروای او   او چو مرغی ماند بی پر، وای، او

پَر و بالِ ما کمندِ عشق اوست   مو کشانش می‌کشد تا کوی دوست

من چگونه هوش دارم پیش و پس؟   چون نباشد نور یارم پیش و پس

نور او در یمن و یسر و تحت و فوق   بر سر و بر گردنم چون تاج و طوق

عشق خواهد کاین سخن بیرون بود / آینه غمّاز نبود، چون بود؟
آینه‌ات دانی چرا غمّاز نیست؟ / زآنکه زنگار از رخش ممتاز نیست
آینه کز زنگ آلایش جُداست / پُر شعاع نور خورشید خداست
رو تو زنگار از رُخ او پاک کن / بعد از آن، آن نور را ادراک کن
این حقیقت را شنو از گوشِ دل / تا برون آئی به کلی، زآب و گِل
فهم اگر دارید، جان را ره دهید / بعد از آن، از شوق، پا در ره نهید

۲. حکایت عاشق شدن پادشاه بر کنیزك و بیمار شدن کنیزك و تدبیر در صحت او

بشنوید ای دوستان این داستان   خود حقیقت نقد حال ماست آن
نقد حال خویش را گر پی بریم   هم زدنیا، هم ز عقبی، بر خوریم
بود شاهی در زمانی پیش از این   ملك دنیا بودش و، هم ملك دین
اتفاقاً شاه روزی شد سوار   با خواص خویش از بهر شکار
بهر صیدی می‌شد او بر کوه و دشت   ناگهان در دامِ عشق او صید گشت
یك کنیزك دید شه بر شاه راه   شد غلام آن کنیزك جانِ شاه
مرغ جانش در قفس چون می‌طپید   داد مال و آن کنیزك را خرید
چون خرید او را و برخوردار شد   آن کنیزك از قضا بیمار شد
آن یکی خر داشت، پالانش نبود   یافت پالان، گرگ، خر را در ربود
کوزه بودش، آب می‌نامد به دست   آب را چون یافت، خود کوزه شکست
شه طبیبان جمع کرد از چپ و راست   گفت: جان هر دو در دست شماست
جان من سهل است، جان جانم اوست   دردمند و خسته‌ام، درمانم اوست
هر که درمان کرد مر جان مرا   برد گنج و دُرّ و مرجان مرا
جمله گفتندش: که جانبازی کنیم   فهم گرد آریم و انبازی کنیم
هر یکی از ما مسیح عالمی است   هر الم را در کف ما مرهمی است
"گر خدا خواهد" نگفتند از بطر   پس خدا بنمودشان عجز بشر
تركِ استثنا، مرادم قسوتی است   نی همین گفتن، که عارض حالتی است
ای بسا ناورده استثنا، به گفت   جان او با جان استثناست جفت
هر چه کردند از علاج و از دوا   گشت رنج افزون و حاجت ناروا
آن کنیزك از مرض چون موی شد   چشم شاه از اشكِ خون چون جوی شد
چون قضا آید، طبیب ابله شود   آن دوا در نفع خود گمره شود
از قضا سرکنگبین صفرا فزود   روغن بادام خشکی می‌نمود

از هلیله قبض شد، اطلاق رفت   آب آتش را مدد شد همچو نفت
سستی دل شد فزون و خواب کم   سوزش چشم و دل پر درد و غم
شربت و ادویه و اسباب او   از طبیبان ریخت یکسر آب رو

۳. ظاهر شدن عجز طبیبان از معالجه کنیزک بر پادشاه و رو آوردن بدرگاه پادشاه حقیقی

شه چو عجز آن طبیبان را بدید
پا برهنه جانب مسجد دوید

رفت در مسجد، سوی محراب شد
سجده گاه از اشك شه پر آب شد

چون به خویش آمد ز غرقاب فنا
خوش زبان بگشاد در مدح و ثنا

کای کمینه بخششت ملك جهان
من چه گویم؟ چون تو میدانی نهان

حال ما و این طبیبان، سر بسر
پیش لطفِ عامِ تو باشد هدر

ای همیشه حاجت ما را پناه
بار دیگر ما غلط کردیم راه

لیك گفتی: گر چه می‌دانم سِرَت
زود هم پیدا کنش بر ظاهرت

چون بر آورد از میان جان خروش
اندر آمد بحر بخشایش به جوش

در میان گریه خوابش در ربود
دید در خواب او، که پیری رو نمود

گفت: ای شه مژده، حاجاتت رواست
گر غریبی آیدت فردا ز ماست

چونکه آید، او حکیمِ حاذق است
صادقش دان، کاو امین و صادق است

در علاجش سحر مطلق را ببین
در مزاجش قدرت حق را ببین

خفته بود، آن خواب دید، آگاه شد
گشته مملوک کنیزک، شاه شد

چون رسید آن وعده گاه و روز شد
آفتاب از شرق، اختر سوز شد

بود اندر منظره شه منتظر
تا ببیند آنچه بنمودند سر

دید شخصی، کاملی، پُر مایه‌ای
آفتابی در میان سایه‌ای

می‌رسید از دور مانند هلال
نیست بود و هست، بر شکل خیال

نیست وش باشد خیال اندر جهان
تو جهانی بر خیالی بین روان

بر خیالی صلحشان و جنگشان
واز خیالی فخرشان و ننگشان

آن خیالاتی که دام اولیاست
عکس مه رویان بُستان خداست

آن خیالی را که شه در خواب دید
در رُخ مهمان همی آمد پدید

نور حق ظاهر بود اندر ولی
نیک بین باشی، اگر اهل دلی

آن ولی حق چو پیدا شد ز دور
از سر و پایش همی می‌تافت نور

شه به جای حاجیان واپیش رفت
پیش آن مهمان غیب خویش رفت

ضیف غیبی را چو استقبال کرد
چون شکر گوئی که پیوست او بورد

هر دو بحری آشنا آموخته
هر دو جان، بی دوختن بر دوخته

آن یکی چون تشنه، وآندیگر چو آب
آن یکی مخمور و، آن دیگر شراب

گفت: معشوقم تو بودستی نه آن
لیك کار از کار خیزد در جهان

ای مرا تو مصطفی، من چون عمر
از برای خدمـــتت بــندم کمر

۴. در خواستن توفیق رعایت ادب و وخامت بی ادبی

از خــدا جوئیــم توفیــق ادب / بی ادب محــروم مانــد از لطــف رب
بی ادب تنها نه خود را داشت بد / بلکه آتش در همه آفاق زد
مائده از آسمــان در می‌رسید / بی شری و بیع و بی گفت و شنید
در میان قوم موسی چند کس / بی ادب گفتند: کو سیر و عدس؟
منقطع شد خوان و نان از آسمان / ماند رنج زرع و بیل و داسمان
باز عیسی چون شفاعت کرد، حق / خوان فرستاد و غنیمت بر طبق
مائده از آسمــان شد عائــده / چونکه گفت: انزل علینا مائده
باز گســتاخان ادب بگذاشتند / چون گدایان زله‌ها برداشتنــد
کرد عیسی لابه ایشان را که این / دائم است و کم نگردد از زمین
بد گمانی کردن و حرص آوری / کفر باشد نزد خوان مهتری
زآن گدا رویــان نادیده ز آز / آن در رحمت بر ایشان شد فراز
نان و خوان از آسمان شد منقطع / بعد از آن زآن خوان نشد کس منتفع
ابر برنایــد پی مــنع زکات / وز زنا افتد وبا اندر جهات
هر چه بر تو آید از ظلمات و غم / آن ز بی باکی و گستاخیست هم
هر که بی باکی کند در راه دوست / ره زن مردان شد و، نامرد اوست
از ادب پر نور گشتست این فلک / وز ادب معصوم و پاک آمد ملک
بُد ز گســتاخی کســوف آفتاب / شد عزازیلی ز جرات رد باب
هر که گستاخی کند اندر طریق / گردد اندر وادی حیرت غریق
حال شاه و میهمان برگو تمام / زآنکه پایانی ندارد این کلام

۵. ملاقات پادشاه با آن طبیب الهی که در خوابش بشارت بملاقات او داده بودند

شه چو پیش میهمان خویش رفت
شاه بود او، لیک بس درویش رفت

دست بگشاد و کنارانش گرفت
همچو عشق اندر دل و جانش گرفت

دست و پیشانیش بوسیدن گرفت
از مقام و راه پرسیدن گرفت

پرس پرسان می‌کشیدش تا به صدر
گفت: گنجی یافتم آخر به صبر

صبر تلخ آمد، ولیکن عاقبت
میوهٔ شیرین دهد، پر منفعت

گفت: ای نور حق و دفع حرج
معنی "الصبر مفتاح الفرج"

ای لقای تو جواب هر سؤال
مشکل از تو حل شود بی قیل و قال

ترجمانی هر چه ما را در دل است
دست گیری هر که پایش در گِل است

مرحبا یا مجتبی یا مرتضی
"إن تغب جاء القضاء ضاق الفضا"

أنت مولی القوم من لا یشتهی
قد ردی کَلَّا لَئِنْ لَمْ ینته

۶. بردن پادشاه طبیب را بر سر بیمار تا حال او را ببیند

چون گذشت آن مجلس و خوانِ کرم / دست او بگرفت و بُرد اندر حرم
قصهٔ رنجور و رنجوری بخواند / بعد از آن در پیش رنجورش نشاند
رنگ رو و نبض و قاروره بدید / هم علاماتش، هم اسبابش شنید
گفت: هر دارو که ایشان کرده‌اند / آن عمارت نیست ویران کرده‌اند
بی خبر بودند از حال درون / أستعیذ الله مما یفترون
دید رنج و، کشف شد بر وی نهفت / لیک پنهان کرد و، با سلطان نگفت
رنجش از صفرا و از سودا نبود / بوی هر هیزم پدید آید ز دود
دید از زاریش، کاو زار دل است / تن خوش است و، او گرفتار دل است
عاشقی پیداست از زاری دل / نیست بیماری چو بیماری دل
علت عاشق ز علتها جداست / عشق اصطرلاب اسرار خداست
عاشقی گر زین سر و، گر زان سر است / عاقبت ما را بدان شه رهبر است
هر چه گویم عشق را شرح و بیان / چون به عشق آیم خجل گردم از آن
گر چه تفسیر زبان روشنگر است / لیک عشق بی زبان روشنتر است
چون قلم اندر نوشتن میشتافت / چون به عشق آمد، قلم بر خود شکافت
چون سخن در وصف این حالت رسید / هم قلم بشکست و هم کاغذ درید
عقل در شرحش چو خر در گِل بخفت / شرح عشق و عاشقی هم عشق گفت
آفتاب آمد دلیل آفتاب / گر دلیلت باید، از وی رو متاب
از وی ار سایه نشانی می‌دهد / شمس هر دم نور جانی می‌دهد
سایه خواب آرد تو را همچون سمر / چون بر آید شمس انْشَقَّ القمر
خود غریبی در جهان چون شمس نیست / شمسِ جان باقیی کش امس نیست
شمس در خارج اگر چه هست فرد / مثل آن هم می‌توان تصویر کرد

لیک شمسی که از او شد هست اثیر
نبودش در ذهن و در خارج نظیر

در تصور، ذات او را، گنج کو؟
تا در آید در تصور مثل او

شمس تبریزی که نور مطلق است
آفتاب است و ز انوار حق است

چون حدیث روی شمس الدین رسید
شمس چارم آسمان سر در کشید

واجب آمد چونکه بُردم نام او
شرح کردن رمزی از انعام او

این نفس جان، دامنم بر تافتست
بوی پیراهان یوسف یافتست

کز برای حق صحبت سال‌ها
باز گو رمزی از آن خوش حال‌ها

تا زمین و آسمان خندان شود
عقل و روح و دیده صد چندان شود

گفتم: ای دور اوفتاده از حبیب
همچو بیماری که دور است از طبیب

لا تکلفنی فإنی فی الفنا
کلت أفهامی فلا أحصی ثنا

کل شیئی قاله غیر المفیق
إن تکلف أو تصلف لا یلیق

هر چه می‌گوید موافق چون نبود
چون تکلف نیک نالایق نبود

من چه گویم؟ یك رگم هشیار نیست
شرح آن یاری که او را یار نیست

خود ثنا گفتن ز من، ترک ثناست
کاین دلیل هستی و هستی خطاست

شرح این هجران و این خون جگر
این زمان بگذار تا وقت دگر

قال أطعمنی فإنی جائع
و اعتجل فالوقت سیف قاطع

صوفی ابن الوقت باشد ای رفیق
نیست فردا گفتن از شرط طریق

صوفی ابن الحال باشد در مثال
گرچه هر دو فارقند از ماه و سال

تو مگر خود مرد صوفی نیستی؟
هست را از نسیه خیزد نیستی

گفتمش پوشیده خوشتر سرّ یار
خود تو در ضمن حکایت گوش دار

خوشتر آن باشد که سرّ دلبران
گفته آید در حدیث دیگران

گفت: مکشوف و برهنه بی غلول
باز گو زجرم مده ای بوالفضول

باز گو اسرار و رمز مرسلین
آشکارا به که پنهان ذکر دین

پرده بردار و برهنه گو که من
می‌نگنجم با صنم در پیرهن

گفتم: ار عریان شود او در عیان   نی تو مانی، نی کنارت، نی میان
آرزو میخواه، لیک اندازه خواه   بر نتابد کوه را یک برگِ کاه
آفتابی کز وی این عالم فروخت   اندکی گر بیش تابد، جمله سوخت
فتنه و آشوب و خون ریزی مجوی   بیش از این از شمس تبریزی مگوی
این ندارد آخر، از آغاز گوی   رو تمام این حکایت باز گوی
تا نگردد خون دل و جان جهان   لب بدوز و دیده بر بند این زمان
فتنه و آشوب و خون ریزی مجو   بیش از این از شمس تبریزی مگو
این ندارد آخر از آغاز گو   رو تمام آن حکایت باز گو

۷. خلوت طلبیدن آن ولی از پادشاه جهت دریافتن رنج کنیزک

چون حکیم از این سخن آگاه شد
وز درون همداستان شاه شد

گفت: ای شه، خلوتی کن خانه را
دور کن هم خویش و هم بیگانه را

کس ندارد گوش در دهلیزها
تا بپرسم از کنیزك چیزها

خانه خالی کرد شاه و شد برون
تا بپرسد از کنیزک او فسون

خانه خالی ماند و، یك دیار نی
جز طبیب و جز همان بیمار، نی

نرم نرمك گفت: شهر تو کجاست؟
که علاج اهل هر شهری جداست

واندر آن شهر از قرابت کیستت؟
خویشی و پیوستگی با چیستت؟

دست بر نبضش نهاد و یك به یك
باز میپرسید از جور فلك

چون کسی را خار در پایش خلد
پای خود را بر سر زانو نهد

وز سر سوزن، همی جوید سرش
ور نیابد می‌کند با لب ترش

خار در پا شد چنین دشوار یاب
خار در دل چون بود؟ واده جواب

خار دل را گر بدیدی هر خسی
دست کی بودی غمان را بر کسی

کس به زیر دم خر، خاری نهد
خر نداند دفع آن، بر می‌جهد

خر ز بهر دفع خار، از سوز و درد
جفته می‌انداخت، صد جا زخم کرد

آن لگد، کی دفع خار او کند؟
حاذقی باید که بر مرکز تند

بر جهد آن خار محکمتر زند
عاقلی باید که خاری بر کند

آن حکیم خارچین استاد بود
دست میزد، جا به جا می‌آزمود

زآن کنیزك بر طریق داستان
باز می پرسید حال دوستان

با حکیم او رازها می‌گفت فاش
از مقام و خواجگان و شهر تاش

سوی قصه گفتنش می‌داشت گوش
سوی نبض و جستنش می‌داشت هوش

تا که نبض از نام کی گردد جهان
او بود مقصود جانش در جهان

دوستان شهر او را بر شمرد
بعد از آن شهر دگر را نام برد

گفت: چون بیرون شدی از شهر خویش
در کدامین شهر میبودی تو بیش؟

نام شهری گفت و زآن هم در گذشت
رنگ روی و نبض او دیگر نگشت

خواجگان و شهرها را یك به یك
باز گفت از جای و از نان و نمك

شهر شهر و خانه خانه قصه کرد
نی رگش جنبید و، نی رخ گشت زرد

نبض او بر حال خود بُد بی گزند
تا بپرسید از سمرقند چو قند

آه سردی برکشید آن ماه روی
آب از چشمش روان شد همچو جوی

گفت: بازرگانم آنجا آورید
خواجه ای زرگر در آن شهرم خرید

در بر خود داشت ششماه و فروخت
چون بگفت این، زآتش غم برفروخت

نبض جست و روی سرخ و زرد شد
کز سمرقندی، زرگر فرد شد

چون ز رنجور آن حکیم این راز یافت
اصل آن درد و بلا را باز یافت

گفت: کوی او کدام است در گذر
او سر پل گفت و کوی غاتفر

گفت آنگه، آن حکیم با صواب
آن کنیزک را، که رستی از عذاب

گفت: دانستم که رنجت چیست، زود
در علاجت سحرها خواهم نمود

شاد باش و فارغ و ایمن، که من
آن کنم با تو، که باران با چمن

من غم تو می‌خورم، تو غم مخَر
بر تو من مشفق ترم از صد پدر

هان و هان این راز را با کس مگو
گر چه شاه از تو کند بس جستجو

تا توانی پیش کس مگشای راز
بر کسی این در مکن زنهار باز

چون که اسرارت نهان در دل شود
آن مرادت زودتر حاصل شود

گفت پیغمبر: هر آنکو سر نهفت
زود گردد با مراد خویش جفت

دانه چون اندر زمین پنهان شود
سِرّ آن، سر سبزی بستان شود

زرّ و نقره گر نبودندی نهان
پرورش کی یافتندی زیر کان؟

وعده ها و لطفهای آن حکیم
کرد آن رنجور را ایمن ز بیم

وعده ها باشد حقیقی دل پذیر
وعده ها باشد مجازی تاسه گیر

وعدهٔ اهل کرم گنج روان
وعدهٔ نااهل شد رنج روان

وعده را باید وفا کردن تمام
ور نخواهی کرد، باشی سرد و خام

۸. دریافتن آن طبیب الهی رنج کنیزک را و بشاه وانمودن

آن حکیم مهربان چون راز یافت / صورت رنج کنیزک باز یافت

بعد از آن برخاست، عزم شاه کرد / شاه را زآن شمه‌ای آگاه کرد

شاه گفت: اکنون بگو تدبیر چیست؟ / در چنین غم، موجب تأخیر چیست؟

گفت: تدبیر آن بود، کان مرد را / حاضر آریم از پی این درد را

تا شود محبوب تو خوشدل، بدو / گردد آسان این همه مشکل، بدو

قاصدی بفرست کاخبارش کنند / طالب این فضل و ایثارش کنند

مرد زرگر را بخوان زآن شهر دور / با زر و خلعت بده او را غرور

چون ببیند سیم و زر، آن بینوا / بهر زر، گردد ز خان و مان جدا

زر خرد را واله و شیدا کند / خاصه مفلس را که خوش رسوا کند

زر اگر چه عقل می‌آرد، ولیک / مردِ عاقل یابد او را نیک نیک

۹. فرستادن پادشاه رسولان به سمرقند در طلب آن مرد زرگر

چونکه سلطان از حکیم آنرا شنید
پند او را از دل و از جان شنید

گفت: فرمان تو را، فرمان کنم
هر چه گوئی آنچنان کن، آن کنم

پس فرستاد آن طرف یك دو رسول
حاذقان و کافیان بس عدول

تا سمرقند آمدند آن دو امیر
پیش آن زرگر ز شاهنشه بشیر

کای لطیف استاد کامل معرفت
فاش اندر شهرها از تو صفت

نك فلان شه، از برای زرگری
اختیارت کرد، زیرا مهتری

اینك این خلعت بگیر و زر و سیم
چون بیایی خاص باشی و ندیم

مرد، مال و خلعت بسیار دید
غره شد، از شهر و فرزندان بُرید

اندر آمد شادمان در راه مرد
بی خبر کان شاه، قصد جانش کرد

اسب تازی بر نشست و شاد تاخت
خونبهای خویش را خلعت شناخت

ای شده اندر سفر با صد رضا
خود به پای خویش تا سوء القضا

در خیالش ملك و عز و مهتری
گفت عزرائیل: رو آری بری

چون رسید از راه آن مرد غریب
اندر آوردش به پیش شه طبیب

سوی شاهنشاه بردش خوش به ناز
تا بسوزد بر سر شمع طراز

شاه دید او را و بس تعظیم کرد
مخزن زر را بدو تسلیم کرد

پس بفرمودش که بر سازد ز زر
از سوار و طوق و خلخال و کمر

هم ز انواع اوانی بی عدد
کانچنان در بزم شاهنشه سزد

زر گرفت آنمرد و شد مشغول کار
بیخبر زاینحالت و این کار زار

پس حکیمش گفت: کای سلطان مه
آن کنیزك را بدین خواجه بده

تا کنیزك در وصالش خوش شود
زآب وصلش، دفع این آتش شود

شه بدو بخشید آن مه روی را
جفت کرد آن هر دو صحبت جوی را

مدت شش ماه می‌راندند کام
تا به صحت آمد آن دختر تمام

بعد از آن از بهر او شربت بساخت / تا بخورد و پیش دختر می‌گداخت

چون ز رنجوری جمال او نماند / جان دختر در وبال او نماند

چون که زشت و ناخوش و رخ زرد شد / اندك اندك در دل او سرد شد

عشق‌هایی کز پی رنگی بود / عشق نبود، عاقبت ننگی بود

کاش کان هم ننگ بودی یك سری / تا نرفتی بر وی آن بد داوری

خون دوید از چشم همچون جوی او / دشمن جان وی آمد، روی او

دشمـن طاوس آمد، پرّ او / ای بسا شه را بکشـــته، فرّ او

چونکه زرگر از مرض بد حال شد / وز گدازش شخص او چون نال شد

گـفت: من آن آهویم کز ناف من / ریخت آن صیاد خون صاف من

ای من آن روباهِ صحرا، کز کمین / سر بریدنـــدم برای پوستین

ای من آن پیلی که زخم پیل بان / ریخـت خونم از برای استخوان

آن که کشتستم پی مادون من / می‌نداند که نخسـبد خون من

بر من است امروز و فردا بر وی است / خون چون من کس، چنین ضایع کی است؟

گر چه دیوار افکند سایهٔ دراز / باز گردد سوی او آن سایه باز

این جهان کوه است و فعل ما ندا / سـوی ما آید نداها را صدا

این بگفت و رفت در دم زیر خاك / آن کنیزك شد ز عشق و رنج پاك

زآنکه عشق مردگان پاینده نیست / زآنکه مرده سوی ما آینده نیست

عشق زنده در روان و در بصر / هر دمی باشد ز غنچه تازه تر

عشق آن زنده گزین کاو باقی است / واز شراب جان فزایت ساقی است

عشق آن بگزین که جمله انبیا / یافتند از عشق او کار و کیا

تو مگو: ما را بدان شه بار نیست / با کریمان کارها دشوار نیست

۱۰. بیان آن که کشتن مرد زرگر به اشاره الهی بود نه بهوای نفس

کشتن آن مرد بر دست حکیم / نی پی اومید بود و نی ز بیم
او نکشتش از برای طبع شاه / تا نیامد امر و الهام از اله
آن پسر را کش خضر، ببرید حلق / سرّ آن را درنیابد عام خلق
آنکه از حق یابد او وحی و خطاب / هر چه فرماید، بود عین صواب
آنکه جان بخشد، اگر بکشد رواست / نایب است و دست او دست خداست
همچو اسماعیل پیشش سر بنه / شاد و خندان پیش تیغش جان بده
تا بماند جانت خندان تا ابد / همچو جان پاکِ احمد با احد
عاشقان جام فرح آنگه کِشند / که به دست خویش خوبانشان کُشند
شاه، آن خون از پی شهوت نکرد / تو رها کن بد گمانی و نبرد
تو گمان بردی که کرد آلودگی / در صفا، غش کی هلد پالودگی
بگذر از ظن خطا، ای بدگمان / انّ بعض الظنّ اتم آخر بخوان
بهر آن است این ریاضت وین جفا / تا بر آرد کوره از نقره جفا
بهر آن است امتحان نیك و بد / تا بجوشد، بر سر آرد زر ز بَد
گر نبودی کارش الهام اله / او سگی بودی درانندە، نه شاه
پاك بود از شهوت و حرص و هوا / نیك کرد او، لیك نیك بد نما
گر خِضر در بحر کشتی را شکست / صد درستی در شکست خضر هست
وَهم موسی با همه نور و هنر / شد از آن محجوب، تو بی پر مپر
آن گُل سرخ است، تو خونش مخوان / مست عقل است او، تو مجنونش مدان
گر بُدی خون مسلمان کام او / کافرم گر بُردمی من نام او
می بلرزد عرش از مدح شقی / بد گمان گردد ز مدحش متقی
شاه بود و شاه بس آگاه بود / خاص بود و خاصهٔ الله بود
آن کسی را کش چنین شاهی کُشد / سوی تخت و بهترین جاهی کشد

قهر خاصی، از برای لطف عام / شرع میدارد روا، بگذار کام
نیم جان بستاند و، صد جان دهد / آنچه در وهمت نیاید، آن دهد
گر ندیدی سود او در قهر او / کی شدی آن لطف مطلق قهر جو؟
طفل می‌ترسد ز نیش احتجام / مادر مشفق در آن غم شاد کام
تو قیاس از خویش می‌گیری، ولیک / دور دور افتاده‌ای، بنگر تو نیک
پیشــتر آ تا بگویـــم قصه‌ای / بــو که یابـــی از بیانم حصـــه‌ای

۱۱. حکایت مرد بقال و طوطی و روغن ریختن طوطی در دکان

بود بقالی و او را طوطیی / خوش نوا و سبز و گویا طوطیی
بر دکان بودی نگهبان دکان / نکته گفتی با همه سوداگران
در خطاب آدمی ناطق بدی / در نوای طوطیان حاذق بدی
خواجه روزی سوی خانه رفته بود / بر دکان طوطی نگهبانی نمود
گربه‌ای بر جست ناگه از دکان / بهر موشی، طوطیک از بیم جان
جست از صدر دکان، سویی گریخت / شیشه‌های روغن گُل را بریخت
از سوی خانه بیامـد خواجه‌اش / بر دکان بنشست فارغ خواجه وش
دید پُر روغن دکان و جاش چرب / بر سرش زد، گشت طوطی کل ز ضرب
روزکی چندی سخن کوتاه کرد / مرد بقال از ندامت آه کرد
ریش بر می‌کند و می‌گفت: ای دریغ / کافتاب نعمتم شد زیر میغ
دست من بشکسته بودی آن زمان / که زدم من بر سر آن خوش زبان
هدیه‌ها می‌داد هر درویش را / تا بیابد نطق مرغ خویش را
بعد سه روز و سه شب حیران و زار / بر دکان بنشسته بُد نومیدوار
با هزاران غصه و غم گشتهِ جفت / کای عجب، این مرغ کی آید بگفت؟
می‌نمود آن مرغ را هر گون شگفت / واز تعجب، لب بدندان می‌گرفت
دم‌بدم می‌گفت از هر در سخن / تا که باشد کاندر آید او سخن
بر امید آنکه مرغ آید بگفت / چشم او را با صور می‌کرد جفت
جولقیی سر برهنه می‌گذشت / با سر بی مو، چو پشت طاس و طشت
طوطی اندر گفت آمد در زمان / بانگ بر درویش بر زد: کای فلان
از چه ای کل با کلان آمیختی؟ / تو مگر از شیشه روغن ریختی؟
از قیاسش خنده آمد خلق را / کو چو خود پنداشت صاحب دلق را
کار پاکان را قیاس از خود مگیر / گر چه ماند در نوشتن شیر و، شیر

جمله عالم، زین سبب گمراه شد / کم کسی ز ابدال حق آگاه شد
اشقیا را دیده بینا نبود / نیک و بد در دیدشان یکسان نمود
همسری با انبیا برداشتند / اولیا را همچو خود پنداشتند
گفته اینک: ما بشر ایشان بشر / ما و ایشان بستهٔ خوابیم و خَور
این ندانستند ایشان از عمی / هست فرقی در میان بی منتها
هر دو گون زنبور خوردند از محل / لیک شد زآن نیش و، زین دیگر عسل
هر دو گون آهو گیا خوردند و آب / زین یکی سرگین شد و، زآن مشک ناب
هر دو نی خوردند از یک آب خَر / این یکی خالی و، آن پر از شکر
صد هزاران این چنین اشباه بین / فرقشان، هفتاد ساله راه بین
این خورد، گردد پلیدی زو جدا / آن خورد، گردد همه نور خدا
این خورد، زاید همه بخل و حسد / و آن خورد، زاید همه نور احد
این زمین پاک و، آن شورست و بد / این فرشتهٔ پاک و، آن دیو است و دد
هر دو صورت گر بهم ماند رواست / آبِ تلخ و آبِ شیرین را صفاست
جز که صاحب ذوق، که شناسد بیاب؟ / او شناسد آب خوش از شوره آب
جز که صاحب ذوق، که شناسد طعوم؟ / شهد را ناخورده، کی داند ز موم؟
سحر را با معجزه کرده قیاس / هر دو را بر مکر پندارد اساس
ساحران با موسی از استیزه را / بر گرفته چون عصای او عصا
زین عصا، تا آن عصا فرقیست ژرف / زین عمل تا آن عمل، راهی شگرف
لعنة الله، این عمل را در قفا / رحمة الله، آن عمل را در وفا
کافران اندر مری بوزینه طبع / آفتی آمد درون سینه طبع
هر چه مردم می‌کند بوزینه هم / آن کند کز مرد بیند دم به دم
او گمان برده که من کردم چو او / فرق را کی داند آن استیزه خو؟
این کند از امر و، آن بهر ستیز / بر سر استیزه رویان خاک ریز
آن منافق با موافق در نماز / از پی استیزه آید، نی نیاز

در نماز و روزه و حج و زکات
با منافق مومنان در برد و مات

مومنان را برد باشد عاقبت
بر منافق، مات اندر آخرت

گر چه هر دو بر سر یك بازیند
لیک با هم مروزی و رازیند

هر یکی سوی مقام خود رود
هر یکی بر وفق نام خود رود

مومنش گویند جانش خوش شود
ور منافق تند و پر آتش شود

نام آن محبوب، از ذات وی است
نام این مبغوض، ز آفات وی است

میم و واو و میم و نون تشریف نیست
لفظ مومن جز پی تعریف نیست

گر منافق خوانیش، این نام دون
همچو کژدم می خلد در اندرون

گرنه این نام اشتقاق دوزخ است
پس چرا در وی مذاق دوزخ است؟

زشتی این نام بد، از حرف نیست
تلخی آن آب بحر، از ظرف نیست

حرف، ظرف آمد، در او معنی چو آب
بحر معنی عِنْدَهُ‌ام الکتاب

بحر تلخ و بحر شیرین در جهان
در میانشان بَرْزَخٌ لا یبغیان

وانگه این هر دو، ز یك اصلی روان
درگذر زین هر دو رو تا اصل آن

زر قلب و زر نیکو در عیار
بی محك هرگز ندانی ز اعتبار

هر که را در جان خدا بنهد محك
هر یقین را باز داند او ز شك

آنچه گفت: استفت قلبک مصطفی
آن کسی داند، که پُر بود از وفا

در دهانِ زنده خاشاك ار جهد
آنگه آرامد که بیرونش نهد

در هزاران لقمه یك خاشاكِ خُرد
چون در آمد، حس زنده پی ببرد

حس دنیا، نردبان این جهان
حس عقبا، نردبان آسمان

صحت این حس، بجوئید از طبیب
صحت آن حس بجوئید از حبیب

صحت این حس ز معموری تن
صحت آن حس ز تخریب بدن

شاهِ جان، مر جسم را ویران کند
بعد ویرانیش آبادان کند

ای خنک جانی که بهر عشق و حال
بذل کرد او خان و مان و ملک و مال

کرد ویران خانه بهر گنج زر
وز همان گنجش کند معمورتر

آب را بُبرید و جو را پاك کرد
بعد از آن در جو روان کرد آب خَورد

پوست را بشکافت، پیکان را کشید
پوست تازه بعد از آتش بردمید

قلعه ویران کرد و از کافر سِتد
بعد از آن بر ساختش صد برج و سد

کار بیچون را که کیفیت نهد؟
این که گفتم هم ضرورت می‌دهد

گه چنین بنماید و، گه ضد این
جز که حیرانی نباشد کار دین

کاملان کز سِرّ تحقیق آگهند
بیخود و حیران و مست و والِه‌اند

نه چنین حیران که پشتش سوی اوست
بل چُنان حیران که غرق و مستِ دوست

آن یکی را روی او شد سوی دوست
وین یکی را روی او خود روی دوست

روی هر یك مینگر میدار پاس
بو که گردی تو ز خدمت رو شناس

دیدن دانا عبادت، این بود
فقح ابواب سعادت، این بود

چون بسی ابلیس آدم روی هست
پس به هر دستی نشاید داد دست

زانکه صیاد آورد بانگِ صفیر
تا فریبد مرغ را، آن مرغ گیر

بشنود آن مرغ بانگ جنس خویش
از هوا آید بیابد دام و نیش

حرف درویشان بدزدد مردِ دون
تا بخواند بر سلیمی زان فسون

کار مردان روشنی و گرمی است
کار دونان حیله و بی شرمی است

شیر پشمین از برای کد کنند
بو مسیلم را لقب احمد کنند

بو مسیلم را لقب کذاب ماند
مر محمد را اولو الالباب ماند

آن شراب حق ختامش مشك ناب
باده را ختمش بود، گند و عذاب

۱۲. داستان پادشاه جهودان که نصرانیان را می کشت از بهر تعصب ملت خود و حکایت آن استاد و شاگرد

بود شاهی در جهودان ظلم ساز — دشمن عیسی و نصرانی گداز

عهد عیسی بود و نوبت آن او — جان موسی او و، موسی جان او

شاهِ احول کـــرد در راه خدا — آن دو دمساز خدائی را جدا

گفت استاد احولی را، کاندرآ — رو برون آر از وثاق آن شیشه را

چون درون خانه احول رفت زود — شیشه پیش چشم او دو می‌نمود

گفت احول: زان دو شیشه من کدام — پیـــش تو آرم؟ بکن شرح تمام

گفت استاد: آن دو شیشه نیست، رو — احولی بگذار و افزون بین مشو

گفت: ای استا مرا طعنـــه مزن — گفت استا: زان دو یك را بر شکن

چون یکی بشکست هر دو شد ز چشم — مرد احول گردد از میلان و خشم

شیشه یك بود و به چشمش دو نمود — چون شکست آن شیشه را، دیگر نبود

خشم و شهوت، مرد را احول کند — ز استقامت روح را مبدل کند

چون غرض آمد، هنر پوشیده شد — صد حجاب از دل به سوی دیده شد

چون دهد قاضی به دل رشوت قرار — کی شناسد ظالم از مظلوم زار؟

شاه از حـــقد جـــهودانه چنان — گشت احول، کالامان یا رب امـــان

صد هزاران مومن و مظلوم کشت — که پناهم دین موسی را و پشت

۱۳. حکایت وزیر پادشاه و مکر او در تفریق ترسایان

شه وزیری داشت رهزن عشوه دِه — کاو بر آب از مکر بر بستی کره
گفت: ترسایان پناه جان کنند — دین خود را از ملک پنهان کنند
با ملک گفت: ای شه اسرار جو — کم کش ایشان را و دست از خون بشو
کم کش ایشان را که کشتن سود نیست — دین ندارد بوی، مشك و عود نیست
سِر، پنهان است اندر صد غلاف — ظاهرش با توست و باطن بر خلاف
شاه گفتش: پس بگو تدبیر چیست؟ — چارهٔ آن مکر و آن تزویر چیست؟
تا نماند در جهان نصرانئی — نی هویدا دین و، نی پنهانئی

١٤. تلبیس اندیشیدن وزیر با نصاری و مکر او

گفت: ای شه گوش و دستم را ببر
بینی ام بشکاف و لب، از حکم مر

بعد از آن، در زیر دار آور مرا
تا بخواهد یك شفاعتگر مرا

بر منادیگاه کن، این کار تو
بر سر راهی که باشد چار سو

آنگهم از خود بران تا شهر دور
تا در اندازم بر ایشان صد فتور

چون شوند آنقوم از من دین پذیر
کار ایشان، سر بسر شوریده گیر

در میانشان فتنه و شور افکنم
کاهنان، خیره شوند اندر فنم

آنچه خواهم کرد با نصرانیان
آن نمی‌آید کنون اندر بیان

چون شمارندم امین و رازدان
دام دیگر گون نهم در پیششان

واز حیل بفریبم ایشان را همه
واندر ایشان افکنم، صد دمدمه

تا بدست خویش، خون خویشتن
بر زمین ریزند، کوته شد سخن

پس بگویم: من پسرِ نصرانیم
ای خدای، ای راز دان، می‌دانی ام

شاه واقف گشت از ایمان من
وز تعصب کرد قصد جان من

خواستم تا دین ز شه پنهان کنم
آنچه دین اوست، ظاهر آن کنم

شاه بوئی برد از اسرار من
متهم شد پیش شه گفتار من

گفت: گفت تو چو در نان سوزن است
از دل من، تا دل تو روزن است

من از آن روزن بدیدم حال تو
حال دیدم، کی نیوشم قال تو؟

گر نبودی جان عیسی چاره‌ام
او جهودانه بکردی پاره‌ام

بهر عیسی جان سپارم، سر دهم
صد هزاران منتش بر جان نهم

جان دریغم نیست از عیسی، ولیك
واقفم بر علم دینش، نیك نیك

حیف میآید مرا، کان دین پاك
در میان جاهلان گردد هلاك

شکر یزدان را و عیسی را، که ما
گشته ایم این دین حق را رهنما

واز جهودی، واز جهودان، رسته‌ایم / تا به زُنّار این میان را بسته‌ایم
دور، دور عیسی است، ای مردمان / بشنوید اسرار کیش او به جان
چون شمارندم امین و مقتدا / سر نهندم، جمله جویند اهتدا
چون وزیر آن مکر را بر شه شمرد / از دلش اندیشه را کلی ببرد
کرد با وی شاه، آن کاری که گفت / خلق حیران مانده زان راز نهفت
کرد رسوایش میان انجمــن / تا که واقف شد ز حالش مرد و زن
رانــد او را جانب نصـرانیـان / کرد در دعوت شروع، او بعد از آن
چون چنین دیدند ترسایانش، زار / می‌شــدند اندر غـم او اشــکبار
حال عالم این چنین است، ای پسر / از حسد می‌خیزد اینها سر بسر

۱۵. جمع آمدن نصاری با وزیر و راز گفتن او با ایشان

صد هزاران مرد ترسا سوی او / اندك اندك جمع شد در کوی او

او بیان می‌کرد با ایشان به راز / سرّ انکلیون و، زُنّار و نماز

او بیان می‌کرد با ایشان فصیح / دائما ز افعال و اقوال مسیح

او به ظاهر واعظ احکام بود / لیك در باطن، صفیر و دام بود

بهر این بعضی صحابه از رسول / ملتمس بودند مکر نفس غول

کاو چه‌امیزد ز اغراض نهان؟ / در عبادتها و در اخلاص جان

فضل ظاهر را نجستندی از او / عیب باطن را بجستندی، که کو؟

مو به مو و ذره ذره مکر نفس / می‌شناسیدند چون گل از کرفس

گفت زان فصلی حذیفه با حسن / تا بدان شد وعظ تذکیرش حسن

موشکافان صحابه جمله شان / خیره گشتندی در آن وعظ و بیان

دل بدو دادند ترسایان تمام / خود چه باشد قوت تقلید عام؟

در درون سینه مِهرش کاشتند / نایب عیسیش می‌پنداشتند

او به سر دجال یك چشم لعین / ای خدا فریاد رس، نعم المعین

صد هزاران دام و دانست، ای خدا / ما چو مرغان حریص بی نوا

دمبدم پا بستهٔ دام نویم / هر یکی گر باز و سیمرغی شویم

می‌رهانی هر دمی ما را و باز / سوی دامی می‌رویم ای بی نیاز

ما در این انبار گندم می‌کنیم / گندم جمع آمده گم می‌کنیم

می‌نیندیشیم آخر ما به هوش / کین خلل در گندم است از مکر موش

موش تا انبار ما حفره زدست / وز فنش انبار ما ویران شدست

اول ای جان، دفع شرّ موش کن / وانگه اندر جمع گندم جوش کن

بشنو از اخبار آن صدر الصدور / لا صلاة تمّ الا بالحضور

گر نه موش دزد در انبار ماست / گندم اعمال چل ساله کجاست؟

ریزه ریزه صدق هر روزه، چرا   جمع می ناید در این انبار ما؟
بس ستارهٔ آتش از آهن جهید   وآن دل سوزیده پذرفت و کشید
لیک در ظلمت یکی دزدی نهان   می نهد انگشت بر استارگان
می‌کشد استارگان را یک به یک   تا که نفروزد چراغی از فلک
چون عنایاتت شود با ما مقیم   کی بود بیمی از آن دزد لئیم؟
گر هزاران دام باشد هر قدم   چون تو با مایی نباشد هیچ غم
هر شبی از دام تن، ارواح را   می‌رهانی، می‌کنی الواح را
می‌رهند ارواح هر شب زین قفس   فارغان، نه حاکم و محکوم کس
شب ز زندان بی خبر زندانیان   شب ز دولت بی خبر سلطانیان
نی غم و اندیشهٔ سود و زیان   نی خیال این فلان و آن فلان

۱۶. تمثیل مرد عارف و تفسیر الله یتوفی الانفس حین موتها الخ

حال عارف این بود بی خواب هم / گفت ایزد هُمْ رُقُودٌ، زین مرم

خفته از احوال دنیا روز و شب / چون قلم در پنجهٔ تقلیب رب

آن که او پنجه نبیند در رقم / فعل پندارد به جنبش از قلم

شمه ای زین حال، عارف وانمود / خلق را هم خواب حسی در ربود

رفته در صحرای بیچون جانشان / روحشان آسوده و ابدانشان

تُرکِ روز آخر چو بازرین سپر / هندوی شب را به تیغ افکند سر

میل هر جانی بسوی تن بود / هر تنی از روح آبستن بود

از صفیری، باز دام اندر کشی / جمله را در داد و در داور کشی

چونکه نور صبحدم سر بر زند / کرکس زرین گردون پر زند

فالِقُ الْإِصْباح، اسرافیل وار / جمله را در صورت آرد زان دیار

روح‌های منبسط را تن کند / هر تنی را باز آبستن کند

اسب جانها را کند عاری ز زین / سر "النوم اخ الموت" است این

لیك بهر آن که روز آیند باز / بر نهد بر پایشان بند دراز

تا که روزش واکشد زان مرغزار / و از چراگاه آردش در زیر بار

کاش چون اصحاب کهف آن روح را / حفظ کردی، یا چو کشتی نوح را

تا از این طوفان بیداری و هوش / وارهیدی این ضمیر و چشم و گوش

ای بسا اصحاب کهف اندر جهان / پهلوی تو، پیش تو هست این زمان

غار با تو، یار با تو در سرود / مُهر بر چشم است و، برگوشت، چه سود؟

باز دان، کز چیست این روپوش‌ها؟ / ختم حق بر چشمها و گوش‌ها

۱۷. سوال کردن خلیفه از لیلی و جواب دادن لیلی او را

گفت لیلی را خلیفه: کان توئی؟ / کز تو مجنون شد پریشان و غوی؟
از دگر خوبان تو افزون نیستی / گفت: خامش، چون تو مجنون نیستی
دیدهٔ مجنون اگر بودی تو را / هر دو عالم بی خطر بودی تو را
باخودی تو، لیک مجنون بیخود است / در طریق عشق بیداری بد است
هر که بیدار است او در خواب تر / هست بیداریش از خوابش بتر
هر که در خواب است، بیداریش به / مست غفلت، عین هشیاریش به
چون به حق بیدار نبود جان ما / هست بیداری چو دربندان ما
جان همه روز از لگدکوب خیال / واز زیان و، سود و، از خوفِ زوال
نی صفا می‌ماندش، نی لطف و فر / نی به سوی آسمان راه سفر
خفته آن باشد که او از هر خیال / دارد اومید و، کند با او مقال
نی چنانکه از خیال آید بحال / آن خیالش گردد او را صد وبال
دیو را چون حور بیند او به خواب / پس ز شهوت ریزد او با دیو آب
چون که تخم نسل را در شوره ریخت / او به خویش آمد، خیال از وی گریخت
ضعف سر بیند از آن و، تن پلید / آه از آن نقش پدید ناپدید
مـــرغ بر بالا پران و سایه‌اش / میدود بر خاك، پران مرغ وش
ابلهی صیاد آن سایه شود / میدود چندان که بی مایه شود
بی خبر کان عکس آن مرغ هواست / بی خبر که اصل آن سایه کجاست
تیر اندازد به سوی سایه او / ترکشش خالی شود در جست و جو
ترکش عمرش تهی شد، عمر رفت / از دویدن در شکار سایه، تفت
سایهٔ یزدان چو باشد دایه‌اش / وارهاند از خیال و سایه اش
سایهٔ یزدان بود بندهٔ خدا / مردهٔ این عالم و، زندهٔ خدا

۱۸. در تحریص متابعت ولی مرشد

دامن او گیر زوتر بی‌گمان / تا رهی از آفت آخر زمان
کَیفَ مَدَّ الظِّلَّ، نقش اولیاست / کو دلیل نور خورشید خداست
اندر این وادی مرو بی این دلیل / لا أُحِبُّ الافلین گو چون خلیل
رو ز سایه، آفتابی را بیاب / دامن شه شمس تبریزی بتاب
ره ندانی جانب این سور و عُرس / از ضیاء الحق حسام الدین بپرس
ور حسد گیرد ترا در ره گلو / در حسد ابلیس را باشد غلو
کاو ز آدم ننگ دارد از حسد / با سعادت جنگ دارد از حسد
عقبه ای زین صعبتر در راه نیست / ای خنک آنکش، حسد همراه نیست
این جسد خانهٔ حسد آمد بدان / از حسد آلوده گردد خاندان
خان و مانها از حسد گردد خراب / بازِ شاهی از حسد گردد غراب
گر جسد خانهٔ حسد باشد، ولیك / آن جسد را پاك کرد الله، نیك
یافت پاکی از جناب کبریا / جسمِ پُر از کبر و پُر حقد و ریا
طَهِّرا بَیتِی، بیان پاکی است / گنج نور است، ار طلسمش خاکی است
چون کنی بر بی حسد مکر و حسد / ز آن حسد دل را سیاهی‌ها رسد
خاك شو مردان حق را زیر پا / خاك بر سر کن حسد را، همچو ما

۱۹. در بیان حسد کردن وزیر جهود

آن وزیرک از حسد بودش نژاد / تا به باطل گوش و بینی باد داد
بر امید آنکه از نیش حسد / زهر او در جان مسکینان رسد
هر کسی کاو از حسد، بینی کند / خویشتن بی گوش و بی بینی کند
بینی آن باشد که او بوئی برد / بوی او را جانب کوئی برد
هر که بویش نیست بی بینی بود / بوی آن بوی است، کان دینی بود
چون که بوئی برد و، شکر آن نکرد / کفر نعمت آمد و بینیش خَورد
شکر کن، مر شاکران را بنده باش / پیش ایشان مرده شو، پاینده باش
چون وزیر از ره زنی مایه مساز / خلق را تو بر میاور از نماز

۲۰. فهم کردن حاذقان نصاری، مکر وزیر را

ناصح دین گشته آن کافر وزیر   کرده او از مکر در لوزینه سیر

هر که صاحب ذوق بود، از گفت او   لذتی می‌دید و، تلخی جفت او

نکته‌ها می‌گفت او آمیخته   در جلاب قند زهری ریخته

هان مشو مغرور زان گفت نکو   زانکه دارد صد بدی در زیر او

او چو باشد زشت، گفتش زشت دان   هر چه گوید مرده، آنرا نیست جان

گفتِ انسان، پاره‌ای زان سان بود   پاره ای از نان یقین که نان بود

زان علی فرمود نَقل جاهلان   بر مزابل همچو سبزه است، ایفلان

بر چنان سبزه هر آن کو برنشست   بر نجاست بیشکی بنشسته است

بایدش خود را بشستن از حدث   تا نماز فرض او نبود عبس

ظاهرش می‌گفت: در ره چُست شو   وز اثر می‌گفت: جان را سست شو

ظاهر نقره، گر اسپید است و نو   دست و جامه، می سیه گردد ازو

آتش ار چه سرخ روی است از شرر   تو ز فعل او سیه کاری نگر

برق اگر چه نور آید در نظر   لیك هست از خاصیت، دزد بصر

هر که جز آگاه و صاحب ذوق بود   گفت او در گردن او طوق بود

مدت شش سال در هجران شاه   شد وزیر اتباع عیسی را پناه

دین و دل را کل بدو بسپرد خلق   پیش امر و حکم او می‌مرد خلق

۲۱. پیغام شاه پنهانی بسوی وزیر پر تزویر

در میان شاه و او پیغام‌ها شاه را پنهان بدو آرام‌ها
آخر الامر، از برای آن مراد تا دهد چون خاک، ایشان را بباد
پیش او بنوشت شه: کای مقبلم وقت آمد، زود فارغ کن دلم
زانتظارم دیده و دل بر رهست زین غمم آزاد کن، گر وقت هست
گفت: اینک اندر آن کارم شها کافکنم در دین عیسی فتنه‌ها
قوم عیسی را بُد اندر دار و گیر حاکمانشان ده امیر و دو امیر
هر فریقی مر امیری را تبع بنده گشته میر خود را از طمع
این ده و این دو امیر و قومشان گشته بند آن وزیر بَد نشان
اعتماد جمله بر گفتار او اقتدای جمله بر رفتار او
پیش او در وقت و ساعت هر امیر جان بدادی، گر بدو گفتی که میر
چون زبون کرد آن جهودک جمله را فتنه‌ای انگیخت از مکر و دها
ساخت طوماری به نام هر یکی نقش هر طومار، دیگر مسلکی

۲۲. تخلیط وزیر در احکام انجیل و مکر آن

حکم‌های هر یکی نوع دگر
این خلاف آن، ز پایان تا به سر

در یکی راه ریاضت را و جوع
رکن توبه کرده و، شرط رجوع

در یکی گفته: ریاضت سود نیست
اندر این ره، مخلصی جز جود نیست

در یکی گفته که: جوع و جود تو
شرك باشد از تو با معبود تو

جز توکل جز که تسلیم تمام
در غم و راحت همه مکر است و دام

در یکی گفته که: واجب خدمت است
ورنه اندیشهٔ توکل تهمت است

در یکی گفته که: امر و نهیهاست
بهر کردن نیست، شرح عجز ماست

تا که عجز خود ببینیم اندر آن
قدرت حق را بدانیم آن زمان

در یکی گفته که: عجز خود مبین
کفر نعمت کردن است آن عجز، هین

قدرت خود بین که این قدرت از اوست
قدرت خود نعمت او دان که هوست

در یکی گفته: کز این دو بر گذر
بت بود هر چه بگنجد در نظر

در یکی گفته: مکش این شمع را
کین نظر چون شمع آمد جمع را

از هوای خویش در هر ملتی
گشته هر قومی اسیر ذلتی

از نظر چون بگذری و از خیال
کُشته باشی نیم شب شمع وصال

در یکی گفته: بکش، باکی مدار
تا عوض بینی یکی را صد هزار

که ز کشتن، شمع جان افزون شود
لیلی ات از صبر چون مجنون شود

ترك دنیا، هر که کرد از زهد خویش
پیش آید پیش او دنیا و بیش

در یکی گفته که: آنچت داد حق
بر تو شیرین کرد در ایجاد حق

بر تو آسان کرد و خوش آن را بگیر
خویشتن را در میفگن در زحیر

در یکی گفته که: بگذار آنِ خَود
کان قبول طبع تو، ردّ است و بد

راه‌های مختلف آسان شدست
هر یکی را ملتی چون جان شدست

گر میسر کردن حق ره بُدی
هر جهود و گبر از او آگه شدی

در یکی گفته: میسر آن بود
که حیات دل، غذای جان بود

هر چه ذوق طبع باشد چون گذشت
بر نیارد همچو شوره ریع و کشت

جز پشیمانی نباشد ریع او
جز خسارت پیش نارد، بیع او

آن میسر نبود اندر عاقبت
نام او باشد معسر عاقبت

تو معسر، از میسر باز دان
عاقبت بنگر جمال این و آن

در یکی گفته که: استادی طلب
عاقبت بینی نیابی در حسب

چشم بر سر و ندارد ایتلاف
دور شو تا یابی از حق ائتلاف

عاقبت دیدند هر گون امتی
لاجرم گشتند اسیر زلتی

عاقبت دیدن نباشد دست باف
ور نه، کی بودی ز دینها اختلاف؟

در یکی گفته که: استا هم تویی
زانکه استا را شناسا هم تویی

مرد باش و، سخرهٔ مردان مشو
رو سر خود گیر و سر گردان مشو

در یکی گفته که: این جمله توئی
می‌نگنجد در میان ما دوئی

اینهمه آغاز ما، آخر یکیست
هر که او دو بیند احول مردکیست

در یکی گفته که: صد یك چون بود؟
این که اندیشد؟ مگر مجنون بود

هر یکی قولی است، ضد همدگر
چون یکی باشد؟ بگو، زهر و شکر

در معانی اختلاف و در صور
روز و شب بین خار و گل، سنگ و گهر

تا ز زهر و، از شکر در نگذری
کی تو از گلزار وحدت بو بری؟

وحدت اندر وحدت است این مثنوی
از سمک رو تا سماک، ای معنوی

۲۳. در بیان آنکه اختلاف در صورت و روش است نه در حقیقت

زین نمط وین نوع، ده طومار و دو
بر نوشت آن دین عیسی را عدو

او ز یك رنگی عیسی بو نداشت
وز مزاج خمّ عیسی، خو نداشت

جامهٔ صد رنگ، زآن خم صفا
ساده و یك رنگ گشتی، چون ضیا

نیست یکرنگی کز او خیزد ملال
بل مثال ماهی و آب زلال

گر چه در خشکی هزاران رنگهاست
ماهیان را با یبوست جنگهاست

کیست ماهی؟ چیست دریا در مثل؟
تا بدان ماند خدا عز و جل

صد هزاران بحر و ماهی در وجود
سجده آرد پیش آن دریای جود

چند باران عطا باران شده
تا بدان، آن بحر دُرّ افشان شده

چند خورشید کرم افروخته
تا که ابر و بحر جود آموخته

چند خورشید کرم تابان بده
تا بدان، آن ذره سر گردان شده

پرتو ذاتش، زده بر ماء و طین
تا شده دانه، پذیرندهٔ زمین

خاك امین و، هر چه در وی کاشتی
بی خیانت جنس آن برداشتی

این امانت، ز آن عنایت یافتست
کافتاب عدل بر وی تافتست

تا نشان حق نیارد نو بهار
خاك سرها را نسازد آشکار

آن جوادی که، جمادی را بداد
این هنرها، وین امانت، وین سداد

آن جماد از لطف، چون جان میشود
زمهریر، از قهر پنهان میشود

آن جمادی گشت از فضلش لطیف
کل شیئ من ظریف هو ظریف

هر جمادی را کند فضلش خبیر
غافلان را کرده قهر او ضریر

جان و دل را طاقت این جوش نیست
با که گویم؟ در جهان یك گوش نیست

هر کجا گوشی بُد، از وی چشم گشت
هر کجا سنگی بُد، از وی یشم گشت

کیمیا ساز است، چبود کیمیا؟
معجزه بخش است، چبود سیمیا؟

این ثنا گفتن ز من، ترك ثناست
کاین دلیل هستی و، هستی خطاست

پیش هست وی بباید، نیست بود چیست هستی پیش او کور و کبود؟
گر نبودی کور، از او بگداختی گرمی خورشید را بشـــناختی
ور نبودی او کبود از تعزیت کی فسردی همچو یخ این ناحیت؟

۲۴. بیان خسارت وزیر در این خدعه و مکر

همچو شه نادان و غافل بُد وزیر / پنجه میزد با قدیم ناگزیر
ناگزیر جمله، کان حی قدیر / لایزال و لم یزل، فرد بصیر
با چنان قادر خدائی کز عدم / صد چو عالم هست گرداند به دم
صد چو عالم در نظر پیدا کند / چونکه چشمت را به خود بینا کند
گر جهان پیشت بزرگ و بی بنیست / پیش قدرت، ذره ای می دان، که نیست
این جهان خود حبس جان‌های شماست / هین دوید آن سو، که صحرای شماست
این جهان محدود و آن خود بی حد است / نقش صورت پیش آن معنی، سد است
صد هزاران نیزهٔ فرعون را / در شکست از موسئی، با یک عصا
صد هزاران طب جالینوس بود / پیش عیسی و دمش، افسوس بود
صد هزاران دفتر اشعار بود / پیش حرف امیئی‌اش، عار بود
با چنین غالب خداوندی، کسی / چون نمیرد؟ گر نباشد او خسی
بس دل چون کوه را، انگیخت او / مرغ زیرک با دو پا، آویخت او
فهم و خاطر تیز کردن نیست راه / جز شکسته، می‌نگیرد فضل شاه
ای بسا گنج آکنان، کنج کاو / کان خیال اندیش را، شد ریش گاو
گاو که بود تا تو ریش او شوی؟ / خاک چه بود تا حشیش او شوی؟
زرّ و نقره چیست تا مفتون شوی؟ / چیست صورت تا چنین مجنون شوی؟
این سرا و باغ تو، زندان توست / ملک و مال تو، بلای جان توست
آنجماعت را که ایزد مسخ کرد / آیت تصویرشان را نسخ کرد
چون زنی از کار بد شد روی زرد / مسخ کرد او را خدا و، زَهره کرد
عورتی را زَهره کردن، مسخ بود / خاک و گِل گشتن، چه باشد ای عنود؟
روح میبردت سوی چرخ برین / سوی آب و گل شدی در اسفلین
خویشتن را مسخ کردی زین سفول / زآن وجودی که، بُد آن رشک عقول

پس بتر زین مسخ کردن چون بود؟ — پیش آن مسخ، این به غایت دون بود

اسب همت سوی اختر تاختی — آدم مسجود را نشناختی

آخر آدم زاده ای ای ناخلف — چند پنداری تو پستی را شرف؟

چند گویی: من بگیرم عالمی؟ — این جهان را پر کنم از خود همی

گر جهان پر برف گردد سربه سر — تاب خور بگذاردش از یک نظر

وِزرِ او و، وِزرِ چون او، صد هزار — نیست گرداند خدا، از یك شرار

عین آن تخییل را، حکمت کند — عین آن زَهرآب را، شربت کند

در خرابی، گنجها پنهان کند — خار را گل، جسمها را جان کند

آن گمان انگیز را سازد یقین — مِهرها انگیزد از اسباب کین

پرورد در آتش ابراهیم را — ایمنی روح سازد، بیم را

از سبب سازیش، من سودائیم — وز سبب سوزیش، سوفسطائیم

در سبب سازیش، سرگردان شدم — وز سبب سوزیش هم، حیران شدم

۲۵. مکر کردن وزیر و در خلوت نشستن و شور افکندن در قوم

چون وزیر ماکر بد اعتقاد
دین عیسی را بَدل کرد، از فساد

مکر دیگر آن وزیر از خود ببست
وعظ را بگذاشت، در خلوت نشست

در مریدان در فکند از شوق سوز
بود در خلوت، چهل، پنجاه روز

خلق دیوانه شدند از شوق او
از فراق حال و، قال و، ذوق او

لابه و زاری همی کردند و، او
از ریاضت گشته در خلوت، دو تو

گفته ایشان: بی تو ما را نیست نور
بی عصا کش، چون بود احوال کور؟

از سر اکرام و، از بهر خدا
بیش از این ما را مدار از خود جدا

ما چو طفلانیم و، ما را دایه تو
بر سر ما گستران آن سایه تو

گفت: جانم از محبان دور نیست
لیك بیرون آمدن دستور نیست

آن امیران در شفاعت آمدند
وآن مریدان در ضراعت آمدند

کاین چه بد بختیست ما را؟ ای کریم
از دل و دین مانده ما بی تو یتیم

تو بهانه می‌کنی و، ما ز درد
میزنیم از سوز دل، دمهای سرد

ما به گفتار خوشت خو کرده‌ایم
ما ز شیر حکمت تو خورده‌ایم

الله الله، این جفا با ما مکن
لطف کن، امروز را فردا مکن

می‌دهد دل مر ترا؟ کاین بیدلان
بی تو گردند آخر از بی حاصلان

جمله در خشکی چو ماهی می‌طپند
آب را بگشا، ز جو بر دار بند

ای که چون تو در زمانه نیست کس
الله الله، خلق را فریاد رس

۲۶. دفع کردن وزیر مریدان را

گفت: هان ای سخـرگان گفت و گو / وعظ و گفـتار زبان و گوش جو

پنبه اندر گوش حس دون کنـید / بندِ حس، از چشم خود بیرون کنید

پنبهٔ آن گوش سر، گوش سر است / تا نگردد این کر، آن باطن کر است

بی حس و بی گوش و بی فکرت شوید / تا خطاب ارْجِـعِی را بشـنوید

تا به گفت و گویِ پندار اندری / تو ز گفت خواب کی بوئی بری؟

سیر بیرونست، فعل و قول ما / سیر باطن هست بالای سـما

حس، خشکی دید، کز خشکی بزاد / موسی جان، پای در دریا نهاد

چونکه عمر اندر رہ خشکی گذشت / گاه کوه و، گاه صحرا، گاه دشت

سیر جسم خشك، بر خشکی فتاد / سیر جان، پا در دل دریا نـهاد

آب حیوان، از کجا خواهی تو یافت؟ / موج دریا را، کجا خواهی شکافت؟

موج خاکی، فهم و وهم و فکر ماست / موج آبی صحو و سُکر است و فناست

تا در این فکری، از آن سُکری تو دور / تا از این مستی، از آن جامی نفور

گفت و گوی ظاهر آمد چون غبار / مدتی خاموش خو کن، هوش دار

۲۷. مکرر کردن مریدان که خلوت را بشکن

جمله گفتند: ای حکیم رخنه جو / این فریب و، این جفا با ما مگو
ما اسیرانیم، تا کی زین فریب؟ / بیدل و جانیم، چندین این عتیب؟
چون پذیرفتی تو ما را زابتدا / مرحمت کن همچنین تا انتها
ضعف و عجز و فقر ما دانسته‌ای / درد ما را هم دوا دانسته‌ای
چار پا را، قدر طاقت بار نه / بر ضعیفان، قدر قوّت کار نه
دانهٔ هر مرغ، اندازهٔ وی است / طعمهٔ هر مرغ، انجیری کی است؟
طفل را گر نان دهی، بر جای شیر / طفل مسکین را از آن نان مرده گیر
چونکه دندانها بر آرد، بعد از آن / هم بخود گردد دلش جویای نان
مرغ پَر نارسته، چون پران شود / لقمهٔ هر گربهٔ دران شود
چون بر آرد پر، بپرد او به خَود / بی تکلف، بی صفیر نیک و بد
دیو را، نطق تو، خامش می‌کند / گوش ما را، گفت تو، هُش می‌کند
گوش ما هوش است، چون گویا توئی / خشک ما بحر است، چون دریا توئی
با تو، ما را خاک بهتر از فلک / ای سماک از تو منور تا سمک
بی تو، ما را بر فلک تاریکی است / با تو ای مه، این زمین تاری، کی است؟
با مه روی تو شب تاری، کی است؟ / روز را بی نور تو، تاریکیست
با تو، بر خاک از فلک بردیم دست / بر سما ما بی تو، چون خاکیم پست
صورت رفعت بود، افلاک را / معنی رفعت، روان پاک را
صورت رفعت، برای جسمهاست / جسمها در پیش معنی، اسم هاست
الله الله یک نظر بر ما فکن / لا تقنطنا فقد ظال الحزن

۳۸. جواب گفتن وزیر که خلوت را نمی شکنم

گفـت: حجت‌های خود کوته کنیـد
پند را در جان و در دل، ره کنید

گر امـینم، متهـم نبـود امین
گر بگویم آسمـان را من زمین

گر کمالم، با کمال انکار چیسـت؟
ور نیم، این زحمت و آزار چیست؟

من نخواهم شد از این خلوت برون
زآن که مشغولم به احوال درون

۲۹. اعتراض کردن مریدان بر خلوت وزیر بار دیگر

جمله گفتند: ای وزیر، انکار نیست / گفت ما، چون گفتهٔ اغیار نیست
اشكِ دیدَست از فراق تو روان / آه آه است، از میان جان دوان
طفل با دایه نه استیزد، ولیك / گرید او، گرچه، نه بد داند، نه نیك
ما چو چنگیم و، تو زخمه می‌زنی / زاری از ما نی، تو زاری می‌کنی
ما چو نائیم و، نوا در ما ز توست / ما چو کوهیم و، صدا در ما ز توست
ما چو شطرنجیم، اندر بُرد و مات / بُرد و مات ما ز توست، ای خوش صفات
ما که باشیم؟ ای تو ما را جانِ جان / تا که ما باشیم، با تو در میان
ما عدم‌هائیم و، هستی‌ها نما / تو وجود مطلقی، فانی نما
ما همه شیران، ولی شیر علم / حمله مان از باد باشد، دمبدم
حمله مان پیدا و، ناپیداست باد / جان فدای آنکه ناپیداست باد
باد ما و، بود ما، از داد توست / هستی ما جمله از ایجاد توست
لذت هستی نمودی، نیست را / عاشق خود کرده بودی نیست را
لذت انعام خود را، وامگیر / نقل و باده، جام خود را، وامگیر
ور بگیری، کیت جستجو کند؟ / نقش با نقاش، چون نیرو کند؟
منگر اندر ما، مکن در ما نظر / اندر اکرام و سخای خود نگر
ما نبودیم و تقاضامان نبود / لطف تو، ناگفتهٔ ما می‌شنود
نقش باشد پیش نقاش و قلم / عاجز و بسته، چو کودك در شکم
پیش قدرت، خلقِ جمله بارگه / عاجزان، چون پیش سوزن کارگه
گاه نقش دیو و، گه آدم کند / گاه نقش شادی و، گه غم کند
دست نی، تا دست جنباند به دفع / نطق نی، تا دم زند از ضرّ و نفع
تو ز قرآن باز خوان تفسیر بیت / گفت ایزد: ما رَمَیتَ اِذ رَمَیت

گر بپرانیم تیر، آن نی ز ماست
ما کمان و، تیر اندازش خداست

این نه جبر، این معنی جباری است
ذکر جباری، برای زاری است

زاری ما شد، دلیل اضطرار
خجلت ما شد، دلیل اختیار

گر نبودی اختیار، این شرم چیست؟
وین دریغ و خجلت و آزرم چیست؟

زجر استادان، به شاگردان چراست؟
خاطر از تدبیرها، گردان چراست؟

ور تو گویی: غافل است از جبر او
ماه حق، پنهان شد اندر ابر او

هست این را خوش جواب ار بشنوی
بگذری از کفر و، بر دین بگروی

حسرت و زاری، گه بیماری است
وقت بیماری، همه بیداری است

آن زمان که می‌شوی بیمار تو
می‌کنی از جرم استغفار تو

می‌نماید بر تو زشتی گنه
می‌کنی نیت: که باز آیم به ره

عهد و پیمان می‌کنی که: بعد از این
جز که طاعت نبودم کاری گزین

پس یقین گشت آن که بیماری تو را
می ببخشد هوش و بیداری تو را

پس بدان این اصل را، ای اصل جو
هر که را درد است، او بردست بو

هر که او بیدارتر، پُر دردتر
هر که او آگاه‌تر، رخ زردتر

گر ز جبرش آگهی، زاریت کو؟
جنبش زنجیر جباریت کو؟

بسته در زنجیر، شادی چون کند؟
چوب اشکسته، عمادی چون کند؟

کی اسیر حبس، آزادی کند؟
کی گرفتار بلا، شادی کند؟

ور تو می بینی که پایت بسته‌اند
بر تو سرهنگان شه، بنشسته‌اند

پس تو سرهنگی مکن با عاجزان
زآنکه نبود، طبع و خوی عاجز، آن

چون تو جبر او نمی‌بینی، مگو
ور همی بینی، نشان دید کو؟

در هر آن کاری که میل استت بدان
قدرت خود را همی بینی عیان

در هر آن کاری که میلت نیست و خواست
اندر آن جبری شوی، کاین از خداست

انبیا، در کار دنیا جبریند
کافران، در کار عقبی جبریند

انبیا را کار عقبی اختیار
کافران را کار دنیا اختیار

زآنکه هر مرغی به سوی جنس خویش	می‌پرد او در پس و، جان پیش پیش
کافران، چون جنس سجّین آمدند	سجن دنیا را، خوش آیین آمدند
انبیا، چون جنس علیین بُدند	سوی علیین بجان و دل شدند
ایخدا، بنما تو جان را آن مقام	که اندرو بی‌حرف می‌روید کلام
این سخن پایان ندارد لیک ما	باز گوئیم آن تمامی قصه را

۳۰. نومید کردن وزیر، مریدان را از نقض خلوت خود

آن وزیر از انـدرون آواز داد / کای مریدان، از من این معلوم باد
که مرا عیسی چنین پیغام کرد / کز همه یاران و خویشان باش فرد
روی در دیوار کن، تنها نشین / وز وجود خویش هم خلوت گزین
بعد از این، دستوری گفتار نیست / بعد از این، با گفت و گویم کار نیست
الوداع ای دوستان، من مرده‌ام / رخت بر چارم فلك در برده‌ام
تا به زیر چرخ ناری چون حطب / من نسوزم، در عنا و در عطب
پهلوی عیسی نشینم بعد از این / بر فــراز آسـمان چارمیـن

۳۱. فریفتن وزیر امیران را هر یک بنوعی و طریقی

وآن گهانی، آن امـیران را بخـواند　　یك به یك تنها، به هر یك حرف راند

گفت هر یك را: به دین عیـسوی　　نایب حق و، خلـیفهٔ من توی

و آن امـیران دگر اتـباع تو　　کرد عیسی جمله را، اشیاع تو

هر امیری کو کشد گردن، بگیر　　یا بکش، یا خود همی دارش اسیر

لیك تا من زنده‌ام اینرا مگوی　　تا نمیرم، این ریاست را مجوی

تا نمیرم من، تو این پیدا مکن　　دعوی شـاهی و اسـتیلا مکن

اینك این طومار و احکام مسیح　　یك به یك بر خوان تو بر امت، فصیح

هر امیری را چنین گفت او جدا　　نیست نایب جز تو، در دین خدا

هر یکی را کرد اندر سِرّ عزیز　　هر چه آن را گفت، این را گفت نیز

هر یکی را، او یکی طومار داد　　هر یکـی ضد دگر بُد الـمراد

ضد همدیـگر ز پایان تا بسر　　شرح دادستم من این را، ای پسر

جملگی طومارها بُد مخـتلف　　همچو شکل حرفها، یا تا الف

حکم این طومار، ضد حکم آن　　پیش از این کردیم این ضد را بیان

۳۲. کشتن وزیر خود را در خلوت از مریدان

بعد از آن، چل روزِ دیگر در ببست / خویش کشت و، از وجود خود برست
چون که خلق از مرگ او آگاه شد / بر سر گورش قیامتگاه شد
خلق چندان جمع شد بر گور او / موکنان، جامه دران، در شور او
کان عدد را هم، خدا داند شمرد / از عرب، وز ترک و، از رومی و کرد
خاکِ او کردند بر سرهای خویش / درد او دیدند درمانهای خویش
آن خلایق بر سر گورش، مهی / کرده خون را از دو چشم خود رهی
جمله از درد فراغش در فغان / هم شهان و هم کهان و هم مهان
بعد ماهی، خلق گفتند: ای مهان / از امیران کیست بر جایش نشان؟
تا به جای او شناسیمش امام / تا که کار ما، از او گردد تمام
سر همه بر اختیار او نهیم / دست بر دامان و دست او دهیم
چونکه شد خورشید و، ما را کرد داغ / چاره نبود بر مقامش از چراغ
چونکه شد از پیش دیده، روی یار / نایبی باید از او مان یادگار
چونکه گل بگذشت و، گلشن شد خراب / بوی گل را، از که جوئیم؟ از گلاب
چون خدا اندر نیاید در عیان / نایب حقند، این پیغمبران
نی غلط گفتم، که نایب با منوب / گر دو پنداری، قبیح آید، نه خوب
نی دو باشد، تا تویی صورت پرست / پیش او یک گشت، کز صورت برست
چون به صورت بنگری، چشمت دو است / تو به نورش درنگر، کان یکتو است
لاجرم، چون بر یکی افتد بصر / آن یکی باشد، دو ناید در نظر
نور هر دو چشم نتوان فرق کرد / چونکه در نورش، نظر انداخت مرد

۳۳. در بیان آنکه جمله پیغمبران حقند که لا نفرق بین احد من رسله

ده چراغ ار حاضر آری در مکان / هر یکی باشد به صورت، غیر آن
فرق نتوان کرد نور هر یکی / چون به نورش روی آری، بی شکی
اطلب المعنی من الفـرقان و قل / لا نفــرق بین آحـاد الرُسُل
گر تو صد سیب و، صد آبی بشمری / صد نماند، یك شود چون بفشری
در معانی قسمت و اعداد نیست / در معانی تجزیه و افراد نیست
اتحاد یار، با یاران خوش است / پای معنی گیر، صورت سرکش است
صورت سرکش، گدازان کن، ز رنج / تا ببینی زیر آن، وحدت چو گنج
ور تو نـگدازی، عنـایت‌های او / خود گــدازد ای دلم مــولای او
او نمـاید، هم به دلها خویش را / او بدوزد، خــرقهٔ درویــش را
منبسط بودیم و یك گوهر همه / بی سر و بی پا بُدیم، آن سر همه
یك گهر بودیم، همچون آفتاب / بی گره بودیم و صافی، همچو آب
چون به صورت آمد آن نور سره / شد عدد، چون سایه های کنگره
کنگره ویران کنیــد، از منجنیق / تا رود فرق از میان این فریق

۳٤. در بیان آنکه انبیاء علیهم السلام را گفتند: کلموا الناس علی قدر عقولهم.

زیرا آنچه ندانند، انکار کنند و ایشان را زیان دارد. قال علیه السلام: امرنا ان تنزل الناس منازلهم، الی آخر.

شرح این را گفتمی من از مری	لیک ترسم، تا نلغزد خاطری
نکته ها، چون تیغ پولاد است، تیز	گر نداری تو سپر، واپس گریز
پیش این الماس، بی اسپر میا	کز بریدن تیغ را نبود حیا
زین سبب من تیغ کردم در غلاف	تا که کج خوانی، نخواند بر خلاف

۳۵. منازعت کردن امرا با یکدیگر در ولیعهدی

آمدیم اندر تمامی داستان
وز وفاداری جمع راستان

کز پس این پیشوا برخاستند
بر مقامش نایبی می‌خواستند

یك امیری ز آن امیران، پیش رفت
پیش آن قوم وفا اندیش رفت

گفت: اینك نایب آن مرد، من
نایب عیسی منم اندر زمن

اینک این طومار، برهان من است
کاین نیابت بعد از او آنِ من است

آن امیر دیگر آمد از کمین
دعوی او در خلافت بُد همین

از بغل او نیز طوماری نمود
تا بر آمد هر دو را خشم و جحود

آن امیران دگر یك یك قطار
بر کشیده تیغه‌ای آب دار

هر یکی را تیغ و طوماری به دست
درهم افتادند، چون پیلانِ مست

هر امیری داشت خیل بیکران
تیغ‌ها را برکشیدند آن زمان

صد هزاران مردِ ترسا کشته شد
تا ز سرهای بریده پُشته شد

خون روان شد همچو سیل از چپ و راست
کوه کوه، اندر هوا زین گرد خاست

تخم‌های فتنه‌ها کاو کِشته بود
آفت سرهای ایشان گشته بود

جوزها بشکست و، آن کان مغز داشت
بعد کشتن، روح پاكِ نغز داشت

کشتن و مردن، که بر نقش تن است
چون انار و سیب را بشکستن است

آنچه شیرین است، آن شد یارِ دانگ
وآنچه پوسیدست، نبود غیر بانگ

آنچه پر مغز است، چون مُشک است پاک
وانچه پوسیده است، نبود غیر خاک

آن چه با معنی است، خوش پیدا شود
وآنچه بی معنیست، خود رسوا شود

رو به معنی کوش، ای صورت پرست
زآنکه معنی بر تن صورت پُر است

همنشین اهل معنی باش، تا
هم عطا یابی و هم باشی فتا

جان بی معنی در این تن، بی خلاف
هست همچون تیغ چوبین در غلاف

تا غلاف اندر بود با قیمت است
تیغ چوبین را مَبَر در کارزار
گر بود چوبین، بُرو دیگر طلب
تیـغ در زرادخانهٔ اولـیاست
جمله دانایان همین گفته، همین
گر اناری میخری، خندان بخر
ای مبارك خنده اش، کاو از دهان
نارِ خندان، باغ را خندان کند
نامبارك، خندهٔ آن لاله بود
یک زمانی، صحـبتی با اولیا
گر تو سنگ صخره و مرمر بوی
مهر پاکان در میان جان نشان
کوی نومیدی مـرو، امیدهاست
دل ترا، در کوی اهل دل کشد
هین غذای دل طلب از هم دلی
دست زن در ذیل صاحب دولتی
صحبت صالح تو را، صالح کند

چون برون شد، سوختن را آلت است
بنگر اول، تا نگردد کار، زار
ور بود الماس، پیش آ با طرب
دیدن ایشـان شما را کیمیاست
هسـت دانا رَحْمَـــةً للعالمین
تا دهد خنده ز دانهٔ او خبر
می‌نماید دل چو دُر، از درج جان
صحبت مردانت، چون مردان کند
کز دهان او، سواد دل، نمود
بهتر از صد ساله طاعت بی ریا
چون به صاحب دل رسی، گوهر شوی
دل مده الا، به مهر دل خوشان
سوی تاریکی مرو، خورشیدهاست
تن ترا، در حبس آب و گل کشد
رو بجو اقبـال را از مقبلی
تا ز افـضالش بیابی رفعتی
صحبت طالح تو را، طالح کند

۳۶. نعت تعظیم حضرت مصطفی که در انجیل بود

بود در انجیل نام مصطفی / آن سر پیغمبران، بحر صفا
بود ذکر حلیه‌ها و شکل او / بود ذکر غزو و صوم و اکل او
طایفهٔ نصرانیان بهر ثواب / چون رسیدندی بدان نام و خطاب
بوسه دادندی بدان نام شریف / رو نهادندی بدان وصف لطیف
اندر این فتنه که گفتم، آن گروه / ایمن از فتنه بُدند و، از شکوه
ایمن از شرّ امیران و وزیر / در پناه نام احمد مستجیر
نسل ایشان نیز هم بسیار شد / نور احمد ناصر آمد، یار شد
وآن گروه دیگر از نصرانیان / نام احمد داشتندی مستهان
مستهان و خوار گشتند از فتن / از وزیر شوم رای شوم فن
مستهان و خوار گشتند آن فریق / گشته محروم از خود و، شرط طریق
هم مخبط دینشان و حکمشان / از پی طومارهای کج بیان
نام احمد، چون چنین یاری کند / تا که نورش چون مددکاری کند؟
نام احمد چون حصاری شد، حصین / تا چه باشد ذات آن روح الامین؟
بعد از این، خون ریزِ درمان ناپذیر / کاندر افتاد از بلای آن وزیر

۳۷. در بیان حکایت پادشاه جهود دیگر که در هلاك دین عیسی جهد کرد

یك شه دیگر ز نسل آن جهود
در هلاك قوم عیسی رو نمود
گر خبر خواهی از این دیگر خروج
سوره بر خوان، و السما ذات البروج
سنت بَد، کز شه اول بزاد
این شه دیگر، قدم بر وی نهاد
هر که او بنهاد ناخوش سنتی
سوی او نفرین رود هر ساعتی
زانکه هر چه این کند، زانگون ستم
زاولین جوید خدا، بی بیش و کم
نیکوان رفتند و سنت‌ها بماند
وز لئیمان، ظلم و لعنت‌ها بماند
تا قیامت، هر که جنس آن بَدان
در وجود آید، بود رویش بدان
رگ رگ است این آبِ شیرین، و آب شور
در خلایق می‌رود تا نفخ صور
نیکوان را هست میراث از خوش آب
آن چه میراث است أَوْرَثْنَا الكتاب
شد نثار طالبان، ار بنگری
شعله‌ها از گوهر پیغمبری
شعله‌ها، با گوهران گردان بود
شعله آن جانب رود، هم کان بود
نور روزن گِرد خانه میدود
زآنکه خور، برجی به برجی می‌رود
هر که را با اختری پیوستگیست
مر ورا، با اختر خود هم تکی است
طالعش گر زهره باشد در طرب
میل کُلی دارد و، عشق و طلب
ور بود مریخی خون ریز خو
جنگ و بهتان و خصومت جوید او
اختراننند، از ورای اختران
که احتراق و نحس نبود اندر آن
سایران در آسمان‌های دگر
غیر این هفت آسمان مشتهر
راسخان در تاب انوار خدا
نی بهم پیوسته، نی از هم جدا
هر که باشد طالع او، زآن نجوم
نفس او کفار سوزد در رجوم
خشم مریخی نباشد خشم او
منقلب رو، غالب مغلوب خو
نور غالب، ایمن از کسف و غسق
در میان اصبعین نور حق

حق فشاند آن نور را بر جان‌ها ‌‌ مقبلان برداشته دامان‌ها
وآن نثار نور، هر کس یافته ‌‌ روی از غیر خدا برتافته
هر که را دامان عشقی، نابده ‌‌ زآن نثار نور، بی بهره شده
جزوها را، رویها سویکُل است ‌‌ بلبلان را عشق، با روی گل است
گاو را رنگ از برون و، مرد را ‌‌ از درون جو، رنگ سرخ و زرد را
رنگهای نیك، از خُمّ صفاست ‌‌ رنگ زشتان، از سیاه آبِ جفاست
صِبْغَةَ الله، نام آن رنگ لطیف ‌‌ لَعْنَةُ الله، بوی این رنگ کثیف
آنچه از دریا به دریا می‌رود ‌‌ از همانجا کامد، آنجا می‌رود
از سَر کُه، سیل‌های تیز رو ‌‌ وز تن ما، جان عشق آمیز رو

۳۸. آتش افروختن پادشاه و بت را در پهلوی آتش نهادن، که هر که این بت سجده کند، از آتش برهد

آن جهود سگ ببین چه رای کرد
پهلوی آتش، بتی بر پای کرد

کانکه این بت را سجود آرد، برَست
ور نیارد، در دل آتش نشست

چون سزای این بت نفس، او نداد
از بت نفسش، بتی دیگر بزاد

مادر بتهـا، بت نفس شماست
زآنکه آن بت مار و، این بت اژدهاست

آهن و سنگ است نفس و، بت شرار
آن شرار از آب می‌گیرد قرار

سنگ و آهن زآب، کی ساکن شود؟
آدمی با این دو، کی ایمن بود؟

سنگ و آهن در درون دارند نار
آب را، بر نارشان نبود گذار

زآب، چون نار برون کشته شود
در درون سنگ و آهن، کی رود؟

آهن و سنگ است، اصل نار و دود
فرع هر دو، کفرِ ترسا و جهود

بت، سیاه آبست در کوزه نهان
نفس، مر آب سیه را، چشمه دان

آن بت منحوت، چون سیل سیاه
نفس بتگر، چشمه ای بر شاهراه

بت درون کوزه چون آب گذر
نفس شومت چشمهٔ آن، ای مصر

صد سبو را بشکند، یك پاره سنگ
و آب چشمه می‌زهاند بی درنگ

آب خُم و کوزه گر، فانی شود
آب چشمه تازه و، باقی بود

بت شکستن سهل باشد، نیك سهل
سهل دیدن نفس را، جهل است، جهل

صورت نفس ار بجوئی، ای پسر
قصهٔ دوزخ بخوان، با هفت در

هر نفس مکری و، در هر مکر از آن
غرقه صد فرعون، با فرعونیان

در خدای موسی و، موسی گریز
آب ایمان را ز فرعونی مریز

دست را اندر احـد و احمد بزن
ای برادر، واره از بوجهـلِ تن

۳۹. آوردن پادشاه جهود زنی را با طفل و انداختن او طفل را در آتش و بسخن آمدن طفل در میان آتش

یك زنی با طفل آورد آن جهود
پیش آن بت، و آتش اندر شعله بود

گفت: ای زن پیش این بت سجده کن
ورنه در آتش بسوزی بی سخُن

بود آن زن پاکدین و مؤمنه
سجدهٔ آن بت نکرد، آن موقنه

طفل از او بستد، در آتش در فکند
زن بترسید و، دل از ایمان بکند

خواست تا او سجده آرد پیش بت
بانگ زد آن طفل: کإنی لم أمت

اندرآ مادر که من اینجا خوشم
گر چه در صورت میان آتشم

چشم بند است آتش، از بهر حجیب
رحمت است این، سر بر آورده ز جیب

اندرآ مادر، ببین برهان حق
تا ببینی عشرت خاصان حق

اندرآ و آب بین، آتش مثال
از جهانی کاتش است آبش مثال

اندرآ اسرار ابراهیم بین
کاو در آتش یافت ورد و یاسمین

مرگ می‌دیدم گه زادن ز تو
سخت خوفم بود افتادن ز تو

چون بزادم، رَستم از زندان تنگ
در جهانی، خوش هوائی، خوب رنگ

این جهان را چون رحم دیدم کنون
چون در این آتش بدیدم این سکون

اندر این آتش بدیدم عالمی
ذره ذره، اندر او عیسی دمی

نك، جهانِ نیست شکلِ هست ذات
و آن جهانتان هست شکلِ بی ثبات

اندرآ مادر به حق مادری
بین که این آذر ندارد آذری

اندرآ مادر که اقبال آمدست
اندرآ مادر، مده دولت ز دست

قدرت آن سگ بدیدی، اندرآ
تا ببینی قدرت و فضل خدا

من ز رحمت می‌گشایم پای تو
کز طرب خود نیستم پروای تو

اندرآ و دیگران را هم بخوان
کاندر آتش، شاه بنهادست خوان

اندر آئیـد ای همه، پروانه وار
اندر این آتش که دارد صد بهار

اندر آئید، ای مسلمانان همه
غیر عذب دین، عذاب است آن همه

اندر آئیـد و ببـینید این چنین
سرد گشتـه آتش گرم مهیـن

اندر آئید، ای همه مست و خراب
اندر آئید، ای همه عین عتاب

اندر آئید، اندر این بحر عمیق
تا که گردد روح، صافی و رقیق

مادرش انداخت خود را اندر او
دست او بگرفت، طفل مهر خو

اندر آمد مادر آن طفل خُرد
اندر آتش، گوی دولت را ببرد

مادرش هم زآن نسق، گفتن گرفت
دُرّ وصف لطف حق، سفتن گرفت

بانگ میزد در میان آن گروه
پُر همی شد جان خلقان از شکوه

نعره میزد خلق را: کای مردمان
اندر آتش بنگرید این بوستان

۴۰. انداختن مردمان خود را بارادت در آتش از سر ذوق

خلق خود را بعد از آن بی خویشتن / می‌فکندند اندر آتش مرد و زن

بی موکل بی کشش از عشق دوست / زآنکه شیرین کردن هر تلخ، از اوست

تا چنان شد، کان عوانان خلق را / منع می‌کردند، کاتش در میا

آن یهودی شد سیه رو و خجل / شد پشیمان زین سبب، بیمار دل

کاندر ایمان، خلق عاشق‌تر شدند / در فنای جسم، صادق‌تر شدند

مکر شیطان هم در او پیچید، شُکر / دیو خود را هم سیه رو دید، شُکر

آنچه می‌مالند بر روی کسـان / جمع شد در چهرهٔ آن ناکس، آن

آنکه می‌درید جامهٔ خلق، چُست / شد دریده آنِ او، زایشان درست

۴۱. کژ ماندن دهان آن شخص گستاخ که نام پیغمبر بتمسخر برد

آن دهان کژ کرد و، از تسخر بخواند   نام احمد را، دهانش کژ بماند
باز آمد، کای محمد عفـو کن   ای ترا الطاف و علم من لدن
من تو را افسوس می‌کردم ز جهل   من بُدم افسوس را، منسوب و اهل
چون خدا خواهد که پردهٔ کس درد   میلش اندر طعنهٔ پاکان برد
ور خدا خواهد که پوشد عیب کس   کم زند در عیب معیوبان نفس
چون خدا خواهد که مان یاری کند   میـل ما را جانـب زاری کـند
ای خنك چشمی، که او گریان اوست   ای همایون دل، که او بریان اوست
از پی هر گریه آخر خنده ایست   مرد آخر بین، مبارك بنده ای است
هر کجا آب روان، سبزه بود   هر کجا اشك روان، رحمت شود
باش چون دولاب نالان، چشم تر   تا ز صـحن جانت، بر روید خضر
مرحمت فرمود سید، عفو کرد   چون ز جرأت توبه کرد از روی زرد
رحم خواهی، رحم کن بر اشك بار   رحم خواهی، بر ضعیفان رحم آر

۴۲. عتاب کردن جهود آتش را که چرا نمیسوزی و جواب او

رو به آتش کرد شه: کای تند خو   آن جهان سوز طبیعی خوت کو؟
چون نمیسوزی، چه شد خاصیتت؟   یا ز بخت ما دگر شد نیتت
می نبخشایی تو بر آتش پرست   آن که نپرستد ترا، او چون برست؟
هرگز ای آتش تو صابر نیستی   چون نسوزی؟ چیست؟ قادر نیستی؟
چشم بند است، ای عجب، یا هوش بند   چون نسوزاند چنین شعلهٔ بلند؟
جادوئی کردت کسی، یا سیمیاست   یا خلاف طبع تو، از بخت ماست
گفت آتش: من همانم آتشم   اندرآ تا تو ببینی تابشم
طبع من دیگر نگشت و عنصرم   تیغ حقم، هم به دستوری بُرم
بر در خرگه، سگان ترکمان   چاپلوسی کرده پیش میهمان
ور به خرگه بگذرد بیگانه رو   حمله بیند از سگان، شیرانه او
من ز سگ کم نیستم در بندگی   کم ز ترکی نیست حق، در زندگی
آتش طبعت اگر غمگین کند   سوزش از امر ملیك دین کند
آتش طبعت اگر شادی دهد   اندر او شادی ملیك دین نهد
چون که غم بینی، تو استغفار کن   غم به‌امر خالق آمد، کار کن
چون بخواهد، عین غم شادی شود   عین بند پای، آزادی شود
باد و خاك و آب و آتش بنده‌اند   با من و تو مرده، با حق زنده‌اند
پیش حق آتش همیشه در قیام   همچو عاشق، روز و شب پیچان مدام
سنگ بر آهن زنی، آتش جهد   هم به امر حق، قدم بیرون نهد
آهن و سنگِ ستم، بر هم مزن   کاین دو میزایند، همچون مرد و زن
سنگ و آهن خود سبب آمد و لیك   تو به بالاتر نگر، ای مرد نیك
کاین سبب را آن سبب آورد پیش   بی سبب، کی شد سبب هرگز بخویش؟

این سبب را آن سبب عامل کند / باز گاهی بی پر و عاطل کند
و آن سببها، که انبیا را رهبر است / آن سببها، زین سببها برتر است
این سبب را محرم آمد عقل ما / و آن سببها راست محرم، انبیا
این سبب چه بود؟ به تازی گو رَسَن / اندر این چَه، این رسن آمد به فن
گردش چرخ، این رسن را علت است / چرخ گردان را ندیدن زلت است
این رسن‌های سببها در جهان / هان و هان، زین چرخ سرگردان مدان
تا نمانی صفر و سرگردان چو چرخ / تا نسوزی تو، ز بی مغزی چو مرخ
باد، آتش می‌شود از امر حق / هر دو سر مست آمدند از خَمر حق
آبِ حلم و آتش خشم ای پسر / هم ز حـق بینی، چو بگشایی نظر
گر نبودی واقف از حق جان باد / فرق کی کردی میان قوم عاد؟

۴۳. قصه‌ی هلاک کردن باد در عهد هود علیه السلام قوم عاد را

هود گرد مومنان خطی کشید — نرم می‌شد باد، کانجا می‌رسید
هر که بیرون بود ز آن خط، جمله را — پاره پاره می‌گسست اندر هوا
همچنین شیبان راعی می‌کشید — گرد بر گرد رمه، خطی پدید
چون به جمعه می‌شد او وقت نماز — تا نیارد گرگ آنجا ترکتاز
هیچ گرگی در نرفتی اندر آن — گوسپندی هم نگشتی زآن نشان
بادِ حرص گرگ و، حرص گوسفند — دائره مرد خدا را بود بند
همچنین باد اجل با عارفان — نرم و خوش همچون نسیم بوستان
آتش ابراهیم را دندان نزد — چون گُزیدهٔ حق بود، چونش گزَد؟
آتش شهوت نسوزد اهل دین — باقیان را برده تا قعر زمین
موج دریا چون به‌امر حق بتاخت — اهل موسی را ز قبطی واشناخت
خاك، قارون را، چو فرمان در رسید — با زر و تختش به قعر خود کشید
آب و گِل چون از دم عیسی چرید — بال و پر بگشاد و، مرغی شد پرید
از دهانت چون برآمد حمد حق — مرغ جنت سازدش رب الفلق
هست تسبیحت، بجای آب و گل — مرغ جنت شد ز نفخ صدق دل
کوه طور از نور موسی شد به رقص — صوفئی کامل شد و رست او ز نقص
چه عجب گر کوه صوفی شد عزیز؟ — جسم موسی از کلوخی بود نیز
این عجایب دید آن شاه جهود — جز که طنز و جز که انکارش نبود

٤٤. طنز و انکار کردن پادشاه جهود و نصیحت ناصحان او را

ناصحان گفتند: از حد مگذران — مرکب استیزه را چندین مران
بگذر از کشتن، مکن این فعل بد — بعد از این، آتش مزن در جان خَود
ناصحان را دست بست و بند کرد — ظلم را پیوند در پیوند کرد
بانگ آمد: کار چون اینجا رسید — پای دار ای سگ، که قهر ما رسید
بعد از آن آتش چهل گز بر فروخت — حلقه گشت و آن جهودان را بسوخت
اصل ایشان بود آتش ابتدا — سوی اصل خویش رفتند انتها
هم ز آتش زاده بودند آن فریق — جزوها را سوی کل باشد طریق
هم ز آتش زاده بودند آن خسان — حرف می‌راندند از نار و دخان
آتشی بودند، مومن سوز و بس — سوخت خود را آتش ایشان، چو خس
آن که بوده است امهُ الهاویه — هاویه آمد مر او را زاویه
مادر فرزند، جویان وی است — اصلها مر فرع‌ها را در پی است
آب اندر حوض اگر زندانی است — باد نشفش می کند، که ارکانی است
می‌رهاند، می‌برد تا معدنش — اندك اندك، تا نبینی بردنش
وین نفس، جانهای ما را همچنان — اندك اندك دزدد از حبس جهان
تا إلیه یصعد أطیاب الکلم — صاعدا منا إلی حیث علم
ترتقی أنفاسنا بالمنتقی — متحفا منا إلی دار البقا
ثم تأتینا مکافات المقال — ضعف ذاك رحمة من ذی الجلال
ثم یلجینا الی امثال‌ها — کی ینال العبد مما نالها
هکذا تعرج و تنزل دائما — ذا فلا زلت علیه قائما
پارسی گوئیم، یعنی این کشش — ز آن طرف آید، که‌آمد آن چشش
چشم هر قومی به سوئی مانده است — کان طرف یك روز ذوقی رانده است

ذوق جنس، از جنس خود باشد یقین	ذوق جزو، از کل خود باشد ببین
یا مگر آن قابل جنسی بود	چون بدو پیوست جنس او شود
همچو آب و نان، که جنس ما نبود	گشت جنس ما و، اندر ما فزود
نقش جنسیت ندارد آب و نان	ز اعتبار آخر، آن را جنس دان
ور ز غیر جنس باشد ذوق ما	آن مگر مانند باشد جنس را
آنکه مانند است، باشد عاریت	عاریت باقی نماند عاقبت
مرغ را گر ذوق آید از صفیر	چونکه جنس خود نیابد شد نفیر
تشنه را گر ذوق آید از سراب	چون رسد در وی، گریزد، جوید آب
مفلسان، گر خوش شوند، از زر قلب	لیک آن رسوا شود، در دار ضرب
تا زراندودیت، از ره نفکند	تا خیال کژ تو را چَه نفکند
از کلیله باز خوان این قصه را	و اندر آن قصه طلب کن حصه را

۷۶

۴۵. قصه نخجیران و بیان توکل و ترک جهد کردن

طایفهٔ نخجیر در وادی خوش — بودشان با شیر، دایم کِش مَکش
بسکه آن شیر از کمین درمیربود — آن چرا، بر جمله ناخوش گشته بود
حیله کردند آمدند ایشان به شیر — کز وظیفه، ما تو را داریم سیر
جز وظیفه، در پی صیدی میا — تا نگردد تلخ بر ما این گیا

۴۶. جواب شیر نخجیران را و بیان خاصیت جهد

گفت: آری، گر وفا بینم، نه مکر — مکرها بس دیده‌ام از زید و بکر
من هلاك فعل و مکر مردمم — من گزیدهٔ زخم مار و کژدمم
مردم نفس از درونم در کمین — از همه مردم بتر، در مکر و کین
گوش من لا یلدغ المؤمن شنید — قول پیغمبر به جان و دل گُزید

۴۷. باز ترجیح نهادن نخجیران توکل را بر جهد

جمله گفتند: ای حکیم با خبر — الحذر دع لیس یغنی عن قدر
در حذر شوریدن، شور و شر است — رو توکل کن، توکل بهتر است
با قضا پنجه مزن، ای تند و تیز — تا نگیرد هم قضا با تو ستیز
مرده باید بود پیش حکم حق — تا نیاید زخمت، از رب الفلق

۴۸. باز ترجیح نهادن شیر جهد را بر توکل و تسلیم

گفت: آری، گر تــوکل رهبر است　　　　این سبب هم سـنت پیغمبر است

گفت پیغمبر به آواز بلند　　　　با توکل زانوی اشتر ببند

رمز "الکاسب حبیب الله" شنو　　　　از توکل، در سبب کاهل مشو

رو توکل کن تو با کسب، ای عمو　　　　جهد میکن، کسب میکن، مو بمو

جهد کن، جِّدی نما، تا وارهی　　　　ور تو از جهدش بمانی، ابلهی

۴۹. باز ترجیح نخجیران توکل را بر جهد و کسب

قوم گفتندش که: کسب، از ضعف خلق
لقمهٔ تزویر دان، بر قدر حلق

پس بدان که کسب‌ها از ضعف خاست
در توکل، تکیه بر غیری خطاست

نیست کسبی از توکل خوبتر
چیست از تسلیم خود محبوب‌تر؟

بس گریزند از بلا، سوی بلا
بس جهند از مار، سوی اژدها

حیله کرد انسان و، حیله اش، دام بود
آنکه جان پنداشت، خون آشام بود

در ببست و، دشمن اندر خانه بود
حیلهٔ فرعون زین افسانه بود

صد هزاران طفل کشت آن کینه کش
و آنکه او می‌جست، اندر خانه‌اش

دیدهٔ ما چون بسی علت در اوست
رو فنا کن دید خود، در دید دوست

دید ما را، دید او، نعم العوض
یابی اندر دید او کل غرض

طفل، تا گیرا و، تا پویا نبود
مرکبش جز شانهٔ بابا نبود

چون فضولی کرد و، دست و پا نمود
در عنا افتاد و، در کور و کبود

جانهای خلق، پیش از دست و پا
می‌پریدند از وفا سوی صفا

چون به‌امر، اهْبِطُوا، بندی شدند
حبس خشم و حرص و خرسندی شدند

ما عیال حضرتیم و شیر خواه
گفت الخلقُ عیال للإله

آنکه او از آسمان باران دهد
هم تواند کاو ز رحمت نان دهد

۵۰. دیگر بار بیان کردن شیر ترجیح جهد بر توکل

گفت شیر: آری ولی رب العباد   نردبانی پیش پای ما نهاد
پایه پایه رفت باید سوی بام   هست جبری بودن اینجا طمع خام
پای داری، چون کنی خود را تو لنگ؟   دست داری، چون کنی پنهان تو چنگ؟
خواجه چون بیلی به دست بنده داد   بی زبان معلوم شد او را مراد
دستِ همچون بیل، اشارتهای اوست   آخر اندیشی، عبارتهای اوست
چون اشارتهاش را بر جان نهی   در وفای آن اشارت جان دهی
پس اشارتهاش اسرارت دهد   بار بر دارد ز تو، کارت دهد
حاملی، محمول گرداند تو را   قابلی، مقبول گرداند تو را
قابل امر ویی، قابل شوی   وصل جویی، بعد از آن واصل شوی
سعی شکر نعمتش قدرت بود   جبر تو، انکار آن نعمت بود
شکر نعمت، نعمتت افزون کند   کفر، نعمت از کفت بیرون کند
جبر تو خفتن بود، در ره مخسب   تا نبینی آن در و درگه، مخسب
هان مخسب، ای جبری بی اعتبار   جز به زیر آن درخت میوه دار
تا که شاخ افشان کند، هر لحظه باد   بر سر خفته بریزد، نقل و زاد
جبر خفتن، در میان ره زنان   مرغ بی هنگام، کی یابد امان؟
ور اشارتهاش را بینی زنی   مرد پنداری و چون بینی، زنی
این قدر عقلی که داری، گم شود   سَر، که عقل از وی بپرد، دُم شود
زآنکه بی شکری بود، شوم و شنار   می‌برد بی شکر را، تا قعر نار
گر توکل می‌کنی، در کار کن   کسب کن، پس تکیه بر جبار کن
تکیه بر جبار کن، تا وارهی   ورنه افتی در بلای گمرهی

۵۱. باز ترجیح نهادن نخجیران مر توکل را بر جهد

جمله با وی بانگ‌ها برداشتند
کان حریصان کاین سبب‌ها کاشتند

صد هزار اندر هزاران، مرد و زن
پس چرا محروم ماندند از زمن؟

صد هزاران قرن از آغاز جهان
همچو اژدرها، گشاده صد دهان

مکرها کردند، آن دانا گروه
که ز بُن بر کنده شد، زآن مکر، کوه

کرده مکر و حیله، آن قوم خبیث
ور زما باور نداری این حدیث

کرد وصف مکرهاشان ذو الجلال
لتزول منه اقـــلال الجبال

جز که آن قسمت، که رفت اندر ازل
روی ننمــود از سگال و از عمل

جمله افتادند از تدبیر و کار
مانده کار و حکم های کردگار

کسب، جز نامی مدان، ای نامدار
جهد، جز وهمی مپندار، ای عیار

۵۳. نگریستن عزراییل بر مردی و گریختن آن مرد در سرای حضرت سلیمان و تقریر ترجیح توکل بر جهد و کوشش

ساده مردی، چاشتگاهی در رسید
در سرا عدل سلیمان، در دوید

رویش از غم زرد و، هر دو لب کبود
پس سلیمان گفت: ای خواجه چه بود؟

گفت: عزرائیل در من این چنین
یك نظر انداخت، پُر از خشم و کین

گفت: هین اکنون، چه می‌خواهی؟ بخواه
گفت: فرما باد را، ای جان پناه

تا مرا زینجا، به هندستان برد
بو که، بنده کان طرف شد، جان برد

نک ز درویشی گریزانند خلق
لقمهٔ حرص و امل زآنند خلق

ترس درویشی، مثال آن هراس
حرص و کوشش را تو هندستان شناس

باد را فرمود تا او را شتاب
برد سوی خاک هندستان بر آب

روز دیگر، وقت دیوان و لقا
شه سلیمان گفت عزرائیل را

کان مسلمان را بخشم، از چه سبب
بنگریدی؟ بازگو، ای پیک رب

ای عجب، این کرده باشی بهر آن
تا شود آواره او از خان و مان

گفتش: ای شاه جهان بی زوال
فهم کژ کرد و، نمود او را خیال

من ورا از خشم کی کردم نظر؟
از تعجب دیدمش در رهگذر

که مرا فرمود حق: که‌امروز هان
جان او را تو به هندستان ستان

دیدمش اینجا و، بس حیران شدم
در تفکر رفته، سرگردان شدم

از عجب گفتم: گر او را صد پَر است
زو به هندوستان شدن، دور اندر است

چون بامر حق بهندوستان شدم
دیدمش آنجا و، جانش بستدم

تو همه کار جهان را همچنین
کن قیاس و، چشم بگشا و، ببین

از که بگریزیم؟ از خود، ای محال
از که برتابیم؟ از حق، این وبال

۵۳. بیان ترجیح دادن شیر جهد را بر توکل و فوائد جهد را بیان کردن

شیر گفت: آری ولیکن هم ببین / جهدهای انبیـاء و مـؤمنین
سعی ابرار و جهاد مؤمنان / تا بدین ساعت، ز آغاز جهان
حق تعالی، جهدشان را راست کرد / آنچه دیدند، از جفا و، گرم و سرد
حیله هاشان جمله حال آمد لطیف / کل شیئی من ظریف هو ظریف
دامهاشان، مرغ گردونی گرفت / نقص‌هاشان، جمله افزونی گرفت
جهد میکن تا توانی، ای کیا / در طریق انبیـا و اولـیا
با قضا پنجه زدن نبود جهاد / زآنکه این را هم قضا بر ما نهاد
کافرم من، گر زیان کردست کس / در ره ایمان و، طاعت یك نفس
سر شکسته نیست، این سر را مبند / یك دو روزی جهد کن، باقی بخند
بَد محالی جُست، کاو دنیا بجُست / نیك حالی جُست، کاو عقبی بجُست
مکرها، در کسب دنیا بارد است / مکرها، در ترك دنیا وارد است
مکر آن باشد، که زندان حفره کرد / آن که حفره بست، آن مکریست سرد
این جهان زندان و ما زندانیان / حفره کُن زندان و، خود را وارهان
چیست دنیا؟ از خدا غافل بُدن / نی قماش و نقره و فرزند و زن
مال را گر بهر دین باشی حمول / نعم مال صالح خواندش رسول
آب در کشتی، هلاك کشتی است / آب اندر زیر کشتی، پُشتی است
چونکه مال و ملك را از دل براند / زآن سلیمان خویش، جز مسکین نخواند
کوزهٔ سر بسته، اندر آب زفت / از دل پر باد فوق آب رفت
باد درویشی چو در باطن بود / بر سر آب جهان ساکن بود
آب نتواند مر او را غوطه داد / کش دل از نفـخهٔ الهی گشت شاد
گر چه این جملهٔ جهان ملك وی است / ملك، در چشم دل او، لا شی است
پس دهان دل ببند و مهر کن / پر کنش از بادِ کبرِ من لدن

جهد حق است و، دوا حق است و، درد منکر اندر نفی جهدش، جهد کرد
کسب کن، سعیی نما و جهد کن تا بدانی سرّ علم من لدن
گرچه جمله این جهان بر جهد شد جهد کی در کام جاهل شهد شد؟
زین نمط بسیار برهان گفت شیر کز جواب، آن جبریان، گشتند سیر

۵۴. مقرر شدن ترجیح جهد بر توکل

روبه و آهو و خرگوش و شغال جبر را بگذاشتند و قیل و قال
عهدها کردند با شیر ژیان کاندر این بیعت نیفتد در زیان
قسم هر روزش بیاید بی ضرر حاجتــش نبود تقاضای دگر
عهد چون بستند و رفتند آن زمان سوی مرعی ایمن از شیر ژیان
جمع بنشستند یکجا آن وحوش اوفتاده در میان جمله جوش
هر کسی تدبیر و رائی میزدی هر کسی در خون هر یک می‌شدی
عاقبت شد اتفاق جمله شان تا بیاید قرعه‌ای اندر میان
قرعه بر هر کاو فتد، او طعمه است بی سخن شیر ژیان را لقمه است
هم بر این کردند آن جمله قرار قرعه‌امد سر بسر را اختـیار
قرعه بر هرك اوفتادی روز روز سوی آن شیر او دویدی، همچو یوز
چون به خرگوش آمد این ساغر، به دور بانگ زد خرگوش: کاخر چند جُور

۵۵. انکار کردن نخجیران و جواب خرگوش مر ایشان را

قوم گفتندش که: چندین گاه ما جان فدا کردیم در عهد و وفا
تو مجو بد نامی ما، ای عنود تا نرنجد شیر، رو رو، زود زود

۵۶. مهلت خواستن خرگوش نخجیران را

گفت: ای یاران، مرا مهلت دهید تا به مکرم از بلا بیرون جهید
تا امان یابد به مکرم جانتان ماند این میراث فرزندانتان
هر پیمبر، امتان را در جهان همچنین، تا مخلصی میخواندشان
کز فلك، راه برون شو، دیده بود در نظر چون مردمك پیچیده بود
مردمش، چون مردمك دیدند خرد در بزرگی مردمك، کس ره نبرد

۵۷. اعتراض کردن نخجیران بر خرگوش و جواب دادن خرگوش ایشان را

قوم گفتندش: که ای خر، گوش دار / خویش را اندازهٔ خرگوش دار
هین چه لاف است این؟ که از تو مهتران / در نیاوردند اندر خاطر آن
معجبی یا خود قضامان در پی است / ور نه این دم، لایق چون تو کی است؟
گفت: ای یاران، حقم الهام داد / مر ضعیفی را قوی رائی فتاد
آنچه حق آموخت مر زنبور را / آن نباشد شیر را و گور را
خانه ها سازد پر از حلوای تر / حق بر او آن علم را بگشاد در
آنچه حق آموخت کرم پیله را / هیچ پیلی داند آن گون حیله را؟
آدم خاکی ز حق آموخت علم / تا به هفتم آسمان افروخت علم
نام و ناموس ملک را درشکست / کوری آن کس که با حق درشکست
زاهد ششصد هزاران ساله را / پوز بندی ساخت، آن گوساله را
تا نتاند شیر علم دین کشید / تا نگردد گرد آن قصر مشید
علمهای اهل حس شد پوزبند / تا نگیرد شیر، ز آن علم بلند
قطرهٔ دل را یکی گوهر فتاد / کان به گردونها و دریاها نداد
چند صورت؟ آخر ای صورت پرست / جان بی معنیت از صورت نرست؟
گر به صورت، آدمی انسان بُدی / احمد و بو جهل، خود یکسان بُدی
احمد و بوجهل در بتخانه رفت / زین شدن تا آن شدن فرقیست زفت
این در آید، سر نهند آنرا بتان / وآن در آید، سر نهد چون امّتان
نقش بر دیوار مثل آدم است / بنگر از صورت، چه چیز او کم است
جان کم است آن صورت بی تاب را / رو بجو آن گوهر کمیاب را
شد سر شیران عالم جمله پست / چون سگ اصحاب را دادند دست
چه زیان استش از آن نقش نفور / چونکه جانش غرق شد در بحر نور
وصف صورت نیست اندر خامه ها / عالِم و عادل بود در نامه ها

عالِم و عادل همه معنیست و بس — کش نیابی در مکان و پیش و پس
میزند بر تن ز سوی لامکان — می نگنجد در فلك خورشید جان
این سخن پایان ندارد هوش دار — گوش سوی قصهٔ خرگوش دار

۵۸. ذکر دانش خرگوش و بیان فضیلت و منافع دانستن

گوشِ خر بفروش و، دیگر گوش، خر — کاین سخن را در نیابد گوش خر
رو تو روبه بازی خرگوش بین — مکر و شیر اندازی خرگوش بین
خاتم ملك سلیمان است علم — جمله عالم صورت و، جان است علم
آدمی را زین هنر بی چاره گشت — خلق دریاها و، خلق کوه و، دشت
زو پلنگ و شیر ترسان همچو موش — زو شده پنهان، به دشت و کُه، وحوش
زو پری و دیو ساحل‌ها گرفت — هر یکی در جای پنهان جا گرفت
آدمی را دشمن پنهان بسیست — آدمیی با حذر، عاقل کسیست
خلق پنهان زشتشان و خوبشان — میزند بر دل بهر دم کوبشان
بهر غسل، ار در روی، در جویبار — بر تو آسیبی زند، در آب خار
گر چه پنهان خار در آب است پست — چونکه در تو می‌خلد، دانی که هست
خار خار حیله ها و وسوسه — از هزاران کس بود، نی یك کسه
باش تا حس‌های تو مبدل شود — تا ببینی‌شان و مشکل حل شود
تا سخنهای کیان رد کرده‌ای — تا کیان را، سرور خود کرده‌ای؟

۵۹. باز جستن نخجیران سّر و اندیشه ی خرگوش را

بعد از آن گفتند: کای خرگوش چُست
در میان نه آنچه در ادراك توست

ای که با شیری تو در پیچیده‌ای
باز گو رائی که اندیشیده‌ای

مشورت ادراك و هشیاری دهد
عقلها مر عقل را یاری دهد

گفت پیغمبر: بکن ای رای زن
مشورت کالمستشار مؤتمن

٦۰. منع کردن خرگوش راز را از نخجیریان

قول پیغمبر بجان باید شنود
باز گو تا چیست مقصود تو زود

گفـت: هر رازی نشاید باز گفت
جفت طاق آید گهی، گه طاق جفت

از صـفا گر دم زنـی با آیـنه
تیـره گردد زود بـا مـا آینه

در بیان این سه کم جنبان لبت
از ذهاب و از ذهب وز مذهبت

کین سه را خصم است بسیار و عدو
در کمینت ایستد چون داند او

ور بگویی با یکی گو الوداع
کلُ سِر جاوز الاثنیـن شاع

گر دو سه پرنده را بندی به هم
بر زمین مانند محبوس از الم

مشورت دارند سرپوشیده خوب
در کنایت با غلط افکن مشوب

مشورت کردی پیمبر، بسته سر
گفته ایشانش جواب و بی خبر

در مثالی بسته گفتی رای را
تا نداند خصم، از سر پای را

او جواب خویش بگرفتی از او
وز سؤالش می‌نبردی غیر بو

این سخن پایان ندارد باز گرد
سوی خرگوش دلاور، تا چه کرد

۶۱. قصه ی مکر کردن خرگوش با شیر و بسر بردن

حاصل آن خرگوش، رای خود نگفت / مکر اندیشید با خود طاق و جفت
با وحوش از نیک و بد، نگشاد راز / سرّ خود با جان خود میراند باز
ساعتی تاخیر کرد اندر شدن / بعد از آن شد پیش شیر پنجه زن
زآن سبب، کاندر شدن او ماند دیر / خاك را می کند و می غرید شیر
گفت: من گفتم که عهد آن خسان / خام باشد، خام و سست و نارسان
دمدمهٔ ایشان مرا از خر فکند / چند بفریبد مرا این دهر؟ چند؟
سخت درماند، امیر سست ریش / چون نه پس بیند، نه پیش، از احمقیش
راه هموار است و، زیرش دامها / قحطِ معنی در میان نامها
لفظها و نامها، چون دامهاست / لفظِ شیرین، ریگِ آبِ عمر ماست
عمر چون آب است، وقت او را، چو جو / خَلق باطن، ریگ جوی عمر تو
آن یکی ریگی که جوشد آب از او / سخت کمیاب است، رو آن را بجو
منبع حکمت شود، حکمت طلب / فارغ آید او ز تحصیل و سبب
هست آن ریگ ای پسر، مرد خدا / کو به حق پیوست و، از خود شد جدا
آب عذب دین همی جوشد از او / طالبان را زآن حیاتست و نمو
غیر مرد حق، چو ریگ خشک دان / کاب عمرت را خورد او هر زمان
طالب حکمت شو از مرد حکیم / تا از او گردی تو بینا و علیم
لوح حافظ، لوح محفوظی شود / عقل او از روح، محظوظی شود
چون معلم بود عقلش ز ابتدا / بعد از این شد عقل، شاگردی و را
عقل، چون جبریل گوید احمدا / گر یکی گامی نهم سوزد مرا
تو مرا بگذار، زین پس پیش ران / حَد من این بود، ای سلطان جان
هر که ماند از کاهلی بی شکر و صبر / او همین داند که گیرد پای جبر
هر که جبر آورد، خود رنجور کرد / تا همان رنجوری اش در گور کرد
گفت پیغمبر که رنجوری به لاغ / رنج آرد تا بمیرد چون چراغ

جبر چه بود؟ بستن اشکسته را
یا بپیوستن رگ بگسسته را

چون در این ره پای خود نشکسته ای
بر که می خندی؟ چه پا را بسته ای؟

و آنکه پایش در ره کوشش شکست
در رسید او را براق و بر نشست

حامل دین بود، او محمول شد
قابل فرمان بُد او، مقبول شد

تا کنون فرمان پذیرفتی ز شاه
بعد از این فرمان رساند بر سپاه

تا کنون اختر اثر کردی در او
بعد از این باشد امیر اختر او

گر ترا اِشکال آید در نظر
پس تو شك داری در انْشَقَّ القمر

تازه کن ایمان، نه از گفت زبان
ای هوا را تازه کرده در نهان

تا هوا تازه ست، ایمان تازه نیست
کاین هوا جز قفل آن دروازه نیست

کرده‌ای تأویل حرف بکر را
خویش را تأویل کن، نی ذکر را

بر هوا تأویل قرآن می‌کنی
پست و کژ شد از تو معنی سنی

۶۲. زیافت تاویل رکیك مگس

مانَد احوالت بدان طرفه مگس
کو همی پنداشت خود را هست کس

از خودی سرمست گشته بی شراب
ذرهٔ خود را شمرده آفتاب

وصف بازان را شنیده در زمان
گفته: من عنقای وقتم بیگمان

آن مگس بر برگ کاه و بول خر
همچو کشتی بان، همی افراشت سر

گفت: من دریا و کشتی خوانده‌ام
مدتی در فکر آن می‌مانده‌ام

اینك این دریا و، این کشتی و من
مرد کشتیبان و اهل و رای و فن

بر سر دریا همی راند او عمد
مینمودش آن قدر، بیرون ز حد

بود بی حد آن چمین نسبت بدو
آن نظر، کاو بیند آن را راست، کو؟

عالمش چندان بود کش بینش است
چشم چندین بحر هم، چندینش است

صاحب تأویل باطل چون مگس
وهم او، بول خر و، تصویر خس

گر مگس تأویل بگذارد به رای
آن مگس را، بخت گرداند همای

آن مگس نبود، کش این عبرت بود
روح او، نی در خور صورت بود

همچو آن خرگوش کاو بر شیر زد
روح او، کی بود اندر خورد قد؟

۶۳. رنجیدن شیر از دیر آمدن خرگوش

شیر می‌گفت، از سر تیزی و خشم / کز ره گوشم، عدو بر بست چشم
مکرهای جبریانم بسته کرد / تیغ چوبینشان تنم را خسته کرد
زین سپس من نشنوم آن دمدمه / بانگ دیوان است و غولان، آن همه
بَردَران، ای دل تو ایشان را، مایست / پوستشان بر کن، کشان جز پوست نیست
پوست چه بود؟ گفته‌ای رنگ رنگ / چون زره بر آب، کش نبود درنگ
این سخن چون پوست و، معنی مغز دان / این سخن چون نقش و، معنی همچو جان
پوست باشد مغز بَد را عیب پوش / مغز نیکو را، ز غیرت، غیب پوش
چون قلم از باد بُد، دفتر ز آب / هر چه بنویسی فنا گردد شتاب
نقش آب است ار وفا جویی از آن / باز گردی، دست‌های خود گزان
باد در مردم هوا و آرزوست / چون هوا بگذاشتی، پیغام هوست
خوش بود پیغام‌های کردگار / کاو ز سر تا پای باشد پایدار
خطبهٔ شاهان بگردد، و آن کیا / جز کیا و خطبه‌های انبیا
ز آن که بوش پادشاهان، از هواست / بار نامهٔ انبیا، از کبریاست
از درم‌ها نام شاهان بر کنند / نام احمد تا قیامت برزنند
نام احمد، نام جمله انبیاست / چون که صد آمد، نود هم پیش ماست
این سخن پایان ندارد ای پسر / قصه خرگوش گوی و شیر نر

٦٤. هم در بیان مکر خرگوش و تأخیر آن در رفتن

در شدن، خرگوش بس تاخیر کرد — مکر را با خویشتن تقریر کرد
در ره‌آمـــد بعد تأخیر دراز — تا به گوش شیر گوید، یك دو راز
تا چه عالمهاست، در سودای عقل — تا چه با پهناست، این دریای عقل
بحر بی پایان بود عقل بشر — بحر را غواص باید، ای پسر
صورت ما اندر این بحر عذاب — میدود چون کاسه ها بر روی آب
تا نشد پُر، بر سر دریا چو طشت — چون که پُر شد، طشت در وی غرق گشت
عقل پنهان است و ظاهر عالمی — صورت ما موج، یا از وی نمی
هر چه صورت می وسیلت سازدش — ز آن وسیلت، بحر دور اندازدش
تا نبیند دل دهندهٔ راز را — تا نبیند تیر دور انداز را
اسب خود را، یاوه داند، وز ستیز — میدواند اسب خود در راه تیز
اسب خود را، یاوه داند آن جواد — و اسب، خود او را کشان کرده، چو باد
در فغان و جستجو، آن خیره سر — هر طرف پرسان و جویان، دربدر
کان که دزدید اسب ما را، کو و کیست؟ — این که زیر ران توست، ای خواجه چیست؟
آری این اسب است، لیك آن اسب کو؟ — با خود آ، ای شهسوار اسب جو
وصفها را مستمع گوید به راز — تا شناسد مرد، اسب خویش باز
جان ز پیدایی و نزدیکیست گم — چون شکم پُر آب و، لب خشکی، چو خم
در درون خود بیفزا درد را — تا ببینی سرخ و سبز و زرد را
کی ببینی سبز و سرخ و بور را؟ — تا نبینی پیش از این سه، نور را
لیك، چون در رنگ گم شد هوش تو — شد ز نور آن رنگها، رو پوش تو
چونکه شب آن رنگها مستور بود — پس بدیدی، دیدِ رنگ از نور بود

نیست دید رنگ، بی نور برون
همچنین، رنگ خیال اندرون

این برون از آفتاب و از سهاست
و آن درون از عکس انوار علاست

نورِ نورِ چشم خود، نور دل است
نور چشم، از نور دلها حاصل است

باز نور نور دل، نور خداست
کاو ز نور عقل و حس، پاك و جداست

شب نبُد نور و، ندیدی رنگ را
پس به ضد، آن نور پیدا شد تو را

شب ندیدی رنگ، کان بی نور بود
رنگ چبود؟ مهرهٔ کور و کبود

گه نظر بر نور بود، آنگه برنگ
ضد به ضد پیدا شود، چون روم و زنگ

دیدن نور است آنگه دیدِ رنگ
وین به ضد نور دانی، بیدرنگ

پس به ضد نور دانستی تو نور
ضد، ضد را می‌نماید در صدور

رنج و غم را حق پی آن آفرید
تا بدین ضد، خوش دلی آید پدید

پس نهانی‌ها به ضد پیدا شود
چون که حق را نیست ضد، پنهان بود

نور حق را نیست ضدی در وجود
تا به ضد او را توان پیدا نمود

لاجـرم أبصـارنـا لا تـدرکـه
وهو یدرك بین، تو از موسی و که

صورت از معنی، چو شیر از بیشه دان
یا چو آواز و سخن، ز اندیشه دان

این سخن و آواز، از اندیشه خاست
تو ندانی بحر اندیشه کجاست

لیك، چون موج سخن دیدی لطیف
بحر آن دانی که هم باشد شریف

چون ز دانش موج اندیشه بتاخت
از سخن و آواز او صورت بساخت

از سخن صورت بزاد و باز مُرد
موج خود را باز اندر بحر بُرد

صورت از بی صورتی آمد برون
باز شد که إِنَّا إِلَیهِ راجعون

پس ترا هر لحظه مرگ و رَجعتیست
مصطفی فرمود: دنیا ساعتیست

فکر ما تیری است، از هو در هوا
در هوا کی پایدار آید ندا؟

هر نفس نو می شود دنیا و، ما
بی خبر از نو شدن، اندر بقا

عمر همچون جوی، نو نو می‌رسد
مستمری می‌نماید در جسد

آن ز تیزی، مستمر شکل آمدست
چون شرر، کش تیز جنبانی به دست

شاخ آتش را بجنبانی به ساز — در نظر آتش نماید بس دراز
این درازی مدت از تیزی صنع — می‌نماید سرعت انگیزی صنع
طالب این سِرّ، اگر علامه ایست — نك حسام الدین، که سامی نامه ایست
وصف او، از شرح مستغنی بود — رو حکایت کن، که بیگه میشود

۶۵. رسیدن خرگوش به شیر و خشم شیر بر وی

شیر اندر آتش و در خشم و شور — دید کان خرگوش می آید ز دور
می دود بی دهشت و گستاخ او — خشمگین و تند و تیز و ترش رو
کز شکسته آمدن تهمت بود — وز دلیری دفع هر ریبت بود
چون رسید او پیشتر نزدیك صف — بانگ بر زد شیر هان ای ناخلف
من که گاوان را ز هم بدریده‌ام — من که گوش شیر نر مالیده‌ام
نیم خرگوشی که باشد کو چنین — امر ما را افکند اندر زمین
ترك خواب غفلت خرگوش کن — غرۀ این شیر ای خر گوش کن

٦٦. عذر گفتن خرگوش به شیر از تأخیر و لابه کردن

گفت خرگوش الامان عذریم هست
گر دهد عفو خداوندیت دست

باز گویم چون تو دستوری دهی
تو خداوندی و شاهی، من رهی

گفت چه عذر ای قصور ابلهان
این زمان آیند در پیش شهان؟

مرغ بی وقتی سرت باید برید
عذر احمق را نمی‌باید شنید

عذر احمق بدتر از جرمش بود
عذر نادان زهر هر دانش بود

عذرت ای خرگوش از دانش تهی
من چه خرگوشم که در گوشم نهی

گفت ای شه ناکسی را کس شمار
عذر استم دیده‌ای را گوش دار

خاص از بهر زکات جاه خود
گمرهی را تو مران از راه خود

بحر، کاو آبی به هر جو می دهد
هر خسی را بر سر و رو می نهد

کم نخواهد گشت دریا زین کرم
از کرم دریا نگردد بیش و کم

گفت دارم من کرم بر جای او
جامهٔ هر کس برم بالای او

گفت بشنو گر نباشم جای لطف
سر نهادم پیش اژدرهای عنف

من به وقت چاشت در راه‌امدم
با رفیق خود سوی شاه‌امدم

با من از بهر تو خرگوشی دگر
جفت و همره کرده بودند آن نفر

شیری اندر راه قصد بنده کرد
قصد هر دو همره آینده کرد

گفتمش ما بندهٔ شاهنشه ایم
خواجه تاشان که آن درگه ایم

گفت شاهنشه که باشد؟ شرم دار
پیش من تو نام هر ناکس میار

هم ترا و هم شهت را بر درم
گر تو با یارت بگردید از برم

گفتمش بگذار تا بار دگر
روی شه بینم برم از تو خبر

گفت همره را گرو نه پیش من
ور نه قربانی تو اندر کیش من

لابه کردیمش بسی سودی نکرد
یار من بستد مرا بگذاشت فرد

مانده آن همره گرو در پیش او
خون روان شد از دل بیخویش او

یارم از زفتی سه چندان بُد که من / هم به لطف و هم به خوبی هم به تن
بعد از این ز آن شیر این ره بسته شد / حال ما این بود کت دانسته شد
از وظیفه بعد از این امید بُر / حق همی گویم ترا و الحق مُر
گر وظیفه بایدت ره پاك کن / هین بیا و دفع آن بی باك کن

۶۷. جواب گفتن شیر خرگوش را و روان شدن با او

گفت بسم الله بیا تا او کجاست / پیش رو شو گر همی گویی تو راست
تا سزای او و صد چون او دهم / ور دروغ است این سزای تو دهم
اندر آمد چون قلاوزی به پیش / تا برد او را به سوی دام خویش
سوی چاهی کاو نشانش کرده بود / چاه مغ را دام جانش کرده بود
می شدند این هر دو تا نزدیك چاه / اینت خرگوشی چو آب زیر کاه
آب کاهی را ز هامون می‌برد / آب کوهی را عجب چون می‌برد
دام مکر او کمند شیر بود / طرفه خرگوشی که شیری را ربود
موسئی فرعون را تا رود نیل / می‌کشد با لشکر و جمع ثقیل
پشه ای نمرود را با نیم پر / می‌شکافد بی محابا مغز سر
حال آن کو قول دشمن را شِنُود / بین جزای آن که شد یار حسود
حال فرعونی که هامان را شنود / حال نمرودی که شیطان را ستود
دشمن ار چه دوستانه گویدت / دام دان گر چه ز دانه گویدت
گر ترا قندی دهد آن زهر دان / گر به تو لطفی کند آن قهر دان
چون قضا آید نبینی غیر پوست / دشمنان را باز نشناسی ز دوست
چون چنین شد ابتهال آغاز کن / ناله و تسبیح و روزه ساز کن
ناله می کن کای تو علام الغیوب / زیر سنگ مکر بد، ما را مکوب
یا کریم العفو ستار العیوب / انتقام از ما مکش اندر ذنوب

آنچه در کونست زاشیا وآنچه هست / وانما جان را بهر حالت که هست
گر سگی کردیم ای شیر آفرین / شیر را مگمار بر ما زین کمین
آب خوش را صورت آتش مده / اندر آتش صورت آبی منه
از شراب قهر چون مستی دهی / نیستها را صورت هستی دهی
چیست مستی حسها مبدل شدن / چوب گز اندر نظر صندل شدن
چیست مستی بند چشم از دید چشم / تا نماید سنگ گوهر پشم یشم

۶۸. قصه‌ی سلیمان و هدهد و بیان آنکه چون قضا آید چشمها بسته میشود

چون سلیمان را سراپرده زدند / جمله مرغانش به خدمت آمدند
هم زبان و محرم خود یافتند / پیش او یك یك به جان بشتافتند
جمله مرغان ترك کرده جیك جیك / با سلیمان گشته افصح من اخیك
هم زبانی خویشی و پیوندی است / مرد با نامحرمان چون بندی است
ای بسا هندو و ترك هم زبان / ای بسا دو ترك چون بیگانگان
پس زبان محرمی خود دیگر است / هم دلی از هم زبانی بهتر است
غیر نطق و غیر ایماء و سجل / صد هزاران ترجمان خیزد ز دل
جمله مرغان هر یکی اسرار خود / از هنر وز دانش و از کار خود
با سلیمان یك به یك وامی نمود / از برای عرضه خود را می ستود
از تکبر نی و از هستی خویش / بهر آن تا ره دهد او را به پیش
چون بباید برده ای را خواجه ای / عرضه سازد از هنر دیباچه ای
چون که دارد از خریداریش ننگ / خود کند بیمار و شل و کور و لنگ
نوبت هدهد رسید و پیشه اش / و آن بیان صنعت و اندیشه اش
گفت ای شه یك هنر کان کهتر است / باز گویم، گفت کوته بهتر است
گفت بر گو تا کدام است آن هنر / گفت من آن گه که باشم اوج پر
بنگرم از اوج با چشم یقین / من ببینم آب در قعر زمین
تا کجایست و چه عمق استش چه رنگ / از چه می جوشد ز خاکی یا ز سنگ
ای سلیمان بهر لشکرگاه را / در سفر می دار این آگاه را
پس سلیمان گفت شو ما را رفیق / در بیابانهای بی آب شفیق
همره ما باشی و هم پیشوا / تا کنی تو آب پیدا بهر ما
تا بیابی بهر لشکر آب را / در سفر سقا شوی اصحاب را
باش همراه من اندر روز و شب / تا نبینند از عطش لشکر تعب

بعد از آن هدهد بدو همراه بود	زآنکه از آب نهان آگاه بود
زاغ چون بشنود آمد از حسد	با سلیمان گفت کاو کژ گفت و بد

۶۹. طعنه زدن زاغ در دعوی هدهد

از ادب نبود به پیش شه مقال	خاصه خود لاف دروغین و محال
گر مر او را این نظر بودی مدام	چون ندیدی زیر مشتی خاک، دام
چون گرفتار آمدی در دام او	چون شدی اندر قفس ناکام او
پس سلیمان گفت ای هدهد رواست	کز تو در اول قدح این درد خاست
چون نمایی مستی ای تو خورده دوغ	پیش من لافی زنی آنگه دروغ

۷۰. جواب گفتن هدهد طعنه‌ی زاغ را

گفت ای شه بر من عور گدای	قول دشمن مشنو از بهر خدای
گر به بطلان است دعوی کردنم	نک نهادم سر ببر از گردنم
زاغ کو حکم قضا را منکر است	گر هزاران عقل دارد کافر است
در تو تا کافی بود از کافران	جای گند و شهوتی چون کاف ران
من ببینم دام را اندر هوا	گر نپوشد چشم عقلم را قضا
چون قضا آید شود دانش به خواب	مه سیه گردد بگیرد آفتاب
از قضا این تعبیه کی نادر است	از قضا دان کاو قضا را منکر است

۷۱. قصه‌ی آدم علیه السلام و بستن قضا نظر او را از مراعات صریح نهی و ترک نهی و تأویل

بو البشر کاو علمّ الاسما بگ است
صد هزاران علمش اندر هر رگ است

اسم هر چیزی چنان کان چیز هست
تا به پایان جان او را داد دست

هر لقب کاو داد آن مبدل نشد
آن که چستش خواند او کاهل نشد

هر که را او مقبل و آزاد خواند
او عزیز و خرم و دلشاد ماند

هر که آخر مومن است اول بدید
هر که آخر کافر، او را شد پدید

هر که آخر بین بود او مؤمن است
هر که آخُر بین بود او بیدنست

اسم هر چیزی تو از دانا شنو
رمز سرّ عَلمَ الاسما شنو

اسم هر چیزی بر ما ظاهرش
اسم هر چیزی بر خالق سِرش

نزد موسی نام چوبش بد عصا
نزد خالق بود نامش اژدها

بُد عُمر را نام اینجا بت پرست
لیك مومن بود نامش در الست

آن که بد نزدیك ما نامش مَنی
پیش حق این نقش بد که با منی

صورتی بود این مَنی اندر عدم
پیش حق موجود، نه بیش و نه کم

حاصل آن، آمد حقیقت نام ما
پیش حضرت، کان بود انجام ما

مرد را بر عاقبت نامی نهند
نی بر آن کاو عاریت نامی نهند

چشم آدم کو به نور پاك دید
جان و سر نامها گشتش پدید

چون ملك انوار حق از وی بیافت
در سجود افتاد و در خدمت شتافت

مدح این آدم که نامش می برم
گر ستایم تا قیامت قاصرم

این همه دانست و چون آمد قضا
دانش یك نهی شد بر وی غطا

کای عجب نهی از پی تحریم بود
یا به تأویلی بد و توهیم بود

در دلش تأویل چون ترجیح یافت
طبع در حیرت سوی گندم شتافت

باغبان را خار چون در پای رفت
دزد فرصت یافت، کالا برد تفت

چون ز حیرت رست و باز آمد به راه
دید برده دزد رخت از کارگاه

ربنــا إنا ظلمنا گفــت و آه   یعنی آمد ظلمت و گم گشت راه
این قضا ابری بود خورشید پوش   شیر و اژدرها شود زو همچو موش
من اگر دامی نبینم گاه حکم   من نه تنها جاهلم در راه حکم
ای خنک آن کاو نکو کاری گرفت   زور را بگذاشت و زاری گرفت
گر قضا پوشد سیه همچون شبت   هم قضا دستت بگیرد عاقبت
گر قضا صد بار قصد جان کند   هم قضا جانت دهد درمان کند
این قضا صد بار اگر راهت زند   بر فراز چرخ خرگاهت زند
از کرم دان آن که می ترساندت   تا به ملک ایمنی بنشاندت
چون بترساند ترا آگه شوی   ور نترساند ترا گمره شوی
این سخن پایان ندارد گشت دیر   گوش کن تو قصهٔ خرگوش و شیر

۷۲. پای واپس کشیدن خرگوش از شیر چون نزدیک چاه رسید

شیر با خرگوش چون همراه شد
پر غضب، پر کینه و بدخواه شد

بود پیشاپیش خرگوش دلیر
ناگهان پا واکشید از پیش شیر

چونکه نزد چاه آمد، شیر دید
کز ره آن خرگوش ماند و، پا کشید

گفت: پا واپس کشیدی تو چرا؟
پای را واپس مکش، پیش اندر آ

گفت: کو پایم؟ که دست و پای رفت
جان من لرزید و، دل از جای رفت

رنگ رویم را نمی‌بینی چو زر؟
ز اندرون، خود می‌دهد رنگم خبر

حق چو سیما را معرف خوانده است
چشم عارف سوی سیما مانده است

رنگ و بو غماز آمد چون جرس
از فرس آگه کند بانگ فرس

بانگ هر چیزی رساند زو خبر
تا بدانی بانگ خر از بانگ در

گفت پیغمبر به تمییز کسان
مرء مخفی لدی طی اللسان

رنگ رو از حال دل دارد نشان
رحمتم کن مهر من در دل نشان

رنگ روی سرخ دارد بانگ شکر
رنگ روی زرد دارد صبر و نکر

در من آمد آنچه در وی گشت مات
آدمی و جانور جامد نبات

در من آمد آن که دست و پا برد
رنگ رو و قوتِ سیما برد

آن که در هر چه در آید بشکند
هر درخت از بیخ و از بن بر کند

این خود اجزایند کلیات از او
زرد کرده رنگ و فاسد کرده بو

تا جهان گه صابر است و گه شکور
بوستان گه حله پوشد گاه عور

آفتابی کاو بر آید نارگون
ساعتی دیگر شود او سر نگون

اخترانی تافته بر چار طاق
لحظه لحظه مبتلای احتراق

ماه کاو افزود ز اختر در جمال
شد ز رنج دق او همچون خیال

این زمین با سکون با ادب
اندر آرد زلزله‌اش در لرز تب

ای بسا که زین بلای مرده ریگ
گشته است اندر جهان او خرده ریگ

این هوا با روح آمد مقترن / چون قضا آید وبا گشت و عفن
آب خوش کاو روح را همشیره شد / در غدیری زرد و تلخ و تیره شد
آتشی کاو باد دارد در بروت / هم یکی بادی بر او خواند یموت
خاک کو شد مایه گل در بهار / ناگهان بادی بر آرد زو دمار
حال دریا ز اضطراب و جوش او / فهم کن تبدیلهای هوش او
چرخ سر گردان که اندر جستجوست / حال او چون حال فرزندان اوست
گه حضیض و گه میانه گاه اوج / اندر او از سعد و نحسی فوج فوج
گه شرف گاهی صعود و گه فرح / گه وبال و گه هبوط و گه ترح
از خود ای جزوی ز کلها مختلط / فهم می کن حالت هر منبسط
چون نصیب مهتران در دست و رنج / کهتران را کی تواند بود گنج
چون که کلیات را رنج است و درد / جزو ایشان چون نباشد روی زرد
خاصه جزوی کاو ز اضداد است جمع / ز آب و خاك و آتش و باد است جمع
این عجب نبود که میش از گرگ جست / این عجب که میش دل در گرگ بست
زندگانی آشتی ضدهاست / مرگ آن کاندر میانشان جنگ خاست
صلح اضداد است این عمر جهان / جنگ اضداد است عمر جاودان
زندگانی آشتی دشمنان / مرگ وارفتن به اصل خویش دان
صلح دشمن دار باشد عاریت / دل بسوی جنگ دارد عاقبت
روزکی چند از برای مصلحت / باهمند اندر وفا و مرحمت
عاقبت هر یک بجوهر باز گشت / هر یکی با جنس خود انباز گشت
لطف باری این پلنگ و رنگ را / الف داد و برد از ایشان جنگ را
لطف حق این شیر را و گور را / الف داده ست این دو ضد دور را
چون جهان رنجور و زندانی بود / چه عجب رنجور اگر فانی بود
خواند بر شیر او از این رو پندها / گفت من پس مانده‌ام زین بندها

۷۳. پرسیدن شیر از سبب پای واپس کشیدن خرگوش را

شیر گفتش تو ز اسباب مرض / این سبب گو خاص که این استم غرض
پای را واپس کشیدی تو چرا / می‌هی بازیچه واهی مرا
گفت آن شیر، اندر این چه ساکن است / اندر این قلعه ز آفات ایمن است
یار من بستد ز من در چاه برد / برگرفتش از ره و بیراه برد
قعر چه بگزید هر کو عاقل است / ز آن که در خلوت صفاهای دل است
ظلمت چه به که ظلمتهای خلق / سر نبرد آن کس که گیرد پای خلق
گفت پیش آ زخمم او را قاهر است / تو ببین کان شیر در چَه حاضر است
گفت من سوزیده‌ام ز آن آتشی / تو مگر اندر بر خویشم کشی
تا بپشتی تو ای کان کرم / چشم بگشایم به چه در بنگرم
من به پشتی تو تانم آمدن / تو نگه دارم در آن چه بی رسن
چون که شیر اندر بر خویشش کشید / در پناه شیر تا چه می دوید
چون که در چه بنگریدند اندر آب / اندر آب از شیر و او در تافت تاب
شیر عکس خویش دید از آب تفت / شکل شیری در برش خرگوش زفت
چون که خصم خویش را در آب دید / مر و را بگذاشت واندر چه جهید
در فتاد اندر چهی کاو کنده بود / ز آن که ظلمش بر سرش آینده بود
چاه مظلم گشت ظلم ظالمان / این چنین گفتند جمله عالمان
هر که ظالمتر چهش با هول تر / عدل فرموده ست بدتر را بتر
ای که تو از ظلم چاهی می‌کنی / از برای خویش دامی می تنی
بر ضعیفان گر تو ظلمی می‌کنی / دان که‌اندر قعر چاه بی بُنی
گرد خود چون کرم، پیله بر متن / بهر خود چه می‌کنی، اندازه کن
مر ضعیفان را تو بی خصمی مدان / از نبی اِذ جاء نصر الله بخوان
گر تو پیلی خصم تو از تو رمید / نك جزا طیراً ابابیلت رسید
گر ضعیفی در زمین خواهد امان / غلغل افتد در سپاه آسمان

گر به دندانش گزی پر خون کنی　　درد دندانت بگیرد چون کنی
شیر خود را دید در چه وز غلوّ　　خویش را نشناخت آن دم از عدوّ
عکس خود را او عدوی خویش دید　　لا جرم بر خویش شمشیری کشید
ای بسا ظلمی که بینی در کسان　　خوی تو باشد در ایشان ای فلان
اندر ایشان تافته هستی تو　　از نفاق و ظلم و بد مستی تو
آن تویی و آن زخم بر خود می زنی　　بر خود آن دم تار لعنت می تنی
در خود آن بد را نمی‌بینی عیان　　ور نه دشمن بوده‌ای خود را به جان
حمله بر خود می کنی ای ساده مرد　　همچو آن شیری که بر خود حمله کرد
چون به قعر خوی خود اندر رسی　　پس بدانی کز تو بود آن ناکسی
شیر را در قعر پیدا شد که بود　　نقش او آن کش دگر کس می نمود
هر که دندان ضعیفی می کند　　کار آن شیر غلط بین می کند
ای بدیده خال بد بر روی عم　　عکس خال توست آن از عم مَرَم
مؤمنان آیینهٔ یکدیگرند　　این خبر می از پیمبر آورند
پیش چشمت داشتی شیشهٔ کبود　　ز آن سبب عالم کبودت می نمود
گر نه کوری این کبودی دان ز خویش　　خویش را بد گو، مگو کس را تو بیش
مومن ار ینظر بنور الله نبود　　عیب، مومن را برهنه چون نمود؟
چون که تو ینظر بنار الله بدی　　نیکوئی را وا ندیدی از بدی
اندك اندك نور را بر نار زن　　تا شود نار تو نور ای بو الحزن
تو بزن یا ربنا آب طهور　　تا شود این نار عالم جمله نور
آب دریا جمله در فرمان توست　　آب و آتش ای خداوند، آنِ توست
گر تو خواهی آتش آب خوش شود　　ور نخواهی آب هم آتش شود
بی طلب تو این طلب مان داده‌ای　　بی شمار و حد عطا بنهاده‌ای
با طلب چون ندهی؟ ای حی ودود　　کز تو آمد جملگی جود و وجود
در عدم کی بود ما را خود طلب؟　　بی سبب کردی عطاهای عجب

جان و نان دادی و عمر جاودان
سایر نعمت که ناید در بیان

این طلب در ما هم از ایجاد توست
رستن از بیداد یا رب، داد توست

بی طلب هم می‌هی گنج نهان
رایگان بخشیده ای جان جهان

هکذا انعم الی دار السلام
بالنبی المصطفی خیر الانام

۷۴. مژده بردن خرگوش سوی نخجیران که شیر در چاه افتاد

چون که خرگوش از رهایی شاد گشت
سوی نخجیران دوان شد تا به دشت

شیر را چون دید محو ظلم خویش
سوی قوم خود دوید او پیش پیش

شیر را چون دید کشته ظلم خَود
میدوید او شادمان و با رَشد

شیر را چون دید در چه کشته زار
چرخ می زد شادمان تا مرغزار

دست می زد چون رهید از دست مرگ
سبز و رقصان در هوا چون شاخ و برگ

شاخ و برگ از حبس خاك آزاد شد
سر بر آورد و حریف باد شد

برگها چون شاخ را بشکافتند
تا به بالای درخت اشتافتند

با زبان شطأه شکر خدا
می‌سراید هر بر و برگی جدا

بی زبان هر بار و برگ و شاخها
میسراید ذکر و تسبیح خدا

که بپرورد اصل ما را ذو العطا
تا درخت استغلظ آمد فاستوی

جانهای بسته اندر آب و گل
چون رهند از آب و گلها شاد دل

در هوای عشق حق رقصان شوند
همچو قرص بدر بی نقصان شوند

جسمشان در رقص و جان‌ها خود مپرس
و آن که گردد جان از آنها خود مپرس

شیر را خرگوش در زندان نشاند
ننگ شیری، کو ز خرگوشی بماند

در چنین ننگی و آن گه این عجب
فخر دین خواهد که گویندش لقب

ای تو شیری در تك این چاه دهر
نفس چون خرگوش تو،کشتت به قهر

نفس خرگوشت به صحرا در چرا
تو به قعر این چه چون و چرا

سوی نخجیران دوید آن شیر گیر — کابشروا یا قوم إذ جاء البشیر
مژده مژده ای گروه عیش ساز — کان سگ دوزخ به دوزخ رفت باز
مژده مژده کان عدوی جان‌ها — کند قهر خالقش دندان‌ها
مژده مژده کز قضا ظالم بچاه — اوفتاد از عدل و لطف پادشاه
آن که از پنجه بسی سرها بکوفت — همچو خس جاروب مرگش هم بروفت
آن که جز ظلمش دگر کاری نبود — آه مظلومش گرفت و کوفت زود
گردنش بشکست و مغزش بر درید — جان ما از قید محنت وارهید
گم شد و نابود شد از فضل حق — بر مهم دشمن شما را شد سبق

۷۵. جمع شدن نخجیران گرد خرگوش و ثنا گفتن او را

جمع گشتند آن زمان جمله وحوش — شاد و خندان وز طرب در ذوق و جوش
حلقه کردند او چو شمعی در میان — سجده کردندش همه صحرائیان
تو فرشتهٔ آسمانی یا پری — نی تو عزراییل شیران نری
هر چه هستی جان ما قربان توست — دست بردی دست و بازویت درست
راند حق این آب را در جوی تو — آفرین بر دست و بر بازوی تو
باز گو تا قصه درمانها شود — باز گو تا مرهم جانها شود
باز گو تا چون سگالیدی به مکر — آن عوان را چون بمالیدی به مکر
باز گو کز ظلم آن استم نما — صد هزاران زخم دارد جان ما
باز گو آن قصه کان شادی فزاست — روح ما را قوت و دلرا دواست
گفت تائید خدا بود ای مهان — ور نه خرگوشی که باشد در جهان
قوتم بخشید و دل را نور داد — نور دل مر دست و پا را زور داد
از بر حق می رسد تفضیل‌ها — باز هم از حق رسد تبدیل‌ها
حق به دور و نوبت این تأیید را — می نماید اهل ظن و دید را

۷۶. پند دادن خرگوش نخجیران را که از مردن خصم شاد مشوید

هین به ملك نوبتی شادی مکن
ای تو بستهٔ نوبت آزادی مکن

آن که ملکش برتر از نوبت تنند
برتر از هفت انجمش نوبت زنند

برتر از نوبت ملوك باقی اند
دور دایم روحها را ساقی اند

چون به نوبت می‌دهند این دولتت
از چه شد بر باد آخر بسلتت؟

ترك این شرب ار بگوئی یك دو روز
در کنی اندر شراب خلد پوز

یک دو روزه چه؟ که دنیا ساعتیست
هر که ترکش کرد اندر راحتیست

معنی الترک راحت گوش کن
بعد از آن جام بقا را نوش کن

با سگان بگذار این مردار را
خورد بشکن شیشه پندار را

۷۷. تفسیر رجعنا من الجهاد الاصغر الی الجهاد الاکبر

ای شهان کُشتیم ما خصم برون ماند خصمی زو بتر در اندرون

کشتن این، کارِ عقل و هوش نیست شیر باطن سخرهٔ خرگوش نیست

دوزخ است این نفس و، دوزخ اژدهاست کاو به دریاها نگردد کمّ و کاست

هفت دریا را در آشامد هنوز کم نگردد سوزش آن خلق سوز

سنگ‌ها و کافرانِ سنگ دل اندر آیند، اندر او، زار و خجل

هم نگردد ساکن از چندین غذا تا ز حق آید مر او را این ندا

سیر گشتی سیر؟ گوید: نی هنوز اینت آتش اینت تابش اینت سوز

عالمی را لقمه کرد و در کشید معده‌اش نعره زنان، هَلْ مِنْ مزید

حق قدم بر وی نهد از لا مکان آنگه او ساکن شود از کن فکان

چون که جزو دوزخ است این نفس ما طبعِ کُلّ دارد همیشه جزوها

این قدم حق را بود کاو را کُشد غیر حق، خود کی کمان او کِشد؟

در کمان ننهند، الا تیر راست این کمان را باژگون کژ تیرهاست

راست شو چون تیر و واره از کمان کز کمان، هر راست بجهد بیگمان

چونکه واگشتم ز پیکار برون روی آوردم به پیکار درون

قد رجعنا من جهاد الاصغریم با نبی اندر جهاد اکبریم

قوتی خواهم ز حق دریا شکاف تا به ناخن برکنم این کوه قاف

سهل شیری دان که صفها بشکنند شیر آن است آن که خود را بشکنند

تا شود شیر خدا از عون او وارهد از نفس و از فرعون او

در بیان این شنو یک قصه‌ای تا بری از سِرّ گفتم حصه‌ای

۷۸. آمدن رسول قیصر روم به نزد عمر بر سالت

بر عمر آمد ز قیصر یک رسول / در مدینه از بیابان نغول
گفت: کو قصر خلیفه‌ای حشم؟ / تا من اسب و رخت را آن جا کشم
قوم گفتندش که: او را قصر نیست / مر عمر را قصر، جان روشنی است
گر چه از میری ورا آوازه ایست / همچو درویشان مر او را کازه ایست
ای برادر چون ببینی قصر او؟ / چون که در چشم دلت رُسته است مو
چشم دل از موی علت پاک آر / و آنگهان دیدار قصرش چشم دار
هر که را هست از هوسها جان پاک / زود بیند حضرت و ایوان پاک
چون محمد پاک شد از نار و دود / هر کجا رو کرد وجه الله بود
چون رفیقی وسوسهٔ بد خواه را / کی بدانی ثم وجه الله را؟
هر که را باشد ز سینه فتح باب / او ز هر ذره ببیند آفتاب
حق پدید است از میان دیگران / همچو ماه اندر میان اختران
دو سر انگشت بر دو چشم نه / هیچ بینی از جهان؟ انصاف ده
ور نبینی این جهان معدوم نیست / عیب جز ز انگشت نفس شوم نیست
تو ز چشم انگشت را بردار هین / و آنگهانی هر چه میخواهی ببین
نوح را گفتند امت: کو ثواب؟ / گفت او: ز آن سوی استغشوا ثیاب
رو و سر در جامه‌ها پیچیده‌اید / لا جرم با دیده و نادیده‌اید
آدمی دید است و باقی پوست است / دید آن است، آنکه دیدِ دوست است
چونکه دید دوست نبود کور به / دوست کاو باقی نباشد دور به
چون رسول روم این الفاظ تر / در سماع آورد شد مشتاق تر
دیده را بر جستن عمّر گماشت / رخت را و اسب را ضایع گذاشت
هر طرف اندر پی آن مرد کار / می شدی پرسان او دیوانه وار
کاین چنین مردی بود اندر جهان؟ / وز جهان مانند جان باشد نهان

۷۹. یافتن رسول قیصر عمر را خفته در زیر خرما بُن

جُست او را تا زجان بنده شود / لا جرم جوینده یابنده بود
دید اعرابی زنی او را دخیل / گفت: نك خفته است زیر آن نخیل
زیر خرما بن ز خلقان او جدا / زیر سایه خفته بین سایهٔ خدا
آمد آن جا و از او دور ایستاد / مر عمر را دید و در لرزه فتاد
هیبتی ز آن خفته آمد بر رسول / حالتی خوش کرد بر جانش نزول
مهر و هیبت هست ضد یکدگر / این دو ضد را دید جمع اندر جگر
گفت با خود: من شهان را دیده‌ام / پیش سلطانان مَهِ بگزیده‌ام
از شهانم هیبت و ترسی نبود / هیبت این مرد هوشم در ربود
رفته‌ام در بیشهٔ شیر و پلنگ / روی من ز یشان نگردانید رنگ
بس شدستم در مصاف و کارزار / همچو شیر آن دم که باشد، کار زار
بس که خوردم بس زدم زخم گران / دل قوی تر بوده‌ام از دیگران
بی سلاح این مرد خفته بر زمین / من به هفت اندام لرزان، چیست این؟
هیبت حق است این از خلق نیست / هیبت این مرد صاحب دلق نیست
هر که ترسید از حق و تقوی گزید / ترسد از وی جن و انس و هر که دید
اندر این فکرت به حرمت دست بست / بعد یك ساعت عمر از خواب جست
کرد خدمت مر عمر را و سلام / گفت پیغمبر: سلام آنگه کلام
پس علیکش گفت و او را پیش خواند / ایمنش کرد و به نزد خود نشاند
هر که ترسد مر ورا ایمن کنند / مر دل ترسنده را ساکن کنند
لا تخافوا هست نُزل خائفان / هست در خور از برای خائف آن
آن که خوفش نیست، چون گوئی مترس؟ / درس چه دهی؟ نیست او محتاج درس

۸۰. سخن گفتن عمر با رسول قیصر و مکالمات وی

آن دل از جا رفته را دل شاد کرد / خاطر ویرانش را آباد کرد
بعد از آن گفتش سخنهای دقیق / وز صفات پاک حق نعم الرفیق
وز نوازشهای حق ابدال را / تا بداند او مقام و حال را
حال چون جلوه است ز آن زیبا عروس / وین مقام آن خلوت آمد با عروس
جلوه بیند شاه و غیر شاه نیز / وقت خلوت نیست جز شاه عزیز
جلوه کرده خاص و عامان را عروس / خلوت اندر شاه باشد با عروس
هست بسیار اهل حال از صوفیان / نادر است اهل مقام اندر میان
از منازل‌های جانش یاد داد / وز سفرهای روانش یاد داد
وز زمانی کز زمان خالی بُدست / وز مقام قدس که اجلالی بُدست
وز هوایی کاندر او سیمرغ روح / پیش از این دیده است پرواز و فتوح
هر یکی پروازش از آفاق بیش / وز امید و نهمت مشتاق بیش
چون عمر اغیار رو را یار یافت / جان او را طالب اسرار یافت
شیخ کامل بود و طالب مشتهی / مرد چابک بود و مرکب درگهی
دید آن مرشد که او ارشاد داشت / تخم پاک اندر زمین پاک کاشت

۱۱۳

۸۱. سؤال کردن رسول روم از عمر

مرد گفتش: کای امیر المؤمنین　　جان ز بالا چون در آمد در زمین؟

مرغ بی اندازه چون شد در قفس　　گفت: حق بر جان فسون خواند و قصص

بر عدمها کان ندارد چشم و گوش　　چون فسون خواند، همی آید به جوش

از فسون او عدمها زود زود　　خوش معلق می‌زند سوی وجود

باز بر موجود افسونی چو خواند　　زود او را در عدم دو اسبه راند

گفت با جسم آیتی تا جان شد او　　گفت با خورشید تا رخشان شد او

باز در گوشش دمد نکتهٔ مخوف　　در رخ خورشید افتد صد کسوف

گفت با نی تا که شِکر گشت او　　گفت با آبی و گوهر گشت او

گفت در گوش گُل و خندانش کرد　　گفت با سنگ و عقیق کانش کرد

تا به گوش خاك حق چه خوانده است؟　　کاو مراقب گشت و خامش مانده است

تا به گوش ابر آن گویا چه خواند؟　　کاو چو مشك از دیدهٔ خود اشك راند

در تردد هر که او آشفته است　　حق به گوش او معما گفته است

تا کند محبوسش اندر دو گمان　　آن کنم کاو گفت یا خود ضد آن

هم ز حق ترجیح یابد یك طرف　　ز آن دو یك را بر گزیند ز آن کنف

گر نخواهی در تردد هوش جان　　کم فشار این پنبه‌اندر گوش جان

پنبه وسواس بیرون کن ز گوش　　تا بگوشت آید از گردون خروش

تا کنی فهم آن معماهاش را　　تا کنی ادراك رمز و فاش را

پس محل وحی گردد گوش جان　　وحی چه بود؟ گفتن از حس نهان

گوش جان و چشم جان جز این حس است　　گوش عقل و چشم ظن زین مفلس است

لفظ جبرم عشق را بی صبر کرد　　و آنکه عاشق نیست حبس جبر کرد

این معیت با حق است و جبر نیست　　این تجلی مه است، این ابر نیست

ور بود این جبر، جبر عامه نیست　　جبر آن اماره خودکامه نیست

جبر را ایشان شناسند ای پسر — که خدا بگشادشان در دل بصر
غیب و آینده بر ایشان گشت فاش — ذکر ماضی پیش ایشان گشت لاش
اختیار و جبر ایشان دیگر است — قطره ها اندر صدفها گوهر است
هست بیرون قطرهٔ خرد و بزرگ — در صدف آن دُرِّ، خرد است و سترگ
طبع ناف آهو است آن قوم را — از برون خون و از درونشان مشکها
تو مگو کاین نافه بیرون خون بود — چون رود در ناف مشکی چون شود
تو مگو کاین مس برون بد محتقر — در دل اکسیر چون گشتست زر
اختیار و جبر در تو بد خیال — چون در ایشان رفت شد نور جلال
نان چو در سفره ست او باشد جماد — در تن مردم شود او روح شاد
در دل سفره نگردد مستحیل — مستحیلش جان کند از سلسبیل
قوّت جان است این، ای راست خوان — تا چه باشد قوّت آن جان جان
نانت قوت تن ولیکن درنگر — تا که قوت جان چه باشد سربسر
گوشت پارهٔ آدمی با عقل و جان — می‌شکافد کوه را با بحر و کان
زور جان کوه کن، شق الحجر — زور جان جان در انْشَقَّ القمر
گر گشاید دل سر انبان راز — جان به سوی عرش سازد ترك تاز
گر زبان گوید ز اسرار نهان — آتش افروزد بسوزد این جهان
فعل حق و فعل ما هر دو ببین — فعل ما را هست دان، پیداست این

۸۳. اضافت کردن آدم (ع) زلت خود را به خویش که رَبَّنا ظَلَمْناو اضافت کردن ابلیس گناه خود را به حق تعالی که رب بِما أَغْوَیتَنِی

گر نباشد فعل خلق اندر میان   پس مگو کس را چرا کردی چنان
خلق حق، افعال ما را موجد است   فعل ما آثار خلق ایزد است
لیک هست آن فعل ما مختار ما   زو جزا، گه نار ما، گه یار ما
زانکه ناطق حرف بیند یا غرض   کی شود یك دم محیط دو عرض
گر به معنی رفت شد غافل ز حرف   پیش و پس یك دم نبیند هیچ طرف
آن زمان که پیش بینی آن زمان   تو پس خود کی ببینی این بدان
چون محیط حرف و معنی نیست جان   چون بود جان خالق این هر دو آن
حق محیط جمله آمد ای پسر   وا ندارد کارش از کار دگر
گفتِ ایزد جان ما را مست کرد   چون نداند آنکه را خود هست کرد؟
گفت شیطان که بِما أغویتنی   کرد فعل خود نهان، دیو دنی
گفت آدم که ظلمنا نفسنا   او ز فعل حق نبد غافل چو ما
در گنه او از ادب پنهانش کرد   ز آن گنه بر خود زدن، او بر بخورد
بعد توبه گفتش ای آدم نه من   آفریدم در تو آن جرم و محن؟
نی که تقدیر و قضای من بد آن؟   چون به وقت عذر کردی آن نهان؟
گفت ترسیدم، ادب بگذاشتم   گفت هم من پاس آنت داشتم
هر که آرد حرمت او، حرمت برد   هر که آرد قند، لوزینه خورد
طیبات از بهر که؟ للطیبین   یار را خوش کن، مرنجان و ببین

۸۳. تمثیل

یک مثل ای دل پی فرقی بیار / تا بدانی جبر را از اختیار
دست کان لرزان بود از ارتعاش / و آن که دستی را تو لرزانی ز جاش
هر دو جنبش آفریدهٔ حق شناس / لیک نتوان کرد این با آن قیاس
زین پشیمانی که لرزانیدی اش / چون پشیمان نیست مرد مرتعش
مرتعش را کی پشیمان دیده‌ای / بر چنین جبری تو برچسبیده‌ای
بحث عقل است این چه عقل آن حیله گر / تا ضعیفی ره برد آن جا مگر
بحث عقلی گر در و مرجان بود / آن دگر باشد که بحث جان بود
بحث جان اندر مقامی دیگر است / بادهٔ جان را قوامی دیگر است
آن زمان که بحث عقلی ساز بود / این عمر با بو الحکم هم راز بود
چون عمر از عقل آمد سوی جان / بو الحکم بو جهل شد در بحث آن
سوی عقل و سوی حس او کامل است / گر چه خود نسبت به جان او جاهل است
بحث عقل و حس اثر دان یا سبب / بحث جانی یا عجب یا بوالعجب
ضوء جان آمد نماند ای مستضی / لازم و ملزوم و نافی مقتضی
ز آن که بینایی که نورش بازغ است / از دلیل چون عصا بس فارغ است

۸۴. تفسیر آیه وَ هُوَ مَعَکُمْ أَینَ ما کُنْتُمْ و بیان آن

بار دیگر ما به قصه آمدیم
ما از این قصه برون خود کی شدیم

گر به جهل آییم، آن زندان اوست
ور به علم آییم، آن ایوان اوست

ور به خواب آییم، مستان وی ایم
ور به بیداری، به دستان وی ایم

ور بگرییم ابر پر زرق وی ایم
ور بخندیم آن زمان برق وی ایم

ور به خشم و جنگ، عکس قهر اوست
ور به صلح و عذر، عکس مهر اوست

ما که ایم اندر جهان پیچ پیچ
چون الف، او خود چه دارد؟ هیچ هیچ

چون الف گر تو مجرد می‌شوی
اندر این ره مرد مفرد می‌شوی

جهد کن تا ترک غیر حق کنی
دل از این دنیای فانی برکنی

۸۵. سؤال کردن رسول روم از عمر از سبب ابتلای ارواح با این آب و گل اجساد

این سخن را نیست پایان ای پسر   از رسول روم بر گو وز عمر
از عمر چون آن رسول این را شنید   روشنیی در دلش آمد پدید
محو شد پیشش سوال و هم جواب   گشت فارغ از خطاء و از صواب
اصل را دریافت بگذشت از فروع   بهر حکمت کرد در پرسش شروع
گفت یا عمر چه حکمت بود و سرّ   حبس آن صافی در این جای کدر
آب صافی در گلی پنهان شده   جان صافی بستهٔ ابدان شده
فائده فرما که این حکمت چه بود   مرغ را اندر قفس کردن چه سود
گفت تو بحثی شگرفی می کنی   معنیی را بند حرفی می کنی
حبس کردی معنی آزاد را   بند حرفی کرده‌ای تو باد را
از برای فائده این کرده‌ای   تو که خود از فائده در پرده ای
آن که از وی فائده زائیده شد   چون نبیند آن چه ما را دیده شد
صد هزاران فائده ست و هر یکی   صد هزاران پیش آن یک اندکی
آن دم لطفش که جان جان‌هاست   چون بود خالی ز معنی گوی راست
آن دم نطقت که جزو جزوهاست   فائده شد کلّ کل خالی چراست
تو که جزوی، کار تو با فائده ست   پس چرا در طعن کل آری تو دست
گفت را گر فائده نبود مگو   ور بود هِل اعتراض و شکر جو
شکر یزدان طوق هر گردن بود   نی جدال و رو ترش کردن بود
گر ترش رو بودن آمد شکر و بس   همچو سرکه شکر گویی نیست کس
سرکه را گر راه باید در جگر   گو برو سرکنگبین شو از شکر

۸۶. در بیان حدیث من أراد أن یجلس مع الله فلیجلس مع أهل التصوف

معنی اندر شعر جز با خبط نیست ... چون قلاسنگ است آنرا ضبط نیست
آن رسول اینجا رسید و شاه شد ... واله اندر قدرت الله شد
آن رسول از خود بشد زین یك دو جام ... نی رسالت یاد ماندش نی پیام
سیل چون آمد به دریا بحر گشت ... دانه چون آمد به مزرع کشت گشت
چون تعلق یافت نان با بوالبشر ... نان مرده زنده گشت و با خبر
موم و هیزم چون فدای نار شد ... ذات ظلمانی او انوار شد
سنگ سرمه چون که شد در دیده گان ... گشت بینایی شد آن جا دیدبان
ای خنك آن مرده کز خود رسته شد ... در وجود زنده ای پیوسته شد
وای آن زنده که با مرده نشست ... مرده گشت و زندگی از وی بجست
چون تو در قرآن حق بگریختی ... با روان انبیا آمیختی
هست قرآن حال‌های انبیا ... ماهیان بحر پاك کبریا
ور بخوانی و نه ای قرآن پذیر ... انبیا و اولیا را دیده گیر
ور پذیرایی چو بر خوانی قصص ... مرغ جانت تنگ آید در قفس
مرغ کاو اندر قفس زندانی است ... می نجوید رستن از نادانی است
روح‌هایی کز قفس‌ها رسته‌اند ... انبیا و رهبر شایسته‌اند
از برون آوازشان آید بدین ... که رَهِ رَستن ترا این است این
ما به دین رستیم زین تنگین قفس ... غیر این ره نیست چارهٔ این قفس
خویش را رنجور ساز و زار زار ... تا ترا بیرون کنند از اشتهار
که اشتهار خلق بندی محکم است ... در ره این از بند آهن کی کم است
یک حکایت بشنو ای زیبا رفیق ... تا بدانی شرط این بحر عمیق
بشنو اکنون داستانی در مثال ... تا شوی واقف بر اسرار مقال

۸۷. قصه‌ی آن بازرگان که به هندوستان به تجارت می‌رفت و پیغام دادن طوطی محبوس بطوطیان هندوستان

بود بازرگانی او را طوطیی — در قفس محبوس زیبا طوطیی
چون که بازرگان سفر را ساز کرد — سوی هندستان شدن آغاز کرد
هر غلام و هر کنیزی را ز جود — گفت بهر تو چه آرم گوی زود
هر یکی از وی مرادی خواست کرد — جمله را وعده بداد آن نیك مرد
گفت طوطی را چه خواهی ارمغان — کارمت از خطهٔ هندوستان
گفتش آن طوطی که آنجا طوطیان — چون ببینی کن ز حال من بیان
کان فلان طوطی که مشتاق شماست — از قضای آسمان در حبس ماست
بر شما کرد او سلام و داد خواست — واز شما چاره و ره ارشاد خواست
گفت می شاید که من در اشتیاق — جان دهم اینجا بمیرم در فراق
این روا باشد که من در بند سخت — گه شما بر سبزه گاهی بر درخت
این چنین باشد وفای دوستان — من در این حبس و شما در بوستان
یاد آرید ای مهان زین مرغ زار — یك صبوحی در میان مرغزار
یاد یاران یار را میمون بود — خاصه کان لیلی و این مجنون بود
ای حریفان بابت موزون خود — من قدح‌ها می‌خورم پر خون خود
یك قدح می نوش کن بر یاد من — گر همی خواهی که بدهی داد من
یا به یاد این فتادهٔ خاك بیز — چون که خوردی جرعه ای بر خاك ریز
ای عجب آن عهد و آن سوگند کو — وعده های آن لب چون قند کو
گر فراق بنده از بد بندگی است — چون تو با بد بد کنی پس فرق چیست
ای بدی که تو کنی در خشم و جنگ — با طرب تر از سماع و بانگ چنگ
ای جفای تو ز دولت خوبتر — و انتقام تو ز جان محبوبتر

نار تو این است نورت چون بود / ماتم این تا خود که سورت چون بود
از حلاوتها که دارد جور تو / وز لطافت کس نیابد غور تو
یاد آور از محبتهای ما / حق مجلسها و صحبتهای ما
نالم و ترسم که او باور کند / وز ترحم جور را کمتر کند
عاشقم بر لطف و بر قهرش به جدّ / ایعجب من عاشق این هر دو ضد
و الله ار زین خار در بستان شوم / همچو بلبل زین سبب نالان شوم
این عجب بلبل که بگشاید دهان / تا خورد او خار را با گلستان
این نه بلبل این نهنگ آتشی است / جمله ناخوشهای عشق او را خوشی است
عاشق کل است و خود کل است او / عاشق خویش است و عشق خویش جو
قصهٔ طوطی جان زین سان بود / کو کسی کو محرم مرغان بود
کو یکی مرغی ضعیفی بی گناه / و اندرون او سلیمان با سپاه

۸۸. صفت اجنحهٔ طیور عقول الهی

چون بنالد زار بی شکر و گله / افتد اندر هفت گردون غلغله
هر دمش صد نامه صد پیک از خدا / یا ربی زو شصت لبیک از خدا
زلت او به ز طاعت پیش حق / نزد کفرش جمله ایمانها خلق
هر دمی او را یکی معراج خاص / بر سر تاجش نهد صد تاج خاص
صورتش بر خاک و جان بر لامکان / لامکانی فوق وهم سالکان
لامکانی نی که در فهم آیدت / هر دمی در وی خیالی زایدت
بل مکان و لامکان در حکم او / همچو در حکم بهشتی چارجو
شرح این کوته کن و رخ زین بتاب / دم مزن و الله اعلم بالصواب

۸۹. دیدن خواجه طوطیان هندوستان را در دشت و پیغام رسانیدن از آن طوطی

باز می‌گردیم از این ای دوستان / سوی مرغ و تاجر و هندوستان
مرد بازرگان پذیرفت آن پیام / کاو رساند سوی جنس از وی سلام
چون که تا اقصای هندوستان رسید / در بیابان طوطی چندی بدید
مرکب استانید و پس آواز داد / آن سلام و آن امانت باز داد
طوطیی ز آن طوطیان لرزید و پس / اوفتاد و مرد و بگسستش نفس
شد پشیمان خواجه از گفت خبر / گفت رفتم در هلاک جانور
این مگر خویش است با آن طوطیک / این مگر دو جسم بود و روح یک
این چرا کردم چرا دادم پیام / سوختم بیچاره را زین گفت خام
این زبان چون سنگ و هم آهن وش است / و آنچه بجهد از زبان چون آتش است
سنگ و آهن را مزن بر هم گزاف / گه ز روی نقل و گه از روی لاف
ز آنکه تاریک است و هر سو پنبه زار / در میان پنبه چون باشد شرار
ظالم آن قومی که چشمان دوختند / وز سخن‌ها عالمی را سوختند
عالمی را یک سخن ویران کند / روبهان مرده را شیران کند
جانها در اصل خود عیسی دمند / یک زمان زخمند و گاهی مرهمند
گر حجاب از جان‌ها برخاستی / گفتِ هر جانی مسیح آساستی
گر سخن خواهی که گویی چون شکر / صبر کن از حرص و این حلوا مخور
صبر باشد مشتهای زیرکان / هست حلوا آرزوی کودکان
هر که صبر آورد گردون بر رود / هر که حلوا خورد واپس تر رود
صاحب دل را ندارد آن زیان / گر خورد او زهر قاتل را عیان
ز آنکه صحت یافت از پرهیز رست / طالب مسکین میان تب در است

۹۰. تفسیر قول فرید الدین عطار قدس الله روحه:

تو صاحب نفسی ای غافل میان خاك خون می خور
که صاحب دل اگر زهری خورد آن انگبین باشد

گفت پیغمبر که ای طالب جِری
هان مکن با هیچ مطلوبی مِری

در تو نمرودی است آتش در مرو
رفت خواهی اول ابراهیم شو

چون نه ای سباح و نه دریایی
در میفکن خویش از خود رایی

او ز قعر بحر گوهر آورد
از زیانها سود بر سر آورد

کاملی گر خاك گیرد زر شود
ناقص ار زر برد خاکستر شود

چون قبول حق بود آن مرد راست
دست او در کارها دست خداست

دست ناقص دست شیطان است و دیو
ز آن که‌اندر دام تلبیس است و ریو

جهل آید پیش او دانش شود
جهل شد علمی که در ناقص رود

هر چه گیرد علتی، علت شود
کفر گیرد کاملی، ملت شود

ای مری کرده پیاده با سوار
سر نخواهی برد اکنون پای دار

۹۱. تعظیم ساحران مر موسی را علیه السلام که چه فرمایی اول تو اندازی عصا یا ما

ساحران در عهد فرعون لعین / چون مِری کردند با موسی به کین
لیك موسی را مقدم داشتند / ساحـران او را مکرم داشتند
ز آن که گفتندش که: فرمان آن توست / گر تو می خواهی عصا بفکن نخست
گفت نی اول شما ای ساحران / افکنید آن مکرها را در میان
این قدر تعظیم ایشان را خرید / کز مری آن دست و پاهاشان برید
ساحران چون قدر او نشناختند / دست و پا در جرم آن درباختند
لقمه و نکته ست کامل را حلال / تو نه ای کامل مخور می باش لال
تو چو گوشی او زبان نی جنس تو / گوشها را حق بفرمود أَنْصِتُوا
کودك اول چون بزاید شیر نوش / مدتی خامش بود او جمله گوش
مدتی می بایدش لب دوختن / از سخنگویان سخن آموختن
تا نیاموزد نگوید صد یکی / ور بگوید حشو گوید بی شکی
ور نباشد گوش، تی تی می کند / خویشتن را گنگ گیتی می کند
کرّ اصلی کش نبود آغاز گوش / لال باشد کی کند در نطق جوش
ز آن که اول سمع باید نطق را / سوی منطق از رہ سمع اندر آ
ادخلوا الأبیات من أبوابها / و اطلبوا الارزاق من أسبابها
نطق کان موقوف راه سمع نیست / جز که نطق خالق بی طمع نیست
مبدع است او تابع استاد نی / مسند جمله و را اسناد نی
باقیان هم در حرف هم در مقال / تابع استاد و محتاج مثال
زین سخن گر نیستی بیگانه‌ای / دلق و اشکی گیر و جو ویرانه‌ای
ز آن که آدم ز آن عتاب از اشك رست / اشكِ تر باشد، دم توبه پرست
بهر گریه آمد آدم بر زمین / تا بود گریان و نالان و حزین
آدم از فردوس و از بالای هفت / پای ماچان از برای عذر رفت

گر ز پشت آدمی وز صُلب او	در طلب می‌باش هم در طُلب او
تو چه دانی ذوق آب ای شیشه دل	زانکه همچو خر شدی تو پا به گل
ز آتش دل و آب دیده نقل ساز	بوستان از ابر و خورشید است تاز
تو چه دانی ذوق آب دیده گان	عاشق نانی تو چون نادیدگان
گر تو این انبان ز نان خالی کنی	پر ز گوهرهای اجلالی کنی
طفل جان از شیر شیطان باز کن	بعد از آنش با ملک انباز کن
تا تو تاریک و ملول و تیره ای	دان که با دیو لعین همشیره ای
لقمه ای کان نور افزود و کمال	آن بود آورده از کسب حلال
روغنی کاید چراغ ما کشد	آب خوانش چون چراغی را کشد
علم و حکمت زاید از لقمهٔ حلال	عشق و رقت آید از لقمهٔ حلال
چون ز لقمه تو حسد بینی و دام	جهل و غفلت زاید، آن را دان حرام
هیچ گندم کاری و جو بر دهد؟	دیده ای اسبی، که کرهٔ خر دهد؟
لقمه تخم است و برش اندیشه ها	لقمه بحر و گوهرش اندیشه ها
زاید از لقمهٔ حلال اندر دهان	میل خدمت عزم سوی آن جهان
زاید از لقمه حلال ای مه حضور	در دل پاک تو و در دیده نور
این سخن پایان ندارد ای کیا	بحث با زرگان و طوطی کن بیا

۹۲. باز گفتن بازرگان با طوطی آنچه در هندوستان دیده

کرد بازرگان تجارت را تمام / باز آمد سوی منزل شاد کام
هر غلامی را بیاورد ارمغان / هر کنیزك را ببخشید او نشان
گفت طوطی ارمغان بنده کو / آنچه گفتی وآنچه دیدی باز گو
گفت نی من خود پشیمانم از آن / دست خود خایان و انگشتان گزان
که چرا پیغام خامی از گزاف / بردم از بی دانشی و از نشاف
گفت ای خواجه پشیمانی ز چیست / چیست آن کاین خشم و غم را مقتضی است
گفت گفتم آن شکایت‌های تو / با گروهی طوطیان همتای تو
آن یکی طوطی ز دردت بوی برد / زهره اش بدرید و لرزید و بمرد
من پشیمان گشتم این گفتن چه بود / لیك چون گفتم پشیمانی چه سود
نکته ای کان جست ناگه از زبان / همچو تیری دان که جست آن از کمان
وا نگردد از ره آن تیر ای پسر / بند باید کرد سِیلی را ز سِر
چون گذشت از سر جهانی را گرفت / گر جهان ویران کند نبود شگفت
فعل را در غیب اثرها زادنی است / و آن موالیدش به حکم خلق نیست
بی شریکی جمله مخلوق خداست / آن موالید ار چه نسبتشان به ماست
زید پرانید تیری سوی عَمر / عَمر را بگرفت تیرش همچو نمر
مدت سالی همی زایید درد / دردها را آفریند حق نه مرد
عَمر دائم ماند در درد و وجل / دردها می زاید آن جا تا اجل
ز آن موالید وجع چون مُرد او / زید را ز اول سبب قتال گو
آن وجعها را بدو منسوب دار / گر چه هست آن جمله صُنع کردگار
همچنین کسب و دم و دام و جماع / آن موالید است حق را مستطاع
بسته درهای موالید از سبب / چون پشیمان شد ولی ز آن دست رب
اولیا را هست قدرت از اله / تیر جسته باز آرندش ز راه

گفته ناگفته کند از فتح باب
تا از آن نی سیخ سوزد نی کباب

از همه دلها که آن نکته شنید
آن سخن را کرد محو و ناپدید

گرت برهان باید و حجت مها
باز خوان مِنْ آیةٍ أَوْ ننسها

آیت أَنْسَوْکُمْ ذِکْرِی بخوان
قدرت نسیان نهادنشان بدان

چون به تذکیر و به نسیان قادراند
بر همه دلهای خلقان قاهراند

چون به نسیان بست او راه نظر
کار نتوان کرد ور باشد هنر

خذتموا سخریهً اهل السمو
از نبی خوانید تا أنسوکم

صاحب دِه پادشاه جسمهاست
صاحب دل شاه دلهای شماست

فرع دید آمد عمل بی هیچ شك
پس نباشد مردم الا مردمك

مردمش چون مردمک دیدند خُرد
در بزرگی مردمک کس پی نبرد

من تمام این نیارم گفت از آن
منع می آید ز صاحب مرکزان

چون فراموشی خلق و یادشان
با وی است، او می‌رسد فریادشان

صد هزاران نیك و بد را آن بَهی
می کند هر شب ز دلهاشان تهی

روز دلها را از آن پر می کند
آن صدفها را پر از در می کند

آن همه اندیشهٔ پیشان‌ها
می‌شناسند از هدایت جانها

پیشه و فرهنگ تو آید به تو
تا در اسباب بگشاید به تو

پیشهٔ زرگر به آهنگر نشد
خوی این خوش خو بدان منکر نشد

پیشه‌ها و خلقها همچون جهیز
سوی خصم آیند روز رستخیز

صورتی کان برنهادت غالبست
هم بران تصویر حشرت واجبست

پیشه‌ها و خلقها از بعد خواب
واپس آید هم به خصم خود شتاب

پیشه‌ها و اندیشه‌ها در وقت صبح
هم بدانجا شد که بود آن حُسن و قبح

چون کبوترهای پیك از شهرها
سوی شهر خویش آرد بهرها

هر چه بینی سوی اصل خود رود
جزو سوی کلّ خود راجع شود

۹۳. شنیدن آن طوطی حرکت آن طوطی را و مردن و نوحه کردن خواجه

چون شنید آن مرغ کان طوطی چه کرد / پس بلرزید اوفتاد و گشت سرد
خواجه چون دیدش فتاده همچنین / بر جهید و زد کله را بر زمین
چون بدین رنگ و بدین حالش بدید / خواجه بر جست و گریبان را درید
گفت ای طوطی خوب خوش حنین / هین چه بودت این چرا گشتی چنین
ای دریغا مرغ خوش آواز من / ای دریغا همدم و همراز من
ای دریغا مرغ خوش الحان من / راح روح و روضه رضوان من
گر سلیمان را چنین مرغی بدی / کی دگر مشغول آن مرغان شدی
ای دریغا مرغ که ارزان یافتم / زود روی از روی او بر تافتم
ای زبان تو بس زیانی بر وری / چون تویی گویا چه گویم مر ترا
ای زبان هم آتش و هم خرمنی / چند این آتش در این خرمن زنی
در نهان جان از تو افغان می کند / گر چه هر چه گوئیش آن می کند
ای زبان هم گنج بی پایان تویی / ای زبان هم رنج بی درمان تویی
هم صفیر و خدعهٔ مرغان تویی / هم بلیس و ظلمت کفران توئی
هم خفیر و رهبر یاران توئی / هم انیس وحشت هجران تویی
چند امانم می دهی ای بی امان / ای تو زه کرده به کین من کمان
نك بپرانیده ای مرغ مرا / در چراگاه ستم، کم کن چرا
یا جواب من بگو یا داد ده / یا مرا اسباب شادی یاد ده
ای دریغا نور ظلمت سوز من / ای دریغا صبح روز افروز من
ای دریغا مرغ خوش پرواز من / ز انتها پریده تا آغاز من
عاشق رنج است نادان تا ابد / خیز لا أُقْسِمُ بخوان تا فِی کبد
از کبد فارغ بدم با روی تو / وز زبد صافی بدم در جوی تو
این دریغاها خیال دیدن است / وز وجود نقد خود ببریدن است

غیرت حق بود، با حق چاره نیست — کو دلی کز حکم حق صد پاره نیست؟

غیرت آن باشد که آن غیر همه ست — آنکه افزون از بیان و دمدمه ست

ای دریغا اشك من دریا بدی — تا نثار دلبر زیبا شدی

طوطی من مرغ زیرك سار من — ترجمان فکرت و اسرار من

هر چه روزی داد و ناداد آمدم — او ز اول گفت تا یاد آیدم

طوطیی کاید ز وحی آواز او — پیش از آغاز وجود آغاز او

اندرون توست آن طوطی نهان — عکس او را دیده تو بر این و آن

می‌برد شادیت را، تو شاد از او — می پذیری ظلم را چون داد از او

ای که جان از بهر تن میسوختی — سوختی جان را و تن افروختی

سوختم من، سوخته خواهد کسی؟ — تا ز من آتش زند اندر خسی

سوخته چون قابل آتش بود — سوخته بستان که آتش کش بود

ای دریغا ای دریغا ای دریغ — کانچنان ماهی نهان شد زیر میغ

چون زنم دم کاتش دل تیز شد — شیر هجر آشفته و خون ریز شد

آنکه او هوشیار خود تند است و، مست — چون بود، چون او قدح گیرد به دست؟

شیر مستی کز صفت بیرون بود — از بسیط مرغزار افزون بود

قافیه اندیشم و دلدار من — گویدم مندیش، جز دیدار من

خوش نشین ای قافیه اندیش من — قافیهٔ دولت تویی در پیش من

حرف چه بود تا تو اندیشی از آن — صوت چه بود؟ خار دیوار رزان

حرف و صوت و گفت را بر هم زنم — تا که بی این هر سه با تو دم زنم

آن دمی کز آدمش کردم نهان — با تو گویم ای تو اسرار جهان

آن دمی را که نگفتم با خلیل — و آن دمی را که نداند جبرئیل

آن دمی کز وی مسیحا دم نزد — حق ز غیرت نیز بی ما هم نزد

ما چه باشد در لغت اثبات و نفی — من نه اثباتم، منم بی ذات و نفی

من کسی در ناکسی دریافتم — پس کسی در ناکسی دربافتم

جمله شاهان پست، پست خویش را	جمله خلقان مست، مست خویش را
جمله شاهان بندهٔ بندهٔ خودند	جمله خلقان مردهٔ مردهٔ خودند
می شود صیاد، مرغان را شکار	تا کند ناگاه ایشان را شکار
بی دلان را دلبران جسته به جان	جمله معشوقان شکار عاشقان
هر که عاشق دیدی اش معشوق دان	کو به نسبت هست هم این و هم آن
تشنگان گر آب جویند از جهان	آب هم جوید به عالم تشنگان
چونکه عاشق اوست تو خاموش باش	او چو گوشت میدهد تو گوش باش
بند کن چون سیل سیلانی کند	ور نه رسوایی و ویرانی کند
من چه غم دارم که ویرانی بود	زیر ویران گنج سلطانی بود
غرق حق خواهد که باشد غرق تر	همچو موج بحر جان زیر و زبر
زیر دریا خوشتر آید یا زبر	تیر او دل کش تر آید یا سپر
بس زبون وسوسه باشی دلا	گر طرب را باز دانی از بلا
گر مرادت را مذاق شکر است	بیمرادی نی مراد دلبر است
هر ستارهاش خونبهای صد هلال	خون عالم ریختن او را حلال
ما بها و خونبها را یافتیم	جانب جان باختن بشتافتیم
ای حیات عاشقان در مردگی	دل نیابی جز که در دل بردگی
من دلش جسته به صد ناز و دلال	او بهانه کرده با من از ملال
گفتم: آخر غرق توست این عقل و جان	گفت رو رو بر من این افسون مخوان
من ندانم آنچه اندیشیدهای	ای دو دیده، دوست را چون دیدهای
ای گران جان خوار دیدستی مرا	زانکه بس ارزان خریدستی مرا
هر که او ارزان خرد، ارزان دهد	گوهری طفلی به قرصی نان دهد
غرق عشقی ام که غرق است اندر این	عشقهای اولین و آخرین
مجملش گفتم نکردم من بیان	ور نه هم لبها بسوزد هم دهان
من چو لب گویم، لب دریا بود	من چو لا گویم، مراد الا بود

۱۳۱

من ز شیرینی نشستم رو ترش   من ز بسیاری گفتارم خمش
تا که شیرینی ما از دو جهان   در حجاب رو ترش باشد نهان
تا که در هر گوش ناید این سخن   یک همی گویم ز صد سر لدن

۹۴. تفسیر قول حکیم سنائی

بهرچه از راه وامانی چه کفر آن حرف و چه ایمان
بهر چه از دوست دور افتی چه زشت آن نقش و چه زیبا
فی معنی قول النبی: إن سعدا لغیور و أنا أغیر من سعد و الله أغیر منی و من غیرته حرم الْفَواحِشَ ما ظَهَرَ مِنْها وَ ما بَطَنَ

جمله عالم ز آن غیور آمد که حق / برد در غیرت بر این عالم سبق
او چو جان است و جهان چون کالبد / کالبد از جان پذیرد نیك و بد
هر که محراب نمازش گشت عین / سوی ایمان رفتنش میدان تو شین
هر که شد مر شاه را او جامه دار / هست خسران بهر شاهش اتجار
هر که با سلطان شود او همنشین / بر درش‌شستن بود حیف و غبین
دست بوسش چون رسید از پادشاه / گر گزیند بوس پا باشد گناه
گر چه سر بر پا نهادن خدمت است / پیش آن خدمت خطا و زلت است
شاه را غیرت بود بر هر که او / بو گزیند بعد از آن که دید رو
غیرت حق بر مثل گندم بود / کاه خرمن غیرت مردم بود
اصل غیرت‌ها بدانید از اله / آن خلقان فرع حق بی اشتباه
شرح این بگذارم و گیرم گله / از جفای آن نگار ده دله
نالم ایرا ناله ها خوش آیدش / از دو عالم ناله و غم بایدش
چون ننالم تلخ از دستان او؟ / چون نیم در حلقهٔ مستان او
چون نباشم همچو شب بی روز او / بی وصال روی روز افروز او
ناخوش او خوش بود در جان من / جان فدای یار دل رنجان من
عاشقم بر رنج خویش و درد خویش / بهر خشنودی شاه فرد خویش
خاك غم را سرمه سازم بهر چشم / تا ز گوهر پر شود دو بحر چشم
اشك کان از بهر او بارند خلق / گوهر است و اشك پندارند خلق

من ز جان جان شکایت می‌کنم / من نیم شاکی روایت می‌کنم
دل همی گوید از او رنجیـده‌ام / وز نفاق سـست می‌خـندیده‌ام
راستی کن ای تو فخر راستان / ای تو صدر و من درت را آستان
آستان و صدر در معنی کجاست / ما و من کو آن طرف کان یار ماست
ای رهیده جان تو از ما و من / ای لطیفهٔ روح اندر مرد و زن
مرد و زن چون یك شود آن یك تویی / چون که یك ها محو شد آنك تویی
این من و ما بهر آن بر ساختی / تا تو با خود نرد خدمت باختی
تا تو با ما و تو یک جوهر شوی / عاقبت محض چنان دلبر شوی
تا من و توها همه یك جان شوند / عاقبت مستغرق جانان شوند
این همه هست و بیا ای امر کُن / ای منزه از بیان و از سخن
چشم جسـمانه تواند دیدنت / در خـیال آرد غم و خندیدنت
دل که او بستهٔ غم و خندیدن است / تو مگو کاو لایق آن دیدن است
آن که او بستهٔ غم و خنده بود / او بدین دو عاریت زنده بود
باغ سبز عشق کاو بی منتهاست / جز غم و شادی در او بس میوه هاست
عاشقی زین هر دو حالت برتر است / بی بهار و بی خزان سبز و تر است
دِه زکات روی خوب ای خوب رو / شرح جان شرحه شرحه باز گو
کز کرشـمه غمـزهٔ غمازه‌ای / بر دلـم بنهـاد داغ تازه‌ای
من حلالش کردم از خونم بریخت / من همی گفتم حلال او می‌گریخت
چون گریزانی ز نالهٔ خاکیان / غم چه ریزی بر دل غمناکیان
ای که هر صبحی که از مشرق بتافت / همچو چشمهٔ مشرقت در جوش یافت
چون بهانه می‌هی شیدات را / ای بهـانه شِکرّ لبهات را
ای جهان کهنه را تو جان نو / از تن بی جان و دل افغان شنو
شرح گل بگذار از بهر خدا / شرح بلبل گو که شد از گل جدا
از غم و شادی نباشد جوش ما / با خیال و وهم نبود هوش ما

حالت دیگر بود کان نادر است
تو مشو منکر که حق بس قادر است

تو قیاس از حالت انسان مکن
منزل اندر جور و در احسان مکن

جور و احسان رنج و شادی حادث است
حادثان میرند و حقشان وارث است

صبح شد ای صبح را پشت و پناه
عذر مخدومی حسام الدین بخواه

عذر خواه عقل کل و جان تویی
جان جان و تابش مرجان تویی

تافت نور صبح و ما از نور تو
در صبوحی با می منصور تو

دادهٔ تو چون چنین دارد مرا
باده که بود؟ تا طرب آرد مرا

باده در جوشش گدای جوش ماست
چرخ در گردش اسیر هوش ماست

باده از ما مست شد نی ما از او
قالب از ما هست شد نی ما از او

ما چو زنبوریم و قالبها چو موم
خانه خانه کرده قالب را چو موم

بس دراز است این حدیث خواجه گو
تا چه شد احوال آن مرد نکو

۹۵. رجوع به حکایت خواجه‌ی تاجر

خواجه اندر آتش و درد و حنین
صد پراکنده همی گفت این چنین

گه تناقض گاه ناز و گه نیاز
گاه سودای حقیقت گه مجاز

مرد غرقه گشته جانی می‌کند
دست را در هر گیاهی می‌زند

تا کدامش دست گیرد در خطر
دست و پایی می زند از بیم سر

دوست دارد یار این آشفتگی
کوشش بیهوده به از خفتگی

آن که او شاه است او بی کار نیست
ناله از وی طرفه کاو بیمار نیست

بهر این فرمود رحمان ای پسر
کُلَّ یوْمٍ هُوَ فِی شَأْنٍ ای پسر

اندر این ره می تراش و می‌خراش
تا دم آخر دمی فارغ مباش

تا دم آخر دمی آخر بود
که عنایت با تو صاحب سر بود

هر که می کوشد اگر مرد و زن است
گوش و چشم شاه جان بر روزن است

این سخن پایان ندارد ای عمو
قصه طوطی و خواجه بازگو

۹۶. برون انداختن مرد تاجر طوطی را از قفس و پریدن طوطی مرده

بعد از آنش از قفس بیرون فکند
طوطیك پرید تا شاخ بلند

طوطی مرده چنان پرواز کرد
کافتاب از چرخ ترکی تاز کرد

خواجه حیران گشت اندر کار مرغ
بی خبر ناگه بدید اسرار مرغ

روی بالا کرد و گفت ای عندلیب
از بیان حال خودمان ده نصیب

او چه کرد آنجا که تو آموختی
چشم ما از مکر خود بردوختی

ساختی مکری و ما را سوختی
سوختی ما را و خود افروختی

گفت طوطی کو به فعلم پند داد
که رها کن نطق و آواز و گشاد

زانکه آوازت ترا در بند کرد
خویش او مرده پی این پند کرد

یعنی ای مطرب شده با عام و خاص
مرده شو چون من که تا یابی خلاص

دانه باشی مرغکانت بر چنند
غنچه باشی کودکانت بر کنند

دانه پنهان کن بکلی دام شو
غنچه پنهان کن گیاه بام شو

هر که داد او حسن خود را در مزاد
صد قضای بد سوی او رو نهاد

چشمها و خشمها و رشكها
بر سرش ریزد چو آب از مشكها

دشمنان او را ز غیرت می درند
دوستان هم روزگارش می‌برند

آنکه غافل بود از کشت بهار
او چه داند قیمت این روزگار

در پناه لطف حق باید گریخت
کاو هزاران لطف بر ارواح ریخت

تا پناهی یابی آن گه چه پناه
آب و آتش مر ترا گردد سپاه

نوح و موسی را نه دریا یار شد؟
نی بر اعداشان به کین قهار شد؟

آتش ابراهیم را نی قلعه بود؟
تا بر آورد از دل نمرود دود

کوه یحیی را نه سوی خویش خواند؟
قاصدانش را به زخم سنگ راند

گفت ای یحیی بیا در من گریز
تا پناهت باشم از شمشیر تیز

۹۷. وداع کردن طوطی خواجه را و پریدن

یک دو پندش داد طوطی بی نفاق | بعد از آن گفتش سلامُ الفراق
الوداع ای خواجه کردی مرحمت | کردی آزادم ز قید و مظلمت
الوداع ای خواجه رفتم تا وطن | هم شوی آزاد روزی همچو من
خواجه گفتش فی أمان الله برو | مر مرا اکنون نمودی راه نو
سوی هندستان اصلی رو نهاد | بعد شدت از فرج دل گشته شاد
خواجه با خود گفت کاین پند من است | راه او گیرم که این ره روشن است
جان من کمتر ز طوطی کی بود | جان چنین باید که نیکو پی بود

۹۸. در بیان مضرت تعظیم خلق و انگشت نما شدن

تن قفس شکل است، زان شد خار جان | در فریب داخلان و خارجان
اینش گوید من شوم هم راز تو | و آنش گوید نی منم انباز تو
اینش گوید نیست چون تو در وجود | در کمال و فضل و در احسان و جود
آنش گوید: هر دو عالم آن توست | جمله جان‌هامان طفیل جان توست
آنش خواند گاه عیش و خرمی | اینش گوید گاه نوش و مرهمی
او چو بیند خلق را سر مست خویش | از تکبر می‌رود از دست خویش
او نداند که هزاران را چو او | دیو افکندست اندر آب جو
لطف و سالوس جهان خوش لقمه‌ای است | کمترش خور کان پر آتش لقمه‌ای است
آتشش پنهان و ذوقش آشکار | دود او ظاهر شود پایان کار
تو مگو آن مدح را من کی خرم | از طمع می‌گوید او پی می‌برم
مادحت گر هَجو گوید بر ملا | روزها سوزد دلت ز آن سوزها
گر چه دانی کاو ز حرمان گفت آن | کان طمع که داشت از تو شد زیان

آن اثر می ماندت در اندرون
در مدیح این حالتت هست آزمون

آن اثر هم روزها باقی بود
مایهٔ کبر و خداع جان شود

لیک ننماید چو شیرین است مدح
بد نماید ز آن که تلخ افتد قدح

همچو مطبوخ است و حَبّ کان را خوری
تا به دیری شورش و رنج اندری

ور خوری حلوا بود ذوقش دمی
این اثر چون آن نمی پاید همی

چون نمی پاید همی ماند نهان
هر ضدی را تو به ضد آن بدان

چون شکر ماند نهان تاثیر او
بعد چندی دَمّل آرد نیش جو

ور حب و مطبوخ خوردی ای ظریف
اندرون شد پاک زاخلاط کثیف

نفس از بس مدحها فرعون شد
کن ذلیلَ النفس هونا لا تسد

تا توانی بنده شو سلطان مباش
زخم کش چون گوی شو، چوگان مباش

ور نه چون لطفت نماند وین جمال
از تو آید آن حریفان را ملال

آن جماعت کت همی دادند ریو
چون ببینندت بگویندت که دیو

جمله گویندت چو بینندت به در
مرده ای از گور خود بر کرد سر

همچو امرد که خدا نامش کنند
تا بدین سالوس در دامش کنند

چون به بد نامی برآمد ریش او
دیو را ننگ آید از تفتیش او

دیو سوی آدمی شد بهر شر
سوی تو ناید که از دیوی بتر

تا تو بودی آدمی دیو از پیت
می‌دوید و می‌چشانید او میت

چون شدی در خوی دیوی استوار
می گریزد از تو دیو ای نابکار

آنکه اندر دامنت آویخت او
چون چنین گشتی ز تو بگریخت او

۹۹. در بیان تفسیر آیه ما شاء الله کان و ما لم یشاء لم یکن

این همه گفتیم لیک اندر بسیچ   بی عنایات خدا هیچیم هیچ
بی عنایات حق و خاصان حق   گر ملک باشد سیاه استش ورق
ای خدا ای قادر بیچند و چون   واقفی بر حال بیرون و درون
ای خدا ای فضل تو حاجت روا   با تو یاد هیچ کس نبود روا
این قدر ارشاد تو بخشیده‌ای   تا بدین بس عیب ما پوشیده‌ای
قطره‌ای دانش که بخشیدی ز پیش   متصل گردان به دریاهای خویش
قطره‌ای علم است اندر جان من   وارهانش از هوا وز خاک تن
پیش از آن کاین خاکها خسفش کنند   پیش از آن کان بادها نشفش کنند
گر چه چون نشفش کند تو قادری   کش از ایشان واستانی واخری
قطره‌ای کان در هوا شد یا که ریخت   از خزینهٔ قدرت تو کی گریخت
گر در آید در عدم یا صد عدم   چون بخوانیش او کند از سر قدم
صد هزاران ضد ضد را می‌کشد   بازشان حکم تو بیرون می‌کشد
از عدمها سوی هستی هر زمان   هست یا رب کاروان در کاروان
خاصه هر شب جمله افکار و عقول   نیست گردد جمله در بحر نغول
باز وقت صبح آن اللهیان   بر زنند از بحر سر چون ماهیان
در خزان بین صد هزاران شاخ و برگ   از هزیمت رفته در دریای مرگ
زاغ پوشیده سیه چون نوحه گر   در گلستان نوحه کرده بر خضر
باز فرمان آید از سالار ده   مر عدم را کانچه خوردی باز ده
آن چه خوردی وآده ای مرگ سیاه   از نبات و دارو و برگ و گیاه
ای برادر یک دم از خود دور شو   با خود آی و غرق بحر نور شو
ای برادر عقل یک دم با خود آر   دم به دم در تو خزان است و بهار
باغ دل را سبز و تر و تازه بین   پر ز غنچهٔ ورد و سرو و یاسمین

ز انبهی برگ پنهان گشته شاخ	ز انبهی گل نهان صحرا و کاخ
این سخنهایی که از عقل کل است	بوی آن گلزار و سرو و سنبل است
بوی گل دیدی که آن جا گل نبود	جوش مل دیدی که آن جا مل نبود
بو قلاووز است و رهبر مر ترا	می‌برد تا خلد و کوثر مر ترا
بو دوای چشم باشد نور ساز	شد ز بویی دیدهٔ یعقوب باز
بوی بد مر دیده را تاری کند	بوی یوسف دیده را یاری کند
تو که یوسف نیستی یعقوب باش	همچو او با گریه و آشوب باش
چون تو شیرین نیستی فرهاد باش	چون نه ای لیلی چو مجنون گرد فاش

۱۰۰. در بیان تفسیر قول حکیم سنائی قدس سره در این ابیات

ناز را روئی بباید همچو ورد
چون نداری گرد بدخوئی مگرد
زشت باشد روی نازیبا و ناز
سخت آید چشم نابینا و درد

بشنو این پند از حکیم غزنوی تا بیابی در تن کهنه نوی
این رباعی را شنو از جان و دل تا بکل بیرون شوی از آب و گل
پند او را از دل و جان گوش کن هوش را جان ساز و جان را گوش کن
آن حکیم غزنوی شیخ کبیر گفته است این پند، نیکو یاد گیر
پیش یوسف نازش و خوبی مکن جز نیاز و آه یعقوبی مکن
معنی مردن ز طوطی بد نیاز در نیاز و فقر خود را مرده ساز
تا دم عیسی ترا زنده کند همچو خویشت خوب و فرخنده کند
از بهاران کی شود سر سبز سنگ خاك شو تا گل بروئی رنگ رنگ
سالها تو سنگ بودی دل خراش آزمون را یك زمانی خاك باش

۱۰۱. داستان پیر چنگی که در عهد عمر از بهر خدا روز بی نوایی چنگ زد میان گورستان

در بیان این شنو یک داستان　　تا بدانی اعتقاد راستان
آن شنید ستی که در عهد عمر　　بود چنگی مطربی با کر و فر
بلبل از آواز او بیخود شدی　　یك طرب ز آواز خوبش صد شدی
مجلس و مجمع دمش آراستی　　وز نوای او قیامت خاستی
همچو اسرافیل کاوازش به فن　　مردگان را جان در آرد در بدن
یارسایل بود اسرافیل را　　از سماعش پر برُستی فیل را
یا چو داود از خوشی نغمها　　جان پراندی سوی بستان خدا
سازد اسرافیل روزی ناله را　　جان دهد پوسیدهٔ صد ساله را
اولیا را در درون هم نغمه هاست　　طالبان را ز آن حیات بی بهاست
نشنود آن نغمه ها را گوش حس　　کز سخنها گوش حس باشد نجس
نشنود نغمهٔ پری را آدمی　　کاو بود ز اسرار پریان اعجمی
گر چه هم نغمهٔ پری زین عالم است　　نغمهٔ دل برتر از هر دو دم است
که پری و آدمی زندانی اند　　هر دو در زندان این نادانی اند
معشر الجن، سورهٔ رحمان بخوان　　تستطیعوا تنفذوا را باز دان
سورة الرحمن بخوان ای مبتدی　　تا شوی بر سرّ پریان مهتدی
کار ایشانست زآن سوی پری　　گرددت روشن چو جوئی رهبری
نغمه‌های اندرون اولیا　　اولا گوید که ای اجزای لا
هین ز لای نفی سرها بر زنید　　وین خیال و وهم یك سو افکنید
ای همه پوسیده در کون و فساد　　جان باقیتان نروئید و نزاد
گر بگویم شمه ای ز آن زخمه‌ها　　جانها سر بر زنند از دخمه‌ها

گوش را نزدیک کن کان دور نیست / لیک نقل آن به تو دستور نیست
هین که اسرافیل وقت اند اولیا / مرده را ز یشان حیات است و نما
جان‌های مرده اندر گور تن / بر جهد ز آوازشان اندر کفن
گوید این آواز ز آواها جداست / زنده کردن کار آواز خداست
چون بصورت اولیا آگه شوند / از طرب گویند چون با ره شوند
ما بمردیم و بکلی کاستیم / بانگ حق آمد همه برخاستیم
بانگ حق اندر حجاب و بی حجیب / آن دهد کو داد مریم را ز جیب
ای فناتان نیست کرده زیر پوست / باز گردید از عدم ز آواز دوست
مطلق آن آواز خود از شه بود / گر چه از حلقوم عبدالله بود
گفته او را من زبان و چشم تو / من حواس و من رضا و خشم تو

۱۰۳. در بیان تفسیر من کان للّه کان اللّه له و بیان آن

رو که بی یسمع و بی یبصر تویی — سِر تویی چه جای صاحب سر تویی
چون شدی من کان لله از وله — حق ترا باشد که کان الله له
گه توئی گویم ترا گاهی منم — هر چه گویم آفتاب روشنم
هر کجا تابم ز مشکاتت دمی — حل شد آن جا مشکلات عالمی
هر کجا تاریکی آمد ناسزا — از فروغ ما شود شمس الضحی
ظلمتی را کافتابش بر نداشت — از دم ما گردد آن ظلمت چو چاشت
آدمی را او به خویش اسما نمود — دیگران را ز آدم اسما می گشود
آب خواه از جو بجو خواه از سبو — کاین سبو را هم مدد باشد زجو
نور خواه از مه طلب خواهی ز خور — نور مه هم زآفتابست ای پسر
مقتبس شو زود چون یابی نجوم — گفت پیغمبر که اصحابی نجوم
خواه ز آدم گیر نورش خواه از او — خواه از خم گیر می خواه از کدو
کاین کدو با خم بپیوسته است سخت — نی چو تو، شاد آن کدوی نیك بخت
گفت طوبی من رآنی مصطفا — و الذی یبصر لمن وجهی رأی
چون چراغی نور شمعی را کشید — هر که دید آن را یقین آن شمع دید
همچنین تا صد چراغ ار نقل شد — دیدن آخر لقای اصل شد
خواه از نور پسین بستان تو آن — هیچ فرقی نیست خواه از شمع دان
خواه نور از اولین بستان بجان — خواه از نور پسین فرقی مدان
خواه بین نور از چراغ آخرین — خواه بین نورش ز شمع غابرین

۱۰۳. در بیان این حدیث که إن لربکم فی أیام دهرکم نفحات ألا فتعرضوا لها

گفت پیغمبر که نفحت‌های حق
اندر این ایام می آرد سبق

گوش و هش دارید این اوقات را
در ربائید این چنین نفحات را

نفحه ای آمد شما را دید و رفت
هر که را میخواست جان بخشید و رفت

نفحهٔ دیگر رسید آگاه باش
تا از این هم وانمانی خواجه تاش

جان آتش یافت زآن آتش کشی
جان مرده یافت از وی جنبشی

جان ناری یافت از وی انطفا
مرده پوشید از بقای او قبا

تازگی و جنبش طوبی است این
همچو جنبشهای خلقان نیست این

گر در افتد در زمین و آسمان
زهره هاشان آب گردد در زمان

خود ز بیم این دم بی منت‌ها
باز خوان فَأَبَینَ أَنْ یحملنها

ور نه خود أَشْفَقنَ مِنْها چون بُدی
گرنه از بیمش دل که خون شدی

دوش دیگرگونه این می‌داد دست
لقمهٔ چندی در آمد ره ببست

بهر لقمه گشته لقمانی گرو
وقت لقمان است ای لقمه برو

از هوای لقمهٔ این خار خار
از کف لقمان برون آرید خار

در کف او خار و سایه اش نیز نیست
لیکتان از حرص، آن تمییز نیست

خار دان آن را که خرما دیده‌ای
ز آن که بس نان کور و بس نادیده‌ای

جان لقمان که گلستان خداست
پای جانش خستهٔ خاری چراست

اشتر آمد این وجود خار خوار
مصطفی زادی بر این اشتر سوار

اشترا تنگ گلی بر پشت توست
کز نسیمش در تو صد گلزار رست

میل تو سوی مغیلان است و ریگ
تا چه گل چینی ز خار مرده ریگ

ای بگشته زین طلب از کو به کو
چند گویی آن گلستان کو و کو

پیش از آن کاین خار پا بیرون کنی
چشم تاریك است، جولان چون کنی

آدمی کاو می نگنجد در جهان
در سر خاری همی گردد نهان

مصطفی آمد که سازد همدمی ... کلمـــینی یا حمیراء کلمی
ای حمیرا اندر آتش نه تو نعل ... تا ز نعل تو شود این کوه لعل
این حمیراء لفظ تانیث است و جان ... نام تانیث اش نهند این تازیان
لیك از تانیث جان را باك نیست ... روح را با مرد و زن اشراك نیست
از مونث واز مذکر برتر است ... این نه آن جان است کز خشك و تر است
این نه آن جان است کافزاید ز نان ... یا گهی باشد چنین، گاهی چنان
خوش کننده ست و خوش و عین خوشی ... بی خوشی نبود خوشی، ای مرتشی
چون تو شیرین از شکر باشی بود ... کان شکر گاهی ز تو غایب شود
زهر محضست آنکه باشد بیوفاء ... هب لنا یا ربّنا نعم الوفاء
چون شکر گردی ز تاثیر وفا ... پس شکر کی از شکر باشد جدا
عاشق از حق چون غذا یابد رحیق ... عقل آن جا گم شود، گم ای رفیق
عقل جزوی عشق را منکر بود ... گر چه بنماید که صاحب سر بود
زیرك و داناست اما نیست نیست ... تا فرشته لا نشد، اهریمنی است
او به قول و فعل یار ما بود ... چون به حکم حال آیی، لا بود
لا بود چون او نشد از هست نیست ... چون که طوعاً لا نشد کرهاً بسی است
جان کمال است و ندای او کمال ... مصطفی گویان ارحنا یا بلال
ای بلال افراز بانگ سلسلت ... ز آن دمی کاندر دمیدم در دلت
ای بلال ای گلبنت را جان سپار ... خیز و بلبل وار جان میکن نثار
ز آن دمی کادم از آن مدهوش شد ... هوش اهل آسمان بی هوش شد
مصطفی بیخویش شد ز آن خوب صوت ... شد نمازش از شب تعریس فوت
سر از آن خواب مبارك بر نداشت ... تا نماز صبحدم آمد به چاشت
در شب تعریس پیش آن عروس ... یافت جان پاك ایشان دستبوس
عشق و جان هر دو نهانند و ستیر ... گر عروسش خوانده‌ام عیبی مگیر
از ملال یار خامُش کردمی ... گر همو مهلت بدادی یك دمی

لیک می‌گوید بگو هین عیب نیست - جز تقاضای قضای غیب نیست
عیب باشد، کاو نبیند جز که عیب - عیب کی بیند روان پاک غیب
عیب شد نسبت به مخلوق جهول - نی به نسبت با خداوند قبول
کفر هم نسبت به خالق حکمت است - چون به ما نسبت کنی کفر، آفت است
ور یکی عیبی بود با صد صفات - بر مثال چوب باشد در نبات
در ترازو هر دو را یکسان کشند - ز آنکه آن هر دو چو جسم و جان خوشند
پس بزرگان این نگفتند از گزاف - جسم پاکان همچو جان افتاد صاف
گفتشان و فعلشان و ذکرشان - جمله جان مطلق آمد بی نشان
جان دشمن دارشان جسمی‌ست صرف - چون زیاد از نزد او اسمی‌ست صرف
آن به خاک اندر شد و کل خاک شد - وین نمک اندر شد و کل پاک شد
آن نمک کز وی محمد املح است - ز آن حدیث با نمک او افصح است
این نمک باقی است از میراث او - با تواند آن وارثان او، بجو
پیش تو شسته، ترا خود پیش کو - پیش هست‌ت جان پیش اندیش کو
گر تو خود را پیش و پس کردی گمان - بستهٔ جسمی و محرومی ز جان
زیر و بالا، پیش و پس، وصف تن است - بی جهت‌ها ز آنِ جانِ روشن است
بر گشا از نور پاک شه نظر - تا نپنداری تو چون کوته نظر
که همینی در غم و شادی و بس - ای عدم کو مر عدم را پیش و پس؟
از وجود و از عدم گر بگذری - از حیات جاودانی بر خوری
روز باران است می رو تا به شب - نی از این باران از آن باران رب
هست باران‌ها جز این باران بدان - که نمی‌بیند ورا جز چشم جان
چشم جان را پاک کن نیکو نگر - تا از آن باران عیان بینی خضر

۱۴۸

۱۰۴. سؤال کردن صدیقه (س) از پیغمبر (ص) که باران شد و جامه تو تر نگشت و جواب آنجناب

مصطفی روزی به گورستان برفت   با جنازهٔ یاری از یاران برفت
خاک را در گور او آکنده کرد   زیر خاک آن دانه اش را زنده کرد
این درختانند همچون خاکیان   دستها بر کرده‌اند از خاکدان
سوی خلقان صد اشارت می کنند   و آنکه گوش استش عبارت می کنند
تیز گوشان راز ایشان بشنوند   غافلان آواز ایشان نشنوند
با زبان سبز و با دست دراز   از ضمیر خاک می گویند راز
همچو بطان سر فرو برده به آب   گشته طاوسان و بوده چون غراب
در زمستانشان اگر محبوس کرد   آن غرابان را خدا طاوس کرد
در زمستانشان اگر چه داد مرگ   زنده شان کرد از بهار و داد برگ
منکران گویند خود هست این قدیم   این چرا بندیم بر رب کریم
جمله پندارند کاین خود دائم است   واز قدم این جمله عالم قائم است
کوری ایشان درون دوستان   حق برویانید باغ و بوستان
هر گلی کاندر درون بویا بود   آن گل از اسرار کل گویا بود
بوی ایشان رغم انف منکران   گرد عالم می رود پرده دران
منکران همچون جعل ز آن بوی گل   یا چو نازک مغز در بانگ دهل
خویشتن مشغول می سازند و غرق   چشم میدوزند از لمعان برق
چشم میدزدند و آن جا چشم نی   چشم آن باشد که بیند مأمنی
چون ز گورستان پیمبر باز گشت   سوی صدیقه شد و هم راز گشت
چشم صدیقه چو بر رویش فتاد   پیش آمد دست بر وی می نهاد
بر عمامه و روی او و موی او   بر گریبان و بر و بازوی او
گفت پیغمبر چه میجویی شتاب   گفت باران آمد امروز از سحاب

جامه هایت می بجویم در طلب تر نمی‌بینم ز باران ای عجب

گفت چه بر سر کشیدی از ازار گفت کردم آن ردای تو خمار

گفت بهر آن نمود ای پاكِ جِیب چشم پاکت را خدا باران غیب

نیست آن باران از این ابر شما هست ابری دیگر و دیگر سما

این چنین باران ز ابر دیگر است رحمت حق در نزولش مضمر است

بشنو از قول سنائی در رموز معنئی تا واقف آئی بر کنوز

۱۰۵. تفسیر بیت حکیم سنائی

آسمانهاست در ولایت جان / کارفرمای آسمان جهان
در رهِ روح پست و بالاهاست / کوههای بلند و دریاهاست

گر تو بگشائی ز بــاطن دیده‌ای / زود یابــی سرمه بگــزیده‌ای
پیر دانا اندر این رمزی که گفت / در حقیقت زین صدف درّی بسفت
غیب را ابری و آبی دیگر است / آسمان و آفتابی دیگر است
ناید آن الا که بر خاصان پدید / باقیان فِی لَبْسٍ مِنْ خَلْقٍ جدید
هســت باران از پی پروردگی / هست باران از پی پژمردگی
نفع باران بهاران بو العجب / باغ را باران پاییزی چو تب
آن بهاری، ناز پروردش کند / وین خزانی، ناخوش و زردش کند
همچنین سرما و باد و آفتاب / بر تفاوت دان و سر رشته بیاب
همچنین در غیب انواع است این / در زیان و سود و در رنج و غبین
این دم ابدال باشد ز آن بهار / در دل و جان روید از وی سبزه زار
فعل باران بهاری با درخت / آید از انفاسشان با نیك بخت
گر درخت خشك باشد در مکان / عیب آن از باد جان افزا مدان
باد کار خویش کرد و بروزید / آن که جانی داشت بر جانش گزید
وانکه جامد بود خود واقف نشد / وای آن جانی که او عارف نشد
قول پیغمبر شنو ای جان من / دور کن از خویشتن انکار و ظن

۱۰۶. در معنی حدیث اغتنموا برد الربیع الی آخره

گفت پیغمبر ز سرمای بهار	تن مپوشانید یاران زینهار
ز آن که با جان شما آن می کند	کان بهاران با درختان می کند
پس غنیمت باشد آن سرمای او	در جهان بر عارفان وقت جو
در بهاران جامه از تن برکنید	تن برهنه جانب گلشن روید
لیک بگریزید از برد خزان	کان کند کان کرد با باغ و رزان
راویان این را به ظاهر برده‌اند	هم بر آن صورت قناعت کرده‌اند
بی خبر بودند از سرّ آن گروه	کوه را دیده ندیده کان بکوه
آن خزان نزد خدا نفس و هواست	عقل و جان عین بهار است و بقاست
گر ترا عقلیست جزوی در نهان	کامل العقلی بجو اندر جهان
جزو تو از کل او کلی شود	عقل کل بر نفس چون غلی شود
پس به تأویل آن بود کانفاس پاک	چون بهار است و حیات برگ و تاک
از حدیث اولیا نرم و درشت	تن مپوشان ز آنکه دینت راست پشت
گرم گوید، سرد گوید، خوش بگیر	تا ز گرم و سرد بجهی وز سعیر
گرم و سردش نو بهار زندگی است	مایهٔ صدق و یقین و بندگی است
ز آن که ز آن بستان جانها زنده است	زآن جواهر بحر دل آکنده است
بر دل عاقل هزاران غم بود	گر ز باغ دل خلالی کم شود

۱۰۷. پرسیدن صدیقه (س) از پیامبر (ص) که سر باران امروزینه چه بود

پس سوالش کرد صدیقه ز صدق	با خشوع و با ادب از جوش عشق
کای خلاصه هستی و زبدهٔ وجود	حکمت باران امروزین چه بود
این ز باران‌های رحمت بود یا	بهر تهدید است و عدل کبریا
این از آن لطف بهاریات بود	یا ز پائیزی پر آفات بود
گفت این از بهر تسکین غم است	کز مصیبت بر نژاد آدم است
گر بر آن آتش بماندی آدمی	بس خرابی اوفتادی و کمی
این جهان ویران شدی اندر زمان	حرص‌ها بیرون شدی از مردمان
اُستن این عالم ای جان غفلت است	هوشیاری این جهان را آفت است
هوشیاری ز آن جهان است و چو آن	غالب آید پست گردد این جهان
هوشیاری آفتاب و حرص یخ	هوشیاری آب و این عالم وسخ
ز آن جهان اندک ترشح می‌رسد	تا نخیزد زین جهان حرص و حسد
ور ترشح بیشتر گردد ز غیب	نی هنر ماند در این عالم نه عیب
این ندارد حد سوی آغاز رو	سوی قصهٔ مرد چنگی باز رو

۱۰۸. بقیه‌ی قصه‌ی پیر چنگی در زمان عمر و بیان مخلص آن

مطربی کز وی جهان شد پر طرب / رسته ز آوازش خیالات عجب
از نوایش مرغ دل پران شدی / وز صدایش هوش جان حیران شدی
چون بر آمد روزگار و پیر شد / باز جانش از عجز پشه گیر شد
باز چه؟ گر پیل باشد بیگمان / پشه اش سازد ضعیف و ناتوان
پشت او خم گشت همچون پشت خُم / ابروان بر چشم همچون پار دُم
گشت آواز لطیف جان فزاش / ناخوش و مکروه و زشت و دلخراش
آن نوا که رشک زهره آمده / همچو آواز خر پیری شده
خود کدامین خوش که آن ناخوش نشد؟ / یا کدامین سقف کان مَفرش نشد؟
غیر آواز عزیزان در صدور / که بود از عکس دمشان نفخ صور
آن درونی کاین درونها مست از اوست / نیستی کاین هستهامان هست از اوست
کهربای فکر و هر آواز از او / لذت الهام و وحی و راز او
چون که مطرب پیرتر گشت و ضعیف / شد ز بی کسبی رهین یک رغیف
گفت عمر و مهلتم دادی بسی / لطفها کردی خدایا با خسی
معصیت ورزیده‌ام هفتاد سال / باز نگرفتی ز من روزی نوال
نیست کسب امروز مهمان توام / چنگ بهر تو زنم کآن توام
چنگ را برداشت، شد الله جو / تا بگورستان یثرب آه گو
گفت از حق خواهم ابریشم بها / کاو به نیکویی پذیرد قلبها
چنگ زد بسیار و گریان سر نهاد / چنگ بالین کرد و بر گوری فتاد
خواب بردش، مرغ جانش از حبس رست / چنگ و چنگی را رها کرد و بجست
گشت آزاد از تن و رنج جهان / در جهان ساده و صحرای جان
جان او آنجا سرایان ماجرا / کاندر اینجا گر بماندندی مرا
خوش بدی جانم از این باغ و بهار / مست این صحرای غیب لاله زار

بی پر و بی پا سفر می کردمی	بی لب و دندان شکر می خوردمی
ذکر و فکری فارغ از رنج دماغ	کردمی با ساکنان چرخ لاغ
چشم بسته عالمی می‌دیدمی	ورد و ریحان بی کفی می‌چیدمی
مرغ آبی غرق دریای عسل	عین ایوبی شراب و مغتسل
که بدو ایوب از پا تا به فرق	پاک شد از رنجها چون نور شرق
گر بود این چرخ ده چندین که هست	نیست نزد آن جهان جز تنگ و پست
مثنوی در حجم اگر بودی چو چرخ	درنگنجیدی در آن جز نیم برخ
کان زمین و آسمان بس فراخ	کرد از تنگی دلم را شاخ شاخ
وین جهانی کاندر این خوابم نمود	از گشایش پر و بالم را گشود
آن جهان و راهش ار پیدا بُدی	کم کسی یک لحظه در اینجا بُدی
امر می آمد که هین طامع مشو	چون ز پایت خار بیرون شد برو
مول مولی می زد آن جا جان او	در فضای رحمت و احسان او

۱۰۹. در خواب گفتن هاتف مر عمر را که چندین زر از بیت المال به آن مرده ده که در گورستان خفته است

آن زمان حق بر عمر خوابی گماشت
تا که خویش از خواب نتوانست داشت

در عجب افتاد کاین معهود نیست
این ز غیب افتاد بی مقصود نیست

سر نهاد و خواب بردش خواب دید
کامدش از حق ندا جانش شنید

آن ندا که اصل هر بانگ و نواست
خود ندا آن است و این باقی صداست

کُرد و ترک و زنگ و تاجیک و عرب
فهم کرده آن ندا بی گوش و لب

خود چه جای ترك و تاجیك است و زنگ
فهم کرده ست آن ندا را چوب و سنگ

هر دمی از وی همی آید أَ لَسْتُ
جوهر و اعراض می‌گردند مست

گر نمی‌آید بَلی ز یشان ولی
آمدنشان از عدم باشد بلی

آنچه گفتم ز آگهی سنگ و چوب
در بیانش قصه‌ای هش دار خوب

۱۱۰. نالیدن ستون حنانه از فراغ پیغمبر علیه السلام که جماعت انبوه شدند که ما روی مبارك تو را چون بر آن نشسته نمی‌بینیم و منبر ساختند و شنیدن رسول خدا (ص) ناله ستون را بصریح و مکالمات آنحضرت با آن

استن حنانه از هجر رسول
ناله میزد همچو ارباب عقول

در میان مجلس وعظ آنچنان
کز وی آگه گشت هم پیر و جوان

در تحیر مانده اصحاب رسول
کز چه مینالد ستون با عرض و طول

گفت پیغمبر چه خواهی ای ستون
گفت جانم از فراقت گشت خون

از فراق تو مرا چون سوخت جان
چون ننالم بی تو ای جان جهان

مسندت من بودم از من تاختی
بر سر منبر تو مسند ساختی

پس رسولش گفت کای نیکو درخت
ای شده با سرّ تو همراز بخت

گر همی خواهی ترا نخلی کنند
شرقی و غربی ز تو میوه چنند

یا در آن عالم حقت سروی کند
تا تر و تازه بمانی تا ابد

گفت آن خواهم که دایم شد بقاش
بشنو ای غافل کم از چوبی مباش

آن ستون را دفن کرد اندر زمین
تا چو مردم حشر گردد یوم دین

تا بدانی هر که را یزدان بخواند
از همه کار جهان بیکار ماند

هر که را باشد ز یزدان کار و بار
یافت بار آن جا و بیرون شد ز کار

وآن که او را نبود از اسرار داد
کی کند تصدیق او نالۀ جماد

گوید آری نه ز دل بهر وفاق
تا نگویندش که هست اهل نفاق

گر نیندی واقفان امر کن
در جهان رد گشته بودی این سخن

صد هزاران ز اهل تقلید و نشان
افکندشان نیم وهمی در گمان

که به ظن تقلید و استدلالشان
قائم است و بسته پر و بالشان

شبهه می‌انگیزد آن شیطان دون	در فتند این جمله کوران سر نگون
پای استدلالیان چوبین بود	پای چوبین سخت بی تمکین بود
غیر آن قطب زمان دیده ور	کز ثباتش کوه گردد خیره سر
پای نابینا عصا باشد عصا	تا نیفتد سر نگون او بر حصا
آن سواری کاو سپه را شد ظفر	اهل دین را کیست؟ سلطان بصر
با عصا کوران اگر ره دیده‌اند	در پناه خلق روشن دیده‌اند
گرنه بینایان بدندی و شهان	جمله کوران خود بمردندی عیان
نی ز کوران کِشت آید نه درود	نه عمارت نه تجارتها و سود
گر نکردی رحمت و افضالشان	در شکستی چوب استدلالشان
این عصا چه بود قیاسات و دلیل	آن عصا کی دادشان بینا جلیل
او عصاتان داد تا پیش آمدید	آن عصا از خشم هم بر وی زدید
چون عصا شد آلت جنگ و نفیر	آن عصا را خرد بشکن ای ضریر
حلقهٔ کوران به چه کار اندرید؟	دیـدبـانـرا در میـانه آوریــد
دامن او گیر کاو دادت عصا	در نگر کادم چها دید از عصی
چون عصا شد مار و استن با خبر	معجزهٔ موسی و احمد درنگر
از عصا ماری و از استن حنین	پنج نوبت می‌زنند از بهر دین
گرنه نامعقول بودی این مزه	کی بدی حاجت به چندین معجزه؟
هر چه معقول است عقلش می خورد	بی بیان معجزه، بی جزر و مد
این طریق بکر نامعقول بین	در دل هر مقبلی مقبول بین
آنچنان کز بیم آدم، دیو و دد	در جزایر در رمیدند از حسد
هم ز بیم معجزات انبیا	سر کشیده منکران زیر گیا
تا به ناموس مسلمانی زیند	در تسلس تا ندانی که کیند
همچو قلابان بر آن نقد تباه	نقره می مالند و نام پادشاه
ظاهر الفاظشان توحید و شرع	باطن آن همچو در نان تخم ضرع

فلسفی را زهره نی تا دم زند	دم زند دین حقش بر هم زند
دست و پای او جماد و جان او	هر چه گوید آن دو در فرمان او
با زبان گر چه که تهمت می‌نهند	دست و پاهاشان گواهی می‌دهند

۱۱۱. اظهار معجزه پیغمبر علیه السلام بسخن آمدن سنگریزه در دست ابو جهل و گواهی دادن بر سالت آنحضرت

سنگها اندر کف بو جهل بود | گفت ای احمد بگو این چیست زود
گر رسولی چیست در مشتم نهان؟ | چون خبر داری ز راز آسمان؟
گفت چون خواهی بگویم کان چهاست | یا بگویند آن که ما حقیم و راست
گفت بو جهل آن دوم نادرتر است | گفت آری حق از این قادرتر است
گفت شش پاره حجر در دست توست | بشنو از هر یک تو تسبیحی درست
از میان مشت او هر پاره سنگ | در شهادت گفتن آمد بی درنگ
لا إِلهَ گفت و إِلا الله گفت | گوهر احمد رسول الله سفت
چون شنید از سنگها بو جهل این | زد ز خشم آن سنگها را بر زمین
گفت نبود مثل تو ساحر دگر | ساحران را سر توئی و تاج سر
چون بدید آن معجزه بوجهل تفت | گشت در خشم و بسوی خانه رفت
ره گرفت و رفت از پیش رسول | اوفتاد اندر چَه، آن زشت جهول
معجزه او دید و شد بدبخت زفت | سوی کفر و زندقه سر تیز رفت
خاک بر فرقش که بُد کور و لعین | چشم او ابلیس آمد خاک بین
این سخن را نیست پایان ای عمو | قصه آن پیر چنگی باز گو
باز گرد و حال مطرب گوش دار | ز آنکه عاجز گشت مطرب ز انتظار

بقیه ی قصه ی مطرب و پیغام رسانیدن عمر به او آن چه هاتف آواز داد

بانگ آمد مر عمر را کای عمر — بندهٔ ما را ز حاجت باز خر
بنده ای داریم خاص و محترم — سوی گورستان تو رنجه کن قدم
ای عمر برجه ز بیت المال عام — هفت صد دینار در کف نه تمام
پیش او بر، کای تو ما را اختیار — این قدر بستان کنون معذور دار
این قدر از بهر ابریشم بها — خرج کن چون خرج شد اینجا بیا
پس عمر ز آن هیبت آواز جست — تا میان را بهر این خدمت ببست
سوی گورستان عمر بنهاد رو — در بغل همیان دوان در جستجو
گرد گورستان دوانه شد بسی — غیر آن پیر او ندید آن جا کسی
گفت این نبود دگر باره دوید — مانده گشت و غیر آن پیر او ندید
گفت حق فرمود ما را بنده‌ای است — صافی و شایسته و فرخنده‌ای است
پیر چنگی کی بود خاص خدا؟ — حبذا ای سر پنهان حبذا
بار دیگر گرد گورستان بگشت — همچو آن شیر شکاری گرد دشت
چون یقین گشتش که غیر پیر نیست — گفت در ظلمت دل روشن بسی است
آمد و با صد ادب آنجا نشست — بر عمر عطسه فتاد و پیر جست
مر عمر را دید و ماند اندر شگفت — عزم رفتن کرد و لرزیدن گرفت
گفت در باطن خدایا از تو داد — محتسب بر پیرکی چنگی فتاد
چون نظر اندر رخ آن پیر کرد — دید او را شرمسار و روی زرد
پس عمر گفتش مترس از من مرم — کِت بشارت‌ها ز حق آورده‌ام
چند یزدان مدحت خوی تو کرد — تا عمر را عاشق روی تو کرد
پیش من بنشین و مهجوری مساز — تا به گوشت گویم از اقبال راز
حق سلامت می کند می‌پرسدت — چونی از رنج و غمان بیحدت
نك قراضه چند ابریـشم بها — خرج کن این را و باز اینجا بیا

پیر لرزان گشت چون این را شنید   دست می‌خایید و بر خود می‌تپید
بانگ می‌زد کای خدای بی نظیر   بس که از شرم آب شد بیچاره پیر
چون بسی بگریست و از حد رفت درد   چنگ را زد بر زمین و خرد کرد
گفت ای بوده حجابم از اله   ای مرا تو راه زن از شاه راه
ای بخورده خون من هفتاد سال   ای ز تو رویم سیه پیش کمال
ای خدای با عطای با وفا   رحم کن بر عمر رفته در جفا
داد حق عمری که هر روزی از آن   کس نداند قیمت آن در جهان
خرج کردم عمر خود را دمبدم   در دمیدم جمله را در زیر و بم
آه کز یاد ره و پردهٔ عراق   رفت از یادم دم تلخ فراق
وای کز تری زیر افکند خرد   خشك شد کِشت دل من دل بمرد
وای کز آواز این بیست و چهار   کاروان بگذشت و بیگه شد نهار
ای خدا فریاد زین فریادخواه   داد خواهم نی ز کس از داد خواه
داد خود چون من ندادم در جهان   عمر شد هفتاد سال از من جهان
داد خود از کس نیابم جز مگر   زآنکه هست از من به من نزدیکتر
کاین منی از وی رسد دم دم مرا   پس و را بینم چو این شد کم مرا
همچو آن کاو با تو باشد زر شمَر   سوی او داری نه سوی خود نظر
همچنین در گریه و در ناله او   می‌شمردی جرم چندین ساله او

۱۱۲. گردانیدن عمر نظر او را از مقام گریه که هستی است به مقام استغراق که نیستی است

پس عمر گفتش که این زاری تو / هست هم آثار هشیاری تو
بعد از آن او را از آن حالت براند / زاعتذارش سوی استغراق خواند
هست هشیاری ز یاد ما مضی / ماضی و مستقبلت پردهٔ خدا
آتش اندر زن به هر دو، تا به کی / پر گره باشی از این هر دو چو نی؟
تا گره با نی بود هم راز نیست / همنشین آن لب و آواز نیست
چون به طوف خود به طوفی مرتدی / چون به خانه‌امدی هم با خودی
ای خبرهات از خبر ده بی خبر / توبه تو از گناه تو بتر
راهِ فانی گشته راهی دیگر است / ز آن که هشیاری گناهی دیگر است
ای تو از حال گذشته توبه جو / کی کنی توبه از این توبه بگو
گاه بانگ زیر را قبله کنی / گاه گریه زار را قبله زنی
چون که فاروق آینهٔ اسرار شد / جان پیر از اندرون بیدار شد
همچو جان بی گریه و بی خنده شد / جانش رفت و جان دیگر زنده شد
حیرتی آمد درونش آن زمان / که برون شد از زمین و آسمان
جستجویی ماورای جستجو / من نمی‌دانم تو می‌دانی بگو
حال و قالی از ورای حال و قال / غرق گشته در جمال ذو الجلال
غرقه ای نه که خلاصی باشدش / یا بجز دریا کسی بشناسدش
عقل جزو از کل پذیرا نیستی / گر تقاضا بر تقاضا نیستی
چون تقاضا بر تقاضا می‌رسد / موج آن دریا بدینجا می‌رسد
چون که قصهٔ حال پیر اینجا رسید / پیر و جانش روی در پرده کشید
پیر دامن را ز گفت و گو فشاند / نیم گفته در دهان او بماند

از پی این عیش و عشرت ساختن / صد هزاران جان بشاید باختن
در شکار پشهٔ جان، باز باش / همچو خورشید جهان، جانباز باش
جان فشان افتاد خورشید بلند / می شود هر دم تهی، پر می کنند
جان فشان ای آفتاب معنوی / مر جهان کهنه را بنما نوی
در وجود آدمی جان و روان / می رسد از غیب چون آب روان
هر زمان از غیب نونو می‌رسد / و از جهان تن برونشو می‌رسد

۱۱۳. تفسیر دعای آن دو فرشته که هر روز بر سر بازار منادی می کنند که اللهم أعط کل منفق خلفا اللهم أعط کل ممسك تلفا، و بیان آن که منفق، مجاهد راه حق است نه مسرف راه هوا

گفت پیغمبر که دایم بهر پند — دو فرشتهٔ خوش منادی می‌کنند
کای خدایا منفقان را سیر دار — هر درمشان را عوض ده صد هزار
ای خدایا ممسکان را در جهان — تو مده الا زیان اندر زیان
ایخدایا منفـقان را ده خـلف — ای خدایا ممسکان را ده تلف
منفق و ممسک محل بین به بود — چون محل باشد موثر می‌شود
ای بسا امساك كز انفاق به — مال حق را جز به امر حق مده
تا عوض یابی تو مال بیکران — تا نباشی از عداد کافران
کاشتران قربان همی کردند تا — چیره گردد تیغشان بر مصطفا
امر حق را باز جو از واصلی — امر حق را در نیابد هر دلی
چون غلام یاغیی کاو عدل کرد — مال شه بر باغیان او بذل کرد
طرفه تر کان او همی پنداشت عدل — کز سخاوت کرده‌ام ایثار و بذل
عدل این یاغی و دادش نزد شاه — چه فزاید دوری و روی سیاه
در نبی انذار اهل غفلت است — کان همه انفاق‌هاشان حسرت است

۱۱۴. قربانی کردن سروران عرب بامید قبول افتادن

سروران مکه در حرب رسول
بودشان قربان به امید قبول

بهر این مؤمن همی گوید ز بیم
در نماز اهد الصراط المستقیم

آن درم دادن سخی را لایق است
جان سپردن خود سخای عاشق است

نان دهی از بهر حق نانت دهند
جان دهی از بهر حق جانت دهند

گر بریزد برگ‌های این چنار
برگ بی برگیش بخشد کردگار

گر نماند از جود در دست تو مال
کی کند فضل الهت پایمال

هر که کارد گردد انبارش تهی
لیکش اندر مزرعه باشد بهی

و آنکه در انبار ماند و صرفه کرد
اشپش و موش و حوادثهاش خورد

این جهان نفی است در اثبات جو
صورتت صفر است در معنات جو

جان شور تلخ پیش تیغ بر
جان چون دریای شیرین را بخر

ور نمیتانی شدن زین آستان
گوش کن باری زمن این داستان

۱۱۵. قصه‌ی خلیفه که در کرم از حاتم طایی گذشته بود

یك خلیفه بود در ایام پیش
کرده حاتم را غلام جود خویش

رایت اکرام و جود افراشته
فقر و حاجت از جهان برداشته

بحر و کان از بخشش اش صاف آمده
داد او از قاف تا قاف آمده

در جهان خاك، ابر و آب بود
مظهر بخشایش وهاب بود

از عطایش بحر و کان در زلزله
سوی جودش قافله بر قافله

قبلهٔ حاجت در و دروازه اش
رفته در عالم به جود آوازه اش

هم عجم هم روم هم ترك و عرب
مانده از جود و عطایش در عجب

آب حیوان بود و دریای کرم
زنده گشته هم عرب زو هم عجم

اندر ایام چنین سلطان داد
بشنو اکنون داستانی با گشاد

۱۱۶. قصه ی اعرابی درویش و ماجرا کردن زن با او از فقر و درد

یك شب اعرابی زنی مر شوی را
گفت و از حد برد گفت وگوی را

کاین همه فقر و جفا ما می کشیم
جمله عالم در خوشی ما ناخوشیم

نانمان نی نان خورشمان درد و رشك
کوزه مان نه آبمان از دیده اشك

جامهٔ ما روز، تاب آفتاب
شب نهالین و لحاف از ماهتاب

قرص مه را قرص نان پنداشته
دست سوی آسمان برداشته

ننگ درویشان ز درویشی ما
روز شب از روزی اندیشی ما

خویش و بیگانه شده از ما رمان
بر مثال سامری از مردمان

گر بخواهم از کسی یك مشت نسك
مر مرا گوید خمش کن مرگ و جسك

مر عرب را فخر غزو است و عطا
در عرب ما همچو خط اندر خطا

شب بخفتم روز باشد هیچ نه
در درون جز سوز و پیچا پیچ نه

چه غزا ما بی غزا خود کشته‌ایم
ما به تیغ فقر بی سر گشته‌ایم

چه خطا ما بی خطا در آتشیم
چه نوا ما درد و غم را مفرشیم

چه عطا ما بر گدایی می تنیم
مر مگس را در هوا رگ می زنیم

گر کسی مهمان رسد، گر من منم
شب بخسبد دلقش از تن برکنم

زین نمط زین ماجرا و گفتگو
برد از حدّ عبارت پیش شو

کز عنا و فقر ما گشتیم خار
سوختیم از اضطراب و اضطرار

تا بکی ما این چنین خاری کشیم
غرقه اندر بحر ژرف آتشیم

ناگه از روزی درآید میهمان
شرمساریها بریم از وی بجان

لیک مهمان گر درآید بی ثبوت
دان که کفش میهمان سازیم قوت

بهر این گفتند دانایان به فن
میهمان محسنان باید شدن

۱۱۷. مغرور شدن مریدان محتاج و تشبیه به مدعیان مزور و ایشان را شیخ واصل پنداشتن و نقد را از نقل نادانستن و نیافتن

تو مرید و میهمان آن کسی — کاو ستاند حاصلت را از خسی
نیست چیره، چون ترا چیره کند؟ — نور ندهد، مر ترا تیره کند
چون و را نوری نبود اندر قران — نور کی یابند از وی دیگران
همچو اعمش کو کند داروی چشم — چه کشد در چشمها الا که یشم
حال ما این است در فقر و عنا — هیچ مهمانی مبا مغرور ما
قحطِ ده سال ار ندیدی در صور — چشمها بگشا و اندر ما نگر
ظاهر ما چون درون مدعی — در دلش ظلمت زبانش شعشعی
از خدا نه بویی او را نه اثر — دعویش افزون ز شیث و بو البشر
حرف درویشان بدزدد مردِ دون — تا بخواند بر سلیمی زآن فسون
دیو ننموده و را هم نقش خویش — او همی گوید ز ابدالیم بیش
حرف درویشان بدزدیده بسی — تا گمان آید که هست او خود کسی
خرده گیرد در سخن بر بایزید — ننگ دارد از درون او یزید
هر که داند مر ورا چون بایزید — روز محشر حشر گردد با یزید
بی نوا از نان و خوان آسمان — پیش او ننداخت حق یك استخوان
او ندا کرده که خوان بنهاده‌ام — نایب حقم خلیفه زاده‌ام
الصلا ساده دلان پیچ پیچ — تا خورید از خوان جودم، هیچ هیچ
سالها بر وعدهٔ فردا کسان — گرد آن در گشته، فردا نارسان
دیر باید تا که سرّ آدمی — آشکارا گردد از بیش و کمی
زیر دیوار تنش گنجیست یا — خانهٔ مار است و مور و اژدها
چون که پیدا گشت کاو چیزی نبود — عمر طالب رفته، آگاهی چه سود

۱۱۸. در بیان آن که نادر افتد که مریدی در مدعی مزور اعتقاد کند به صدق و به مقامی رسد که شیخش در خواب ندیده باشد و آب و آتش او را گزند نکند و شیخش را گزند کند ولیکن نادر است

لیک نادر طالب آید کز فروغ	در حق او نافع آید آن دروغ
او به قصد نیک خود جایی رسد	گر چه جان پنداشت آن آمد جسد
چون تحری در دل شب قبله را	قبله نی و آن نماز او را روا
مدعی را قحط جان اندر سِر است	لیک ما را قحط نان بر ظاهر است
ما چرا چون مدعی پنهان کنیم	بهر ناموس مُزور جان کنیم
مر ورا رو می‌نماید حال‌ها	که ندید آن هیچ شیخش سال‌ها

۱۱۹. صبر فرمودن اعرابی زن خود را

شوی گفتش چند جویی دخل و کِشت / خود چه ماند از عمر، افزونتر گذشت
عاقل اندر بیش و نقصان ننگرد / زآنکه هر دو همچو سیلی بگذرد
خواه صاف و خواه سیل تیره رو / چون نمی پاید دمی از وی مگو
اندر این عالم هزاران جانور / می زید خوش عیش بی زیر و زبر
شکر می گوید خدا را فاخته / بر درخت و برگ شب ناساخته
حمد می گوید خدا را عندلیب / کاعتماد رزق بر توست ای مجیب
باز، دست شاه را کرده نوید / از همه مـردار ببریده امید
همچنین از پشه گیری تا بفیل / شد عیال الله و حق نعم المعیل
این همه غمها که‌اندر سینه هاست / از غبار گرد باد و بود ماست
این غمان بیخ کن چون داس ماست / این چنین شد، وآنچنان، وسواس ماست
دان که هر رنجی ز مردن پاره ایست / جزو مرگ از خود بران، گر چاره ایست
چون ز جزو مرگ نتوانی گریخت / دان که کلش بر سرت خواهند ریخت
جزو مرگ ار گشت شیرین مر ترا / دان که شیرین می‌کند کل را خدا
دردها از مرگ می‌آید رسول / از رسولش رو مگردان ای فضول
هر که شیرین میزید او تلخ مرد / هر که او تن را پرستد جان نبرد
گوسفندان را ز صحرا می‌کشند / آن که فربه تر مر آن را می‌کشند
شب گذشت و صبح آمد ای قمر / چند گیری این فسانه را زسر
تو جوان بودی و قانع تر بُدی / زر طلب گشتی خود اول زر بُدی
رز بدی پر میوه، چون کاسد شدی؟ / وقت میوه پختنت فاسد شدی
میوه ات باید که شیرین تر شود / چون رسن تابان نه واپس تر رود
جفت مایی جفت باید هم صفت / تا بر آید کارها با مصلحت
جفت باید بر مثال همدگر / در دو جفت کفش و موزه در نگر

گر یکی کفش از دو تنگ آمد بپا   هر دو جفتش کار ناید مر ترا
جفت این یک خُرد و آن دیگر بزرگ   جفت شیر بیشه دیدی هیچ گرگ؟
راست ناید بر شتر جفت جوال   آن یکی خالی و آن یک مال مال
من روم سوی قناعت دل قوی   تو چرا سوی شناعت می‌روی
مرد قانع از سر اخلاص و سوز   زین نسق می‌گفت با زن تا به روز

۱۳۰. نصیحت کردن زن مر شوی را که سخن افزون از قدر و مقام خود مگو لِمَ تَقُولُونَ ما لا تَفْعَلُونَ که این سخنها اگر چه راست است اما این مقام ترا نیست و سخن فوق مقام زیان دارد و کَبُرَ مَقْتاً عِنْدَ اللّه باشد

زن بر او زد بانگ کای ناموس کیش — من فسون تو نخواهم خورد بیش

ترهات از دعوی و دعوت مگو — رو سخن از کبر و از نخوت مگو

چند حرف طمطراق و کار و بار — کار و حال خود ببین و شرم دار

نخوت و دعوی و کبر و ترهات — دور کن از دل که تا یابی نجات

کبر زشت و، از گدایان زشت تر — روز سرد و برف و، آن گه جامه تر

چند آخر دعوی باد و بروت — ای ترا خانه چو بیت العنکبوت

از قناعت کی تو جان افروختی؟ — از قناعت‌ها تو نام آموختی؟

گفت پیغمبر قناعت چیست گنج — گنج را تو وا نمی‌دانی ز رنج

این قناعت نیست جز گنج روان — تو مزن لاف ای غم و رنج روان

تو مخوانم جفت و کمتر زن بغل — جفت انصافم نیم جفت دغل

از چه دم از شاه و از بگ میزنی — در هوا چون پشه را رگ میزنی

با سگان بر استخوان در چالشی — چون نی اشکم تهی در نالشی

سوی من منگر به خواری سست سست — تا نگویم آن چه در رگ‌های توست

عقل خود را از من افزون دیده‌ای — تو من کم عقل را چون دیده‌ای؟

همچو گرگ غافل اندر ما مجه — ای ز ننگ عقل تو، بی عقل به

چون که عقل تو عقیلهٔ مردم است — آن نه عقل است آن که مار و کژدم است

خصم ظلم و مکر تو الله باد — دست مکر تو ز ما کوتاه باد

هم تو ماری هم فسونگر ای عجب — مارگیر و ماری ای ننگ عرب

زاغ اگر زشتی خود بشناختی	همچو برف از درد و غم بگداختی
مرد افسونگر بخواند چون عدو	او فسون بر مار و مار افسون بر او
گر نبودی دام او افسون مار	کی فسون مار را گشتی شکار
مرد افسونگر ز حرص کسب و کار	در نیابد آن زمان افسون مار
مار گوید ای فسونگر هین و هین	آنِ خود دیدی، فسون من ببین
تو به نام حق فریبی مر مرا	تا کنی رسوای شور و شر مرا
نام حقم بست، نی آن رای تو	نام حق را دام کردی، وای تو
نام حق بستاند از تو داد من	من به نام حق سپردم جان و تن
یا به زخم من رگ جانت برد	یا تو را چون من به زندانت بَرَد
زن از این گونه خشن گفتارها	خواند بر شوی خود او طومارها
مرد چون این طعنها از زن شنفت	مستمع شو بعد از آن بین تا چه گفت

۱۳۱. نصیحت مرد زن را که در فقر فقیران بخواری منگر و در کار حق بگمان کمال نگر و طعنه مزن بر فقر و فقیران و شکوه مکن

گفت ای زن تو زنی یا بو الحزن — فقر فخر آمد، مرا طعنه مزن
مال و زر سر را بود همچون کلاه — کَل بود آن کز کله سازد پناه
آن که زلف جعد و رعنا باشدش — چون کلاهش رفت خوشتر آیدش
مرد حق باشد به مانند بصر — پس برهنه به که پوشیده نظر
وقت عرضه کردن آن برده فروش — بر کند از بنده جامهٔ عیب پوش
ور بود عیبی برهنه اش کی کند — بل به جامه خدعه ای با وی کند
گوید این شرمنده است از نیك و بد — از برهنه کردن او از تو رمد
خواجه در عیب است غرقه تا به گوش — خواجه را مال است و مالش عیب پوش
کز طمع عیبش نبیند طامعی — گشت دلها را طمعها جامعی
ور گدا گوید سخن چون زرّ کان — ره نیابد کالهٔ او در دکان
کار درویشی ورای فهم توست — سوی درویشان بمنگر سست سست
زآنکه درویشی ورای کارهاست — دمبدم از حق مرایشان را عطاست
ملك درویشان ورای ملك و مال — روزیی دارند ژرف از ذو الجلال
حق تعالی عادل است و عادلان — کی کنند استمگری بر بی دلان
آن یکی را نعمت و کالا دهند — وین دگر را بر سر آتش نهند
آتشش سوزد که دارد این گمان — بر خدای خالق هر دو جهان
فقرُ فخری نز گزاف است و مجاز — صد هزاران عزّ پنهان است و ناز
از غضب بر من لقبها راندی — مارخوی و مار گیرم خواندی
گر بگیرم مار دندانش کنم — تاش از سر کوفتن ایمن کنم
ز آن که آن دندان عدوی جان اوست — من عدو را می‌کنم زین علم دوست

از طمع هرگز نخوانم من فسون   این طمع را می‌کنم من سر نگون
حاش لله طمع من از خلق نیست   از قناعت در دل من عالمی است

۱۳۲. در بیان آن که جنبیدن هر کسی از آن جا که وی است هر کس را از چنبره‌ی وجود خود بیند، تابه‌ی کبود آفتاب را کبود نماید و سرخ سرخ نماید چون تابه از رنگها بیرون آید سپید شود از همه تابه های دیگر او راست گوتر باشد و امام باشد

از سر امرود، بُن بینی چنان
ز آن فرود آ، تا نماند آن گمان

چون که بر گردی و سر گشته شوی
خانه را گردنده بینی، آن توی

دید احمد را ابو جهل و بگفت
زشت نقشی کز بنی هاشم شکفت

گفت احمد مر و را که راستی
راست گفتی گر چه کار افزاستی

دید صدیقش بگفت ای آفتاب
نی ز شرقی، نی ز غربی، خوش بتاب

گفت احمد راست گفتی ای عزیز
ای رهیده تو ز دنیای نه چیز

حاضران گفتند ای صدر الوری
راستگو گفتی دو ضد گو را، چرا؟

گفت من آیینه‌ام مصقول دست
ترك و هندو در من آن بیند که هست

هر که را آئینه باشد پیش رو
زشت و خوب خویش را بیند در او

ای زن، ار طماع می‌بینی مرا
زیـــن تـــحرّی زنانه بـــرترآ

آن طمع را ماند و، رحمت بود
کو طمع آنجا که آن نعمت بود

امتحان کن فقر را روزی دو تو
تا به فقر اندر غنا بینی دو تو

صبر کن با فقر و بگذار این ملال
زآنکه در فقر است عزّ ذو الجلال

سِرکه مفروش و، هزاران جان ببین
از قناعت غرق بحر انگبین

صد هزاران جان تلخیکُش نگر
همچوگل آغشته اندر گُل شکر

ای دریـغا مر ترا گُنـــجا بدی
تا ز جانم شرح دل پیدا شدی

این سخن شیر است در پستان جان
بی کِشنده خوش نمی‌گردد روان

مستمع چون تشنه و جوینده شد
واعظ ار مرده بود، گوینده شد

مستمع چون تازه آید بی ملال / صد زبان گردد به گفتن گنگ و لال
چونکه نامحرم در آید از درم / در پس پرده شوند اهل حرم
ور در آید محرمی دور از گزند / بر گشایند آن ستیران روی بند
هر چه را خوب و کش و زیبا کنند / از برای دیدهٔ بینا کنند
کی بود آواز چنگ از زیر و بم / از برای گوش بی حس اصم
مشک را حق بیهده خوش دم نکرد / بهر شم کرد او پی اخشم نکرد
نای را حق بیهده خوش دم نکرد / بهر انس آمد پی اهرم نکرد
حق زمین و آسمان بر ساخته است / در میان بس نار و نور افراخته است
این زمین را از برای خاکیان / آسمـــان را مسکن افلاکیان
مرد سفلی دشمن بالا بود / مشتری هر مکان پیدا بود
ای ستیره، هیچ تو برخاستی؟ / خویشتن را بهر کور آراستی؟
گر جهان را پر دُر مکنون کنم / روزی تو چون نباشد، چون کنم
ترک جنگ و سرزنش ای زن بگو / ور نمی‌گویی، به ترک من بگو
مر مرا چه جای جنگ نیک و بد / کاین دلم از صلح‌ها هم می‌رمد
بر سر این ریشها نیشم مزن / زخم‌ها بر جان بی خویشم مزن
گر خمش کردی و گرنه آن کنم / که همین دم ترک خان و مان کنم
پا تهی گشتن به است از کفش تنگ / رنج غربت به که اندر خانه جنگ

۱۲۳. مراعات کردن زن شوهر را و استغفار کردن از گفتهٔ خویش

زن چو دید او را که تند و توسن است	گشت گریان، گریه خود دام زن است

گفت از تو کی چنین پنداشتم	از تو من امید دیگر داشتم

زن در آمد از طریق نیستی	گفت من خاك شمایم، نه سَتی

جسم و جان و هر چه هستم آن توست	حکم و فرمان جملگی فرمان توست

گر ز درویشی دلم از صبر جَست	بهر خویشم نیست، آن بهر تو است

تو مرا در دردها بودی دوا	من نمی خواهم که باشی بی نوا

جان تو، کز بهر خویشم نیست این	از برای توستم این بانگ و حنین

خویشِ من و الله، که بهر خویش تو	هر نفس خواهد که میرد پیش تو

کاش جانت، کش روان من فدی	از ضمیر جان من واقف شدی

چون تو با من این چنین بودی به ظن	هم ز جان بیزار گشتم هم ز تن

خاك را بر سیم و زر کردیم چون	تو چنینی با من، ای جان را سکون

تو که در جان و دلم جا می کنی	زین قدر از من تبرا می کنی

تو تبرا کن که هستت دستگاه	ای تبرّای ترا جان عذر خواه

یاد میکن آن زمانی را که من	چون صنم بودم تو بودی چون شمن

بنده بر وفق تو دل افروخته است	هر چه گویی بخت، گوید سوخته است

من سپاناخ تو با هر چه پزی	یا ترش با یا که شیرین می‌سزی

کفر گفتم، نك به ایمان آمدم	پیش حکمت از سر جان آمدم

خوی شاهانهٔ ترا نشناختم	پیش تو، گستاخ خود در تاختم

چون ز عفو تو چراغی ساختم	توبه کردم اعتراض انداختم

می نهم پیش تو شمشیر و کفن	میکشم پیش تو گردن را، بزن

از فراق تلخ می گویی سخُن	هر چه خواهی کن، ولیکن این مکن

در تو از من عذر خواهی هست سر	با تو بی من او شفیعی مستمر

عذر خواهم در درونت، خُلق توست		ز اعتماد او، دل من جرم جُست

رحم کن پنهان ز خود ای خشمگین		ای که خُلقت به ز صد من انگبین

زین نسق می گفت با لطف و گشاد		در میان گریه، بر روی اوفتاد

گریه چون از حد گذشت و های های		از حنینش مرد را دل شد زجای

چون قرارش مانَد و صبرش بجای؟		زانکه بی گریه بُد او خود دلربای

شد از آن باران یکی برقی پدید		زد شراری در دل مرد وحید

آنکه بندهٔ روی خوبش بود مَرد		چون بود، چون بندگی آغاز کرد؟

آنکه از کبرش دلت لرزان بود		چون شوی، چون پیش تو گریان شود؟

آنکه از نازش دل و جان خون بود		چون که آید در نیاز او، چون بود؟

آنکه در جور و جفایش دام ماست		عذر ما چه بود، چو او در عذر خاست؟

آنکه جز خونریزیش کاری نبود		چون نهد گردن، زهی سودا و سود

آنکه جز گردن کشی ناید از او		خوش درآید باتو چون باشد، بگو

زُینَ لِلنّاسِ حق آراسته ست		زآنچه حق آراست، چون تانند رست؟

چون پی یسکن الیهاش آفرید		کی تواند آدم از حوا برید؟

رستم زال ار بود وز حمزه بیش		هست در فرمان اسیر زال خویش

آنکه عالم مستِ گفتش آمدی		کلمینی یا حمیراء می‌زدی

آب غالب شد بر آتش از نهیب		زآتش او جوشد چو باشد در حجیب

چون که دیگی حایل آید هر دو را		نیست کرد آن آب را، کردش هوا

ظاهراً بر زن چو آب ار غالبی		باطناً مغلوب و زن را طالبی

این چنین خاصیتی در آدمی است		مهر حیوان را کم است، آن از کمی است

۱۳٤. در بیان این خبر که انهن یغلبن العاقل و یغلبهن الجاهل

گفت پیغمبر که زن بر عاقلان	غالب آید سخت و بر صاحب دلان
باز بر زن جاهلان غالب شوند	زآنکه ایشان تند و بس خیره روند
کم بودشان رقت و لطف و وداد	زآنکه حیوانی است غالب بر نهاد
مِهر و رقت وصف انسانی بود	خشم و شهوت وصف حیوانی بود
پرتو حق است آن معشوق نیست	خالق است آن گوئیا مخلوق نیست

۱۳۵. تسلیم کردن مرد خود را به‌امر زن و اعتراض او را اشاره حق دانستن. نظامی در شیرین و خسرو فرموده:

بنزد عقل هر داننده ای هست — که با گردنده گرداننده ای هست
از آن چرخه که گرداند زن پیر — قیاس چرخ کردونرا همی گیر

مرد ز آن گفتن پشیمان شد چنان — کز عوانی ساعت مردن عوان
گفت خصم جان جان چون آمدم؟ — بر سر جان من لگدها چون زدم؟
چون قضا آید نماند فهم و رای — کس نمیداند قضا را جز خدای
چون قضا آید فرو پوشد بصر — تا نداند عقل ما پا را ز سر
زان امام المتقین داد این خبر — گفت اذا جاء القضا عمی البصر
چون قضا بگذشت، خود را می‌خورد — پرده بدریده، گریبان می‌درد
مرد گفت ای زن پشیمان می‌شوم — گر بُدم کافر مسلمان می‌شوم
من گنه کار توام رحمی بکن — عذر من بپذیر و بشنو این سخُن
کافر پیر ار پشیمان می‌شود — چون که عذر آرد مسلمان می‌شود
حضرتی پر رحمت است و پر کرم — عاشق او، هم وجود و هم عدم

۱۳۶. در بیان آن که موسی علیه السلام و فرعون هر دو مسخر مشیت اند چنانکه زهر و پادزهر و ظلمات و نور و مناجات کردن فرعون با حق تعالی

کفر و ایمان عاشق آن کبریا — مس و نقره بندهٔ آن کیمیا
موسی و فرعون معنی را رهی — ظاهر این ره دارد و آن بیرهی
روز موسی پیش حق نالان شده — نیم شب فرعون گریان آمده
کاین چه غل است ای خدا بر گردنم — ور نه غل باشد، که گوید من منم؟
زآنکه موسی را منور کرده‌ای — مر مرا هم ز آن مکدر کرده‌ای
زآنکه موسی را تو مه رو کرده‌ای — ماه جانم را سیه رو کرده‌ای
بهتر از ماهی نمود استاره‌ام — چون خسوف آمد، چه باشد چاره‌ام؟
نوبتم گر رب و سلطان می‌زنند — مه گرفت و خلق پنگان می‌زنند
میزنند آن طاس و غوغا می‌کنند — ماه را از زخمه رسوا می‌کنند
من که فرعونم ز شهرت وای من — زخم طاس آن ربی الاعلای من
خواجه تاشانیم اما تیشه‌ات — می‌شکافد شاخ را در بیشه‌ات
باز شاخی را موصل می‌کنی — شاخ دیگر را معطل می‌کنی
شاخ را بر تیشه دستی هست؟ نی — هیچ شاخ از دست تیشه رَست؟ نی
حق آن قدرت که در تیشه توراست — از کرم کن این کجی ها را تو راست
باز با خود گفته فرعون ای عجب — من نه در یا ربنا‌ام جمله شب؟
در نهان خاکی و موزون می‌شوم — چون به موسی می رسم چون می شوم؟
رنگ زر قلب دَه تو می‌شود — پیش آتش چون سیه رو می شود
نی که قلب و قالبم در حکم اوست — لحظه‌ای مغزم کند، یك لحظه پوست
یکدمی ماهم کند، یك دم سیاه — خود چه باشد غیر این کار اله
سبز گردم چون که گوید کِشت باش — زرد گردم چون که گوید زشت باش

پیش چوگان‌های حکم کن فکان
می‌دویم اندر مکان و لامکان

چون که بیرنگی اسیر رنگ شد
موسیی با موسیی در جنگ شد

چون به بیرنگی رسی کان داشتی
موسی و فرعون دارند آشتی

گر ترا آید بر این گفته سؤال
رنگ کی خالی بود از قیل و قال؟

این عجب کاین رنگ از بیرنگ خاست
رنگ با بی رنگ چون در جنگ خاست؟

اصل روغن زآب افزون میشود
عاقبت با آب ضد چون میشود؟

چون که روغن را ز آب اسرشته‌اند
آب با روغن چرا ضد گشته‌اند؟

چون گل از خار است و خار از گل چرا
هر دو در جنگند و اندر ماجرا

یا نه جنگ است این برای حکمت است
همچو جنگ خر فروشان صنعت است

یا نه این است و نه آن، حیرانی است
گنج باید جست، این ویرانی است

آنچه تو گنجش توهم می‌کنی
زآن توهم گنج را گم می‌کنی

چون عمارت دان تو وهم و رایها
گنج نبود در عمارت جایها

در عمارت هستی و جنگی بود
نیست را از هست‌ها ننگی بود

نی که هست از نیستی فریاد کرد؟
بلکه نیست آن هست را واداد کرد

تو مگو که من گریزانم ز نیست
بلکه او از تو گریزان است، ایست

ظاهرا می خواندت او سوی خَود
وز درون میراندت با چوب رد

قومی اندر آتش سوزان چو وَرد
قومی اندر گلستان با رنج و درد

نعلهای بازگونه ست ای سلیم
نفرت فرعون را دان از کلیم

۱۳۷. سبب حرمان اشقیا از دو جهان که خَسِرَ الدُّنْیا وَ الْآخِرَةَ

چون حکیمك اعتقادی کرده است   کاسمان بیضه، زمین چون زرده است
گفت سائل چون بماند این خاکدان   در میانِ این محیط آسمان؟
همچو قندیلی معلق در هوا   نی بر اسفل می‌رود، نی بر علی
آن حکیمش گفت کز جذب سما   از جهات شش بماند اندر هوا
چون ز مغناطیس قبه ریخته   در میان ماند آهنی آویخته
آن دگر گفت آسمان با صفا   کی کشد در خود زمین تیره را
بلکه دفعش می‌کند از شش جهات   تا بماند در میان عاصفات
پس ز دفع خاطر اهل کمال   جان فرعونان بماند اندر ضلال
پس ز دفع این جهان و آن جهان   مانده‌اند این بی رهان بی این و آن
سرکشی از بندگان ذو الجلال   زانکه دارند از وجود تو ملال
کهربا دارند چون پیدا کنند   کاه هستی ترا شیدا کنند
کهربای خویش چون پنهان کنند   زود تسلیم ترا طغیان کنند
آن چنانکه مرتبهٔ حیوانی است   کاو اسیر و سغبهٔ انسانی است
مرتبهٔ انسان به دست اولیا   سغبه چون حیوان شناسش ای کیا
بندهٔ خود خواند احمد در رشاد   جمله عالم را بخوان قلْ یا عباد
عقل تو همچون شتربان، تو شتر   میکشاند هر طرف در حکم مُر
عقل عقلند اولیا و عقل‌ها   بر مثال اشتران تا انتها
اندر ایشان بنگر آخر ز اعتبار   یك قلاوز است جان صد هزار
چه قلاوز و چه اشتربان؟ بیاب   دیده ای، کان دیده بیند آفتاب
نك جهان در شب بمانده میخ دوز   منتظر موقوف خورشید است و روز
اینت خورشیدی نهان در ذره‌ای   شیر نر در پوستین بره‌ای
اینت دریائی نهان در زیر کاه   پا بر این که هین منه با اشتباه

اشتباهی و گمانی در درون	رحمت حق است بهر رهنمون
هر پیمبر فرد آمد در جهان	فرد بود و صد جهانش در نهان
عالم کبری به قدرت سخره کرد	کرد خود را در کهین نقشی نورد
ابلهانش فرد دیدند و ضعیف	کی ضعیف است آن که با شه شد حریف؟
ابلهان گفتند مردی بیش نیست	وای آن کاو عاقبت اندیش نیست
عاقبت دیدن بود از کاملی	دور بودن هر نفس از جاهلی

۱۳۸. حقیر دیدن خصمان صالح ناقهٔ صالح را، چون حق تعالی خواهد لشکری را هلاك گرداند در نظر ایشان خصمان را حقیر نماید وَ یقَلِّلُکُمْ فِی أَعْینِهِمْ لِیقْضِی اللّٰه‌امراً کانَ مَفْعُولًا

بشنو اکنون قصه صالح روان
بگذر از صورت طلب معنی آن

زانکه صورت بین نبیند عاقبت
عاقبت بینی، بیابی عافیت

ناقهٔ صالح به صورت بُد شتر
پی بریدندش ز جهل آن قوم مُر

از برای آبِ جو خصمش شدند
آب کور و نان کور ایشان بُدند

ناقة الله آب خورد از جوی میغ
آب حق را داشتند از حق دریغ

ناقهٔ صالح چو جسم صالحان
شد کمینی در هلاك طالحان

تا بر آن امت ز حکم مرگ و درد
ناقَةَ الله وَ سُقْیاها چه کرد

شحنهٔ قهر خدا ز یشان بجُست
خونبهای اشتری شهری دُرُست

روح صالح بر مثال اشتریست
نفس گمره مر ورا چون پی بُریست

روح همچون صالح و تن ناقه است
روح اندر وصل و تن در فاقه است

روح صالح قابل آفات نیست
زخم بر ناقه بود بر ذات نیست

روح صالح قابل آزار نیست
نور یزدان سغبهٔ کفار نیست

حق از آن پیوست با جسمی نهان
تاش آزارند و بینند امتحان

بیخبر کآزار این آزار اوست
آب این خم متصل با آب جوست

زآن تعلق کرد با جسمش اله
تا که گردد جمله عالم را پناه

کس نیابد بر دل ایشان ظفر
بر صدف آمد ضرر نی بر گهر

ناقهٔ جسم ولی را بنده باش
تا شوی با روح صالح خواجه تاش

گفت صالح چون که کردید این حسد
بعد سه روز از خدا نقمت رسد

بعد سه روز دگر از جان ستان   آفتی آید که دارد سه نشان
رنگ روی جمله تان گردد دگر   رنگ رنگ مختلف اندر نظر
روز اول رویتان چون زعفران   در دوم رو سرخ همچون ارغوان
در سوم گردد همه روها سیاه   بعد از آن اندر رسد قهر اله
گر نشان خواهید از من زین وعید   کرهٔ ناقه به سوی که دوید
کرّه ناقه به سویت که دوان   شد چنانکه باد در وقت خزان؟
گر توانیدش گرفتن چاره هست   ور نه خود مرغ امید از دام جست
چون شنیدند این از او جمله بتگ   در دویدند از پی اشتر چو سگ
کس نتانست اندر آن کرّه رسید   رفت و در کهسارها شد ناپدید
همچو روح پاک کو از تنگ تن   میگریزد جانب ربّ المنن
گفت دیدید این قضا مبرم شده است   صورت امید را گردن زده است
کرهٔ ناقه چه باشد، خاطرش   که بجا آرید ز احسان وبِرَش
گر بجا آید دلش رستید از آن   ور نه نومیدید و ساعد ها گزان
چون شنیدند این وعید منکدر   چشم بنهادند آن را منتظر
روز اول روی خود دیدند زرد   میزدند از ناامیدی آه سرد
سرخ شد روی همه روز دوم   نوبت اومید و توبه گشت گم
شد سیه روز سوم روی همه   حکم صالح راست شد بی ملحمه
چون همه در ناامیدی سر زدند   همچو اشتر در دو زانو آمدند
در نبی آورد جبریل امین   شرح این زانو زدن را جاثمین
زانو آن دم زن که تعلیمت کنند   وز چنین زانو زدن بیمت کنند
منتظر گشــتند زخم قهر را   قهر آمد نیست کرد آن شهر را
صالح از خلوت به سوی شهر رفت   شهر دید اندر میان دود و تفت
ناله از اجزای ایشان می‌شنید   نوحه پیدا، نوحه گویان ناپدید
گریه چون از حد گذشت و هایهای   گریه های جان فزای دلربای

ز استخوان‌هاشان شنید او ناله ها / اشك خون از جانشان چون ژاله ها

صالح آن بشنید و گریه ساز کرد / نوحه بر نوحه گران آغاز کرد

گفت ای قوم بباطل زیسته / وز شما من پیش حق بگریسته

حق بگفته صبر کن بر جورشان / پندشان ده، بس نماند از دورشان

من بگفته پند شد بند از جفا / شیر پند از مهر جوشد وز صفا

بس که کردید از جفا بر جای من / شیر پند افسرد در رگ‌های من

حق مرا گفته ترا لطفی دهم / بر سر آن زخمها مرهم نهم

صاف کرده حق دلم را چون سما / روفته از خاطرم جور شما

در نصیحت من شده بار دگر / گفته امثال و سخن‌ها چون شکر

شیر تازه از شکر انگیخته / شیر و شهدی با سخن آمیخته

در شما چون زهر گشته این سخُن / زآنکه زهرستان بُدید از بیخ و بُن

چون شوم غمگین که غم شد سر نگون / غم شما بودید ای قوم حرون

هیچ کس بر مرگ غم نوحه کند؟ / ریش و سر چون شد، کسی مو بر کند؟

رو بخود کرد و بگفت ای نوحه گر / نوحه ات را می نیرزد این نفر

کژ مخوان ای راست خوانندهٔ مبین / کیفَ آسا خلف قومِ آخرین

باز اندر چشم و دل او گریه یافت / رحمتی بی علتی بر وی بتافت

قطره می بارید و حیران گشته بود / قطرهٔ بی علت از دریای جود

عقل می‌گفتش که این گریه ز چیست / بر چنان افسوسیان شاید گریست

بر چه می گریی بگو بر فعل‌شان / بر سپاه کینه بد نعل‌شان

بر دل تاریك پر زنگارشان / بر زبان زهر همچون مارشان

بر دم و دندان سگسارانه شان / بر دهان و چشم کژدم خانه‌شان

بر ستیز و تسخر و افسوس‌شان / شکر کن چون کرد حق محبوس‌شان

دستشان کژ، پایشان کژ، چشم کژ / مهرشان کژ، صلح شان کژ، خشم کژ

از پی تقلید و از رایات نقل / پا نهاده بر جمال پیر عقل

پیر خر نی، جمله گشته پیر خر / از زبان و چشم و گوش همدگر
از بهشت آورد یزدان بردگان / تا نمایدشان سقر پروردگان
اهل نار و خلد را بین هم دکان / در میانشان بَرْزَخٌ لا یبغیان

۱۳۹. تفسیر آیه کریمه مَرَجَ الْبَحْرَینِ یلْتَقِیانِ بَینَهُما بَرْزَخٌ لا یبْغِیانِ

اهل نار و اهل نور آمیخته / در میانشان کوه قاف انگیخته
اهل نار و نور با هم درمیان / در میانشان بحر ژرفی بیکران
همچو در کان، خاك و زر کرد اختلاط / در میانشان صد بیابان و رباط
همچنان که عقد در دُرّ و شبه / مختلط چون میهمان یك شبه
صالح و طالح بصورت مشتبه / دیده بگشا که تو گردی منتبه
بحر را نیمیش شیرین چون شکر / طعم شیرین، رنگ روشن چون قمر
نیم دیگر تلخ همچون زهر مار / طعم تلخ و رنگ مظلم قیروار
هر دو بر هم می زنند از تحت و اوج / بر مثال آب دریا موج موج
صورت بر هم زدن از چشم تنگ / اختلاط جانها در صلح و جنگ
موج‌های صلح بر هم می‌زنند / کینه ها از سینه ها بر می کنند
موج‌های جنگ بر شکل دگر / مهرها را می‌کند زیر و زبر
مهر تلخان را به شیرین می‌کشد / ز آن که اصل مهرها باشد رَشَد
قهر شیرین را به تلخی می‌برد / تلخ با شیرین کجا اندر خُورد
تلخ و شیرین زین نظر ناید پدید / از دریچۀ عاقبت دانند دید
چشم آخر بین تواند دید راست / چشم آخُر بین غرور است و خطاست
ای بسا شیرین که چون شکر بود / لیك زهر اندر شکر مضمر بود
آن که زیرکتر بود بشناسدش / چونکه دید از دورش اندر کشمکش

وآن دگر بشناسدش چون بو کند
و آن دگر چون بر لب و دندان زند

وآن دگر در پیش رو بوئی برد
وآن دگر چون دست بنهد کر درد

پس لبش ردش کند پیش از گلو
گر چه نعره می‌زند شیطان کلوا

و آن دگر را در گلو پیدا کند
و آن دگر را در بدن رسوا کند

و آن دگر را در حدث سوزش دهد
خرج آن از دخل آموزش دهد

و آن دگر را بعد ایام و شهور
و آن دگر را بعد مرگ از قعر گور

ور دهندش مهلت اندر قعر گور
لا بد آن پیدا شود یوم النشور

هر نبات و شکری را در جهان
مهلتی پیداست از دور زمان

سالها باید که تا از آفتاب
لعل یابد رنگ و رخشانی و تاب

پنجسال و هفت باید تا درخت
یابد از میوه رسانی فرّ و بخت

باز ترّه در دو ماه اندر رسد
باز تا سالی گل احمر رسد

بهر این فرمود حق عز وجل
سوره الانعام در ذکر اجل

این شنیدی مو به مویت گوش باد
آب حیوان است خوردی نوش باد

آب حیوان خوان مخوان این را سخن
جان نو بین در تن حرف کهن

نکتهٔ دیگر تو بشنو ای رفیق
همچو جان، او سخت پیدا و رقیق

در مقامی هست این هم زهر مار
از تصاریف خدایی خوش گوار

در مقامی زهر و در جایی دوا
در مقامی کفر و در جایی روا

در مقامی خار و در جائی چو گل
در مقامی سرکه در جائی چو مُل

در مقامی خوف و در جائی رجا
در مقامی بخل و در جائی سخا

در مقامی فقر و در جائی غنا
در مقامی قهر و در جائی رضا

در مقامی جور و در جائی وفا
در مقامی منع و در جائی عطا

در مقامی درد و در جائی صفا
در مقامی خاک و در جائی گیا

در مقامی عیب و در جائی هنر
در مقامی سنگ و در جائی گهر

در مقامی حنظل و جائی شکر
در مقامی خشکی و جائی مطر

در مقامی ظلم و جائی محض عدل | در مقامی جهل و جائی عین عقل
گر چه آنجا آن گزند جان بود | چون بدینجا در رسد درمان بود
آب در غوره ترُش باشد و لیك | چون به انگوری رسد، شیرین و نیك
باز در خُم او شود تلخ و حرام | در مقام سرکگی نعم الادام
اینچنین باشد تفاوت در امور | مرد کامل این شناسد در ظهور

۱۳۰. در بیان آنکه آنچه ولی کامل کند، مرید را نشاید گستاخی کردن و همان فعل کردن، که حلوا طبیب را زیان ندارد و مریض را زیان دارد و سرما و برف انگور رسیده را زیان ندارد اما غوره را زیان دارد، که در راهست و نارسیده، که لِیَغْفِرَ لَکَ اللّه ما تَقَدَّمَ مِنْ ذَنْبِکَ وَ ما تَأَخَّرَ

گر ولی زهری خورد، نوشی شود
ور خورد طالب، سیه هوشی شود

رب هَبْ لِی از سلیمان آمده ست
که مده غیر مرا این ملك دست

تو مکن با غیر من این لطف و جود
این حسد را مانَد، اما آن نبود

نکتهٔ لا ینْبَغِی می خوان به جان
سر مِنْ بَعْدِی ز بخل او مدان

بلکه‌اندر ملك دید او صد خطر
مو به مو ملك جهان بُد بیم سر

بیم سر یا بیم سِرّ یا بیم دین
امتحانی نیست ما را مثل این

پس سلیمان همتی باید که او
بگذرد زین صد هزاران رنگ و بو

با چنان قوت که او را بود هم
موج آن ملکش فرومی بست دم

خوان که القینا علی کرسیه
چون بماند از تخت و ملک خود تهی

چون بر او بنشست زین اندوه گرد
بر همه شاهان عالم رحم کرد

شد شفیع و گفت این ملك و لوا
با کمالی ده، که دادی مر مرا

هر که را بدهی و بکنی آن کرم
او سلیمان است و آن کس هم منم

او نباشد بعدی، او باشد معی
خود معی چه بود؟ منم بی مدعی

شرح این فرض است گفتن لیك من
باز می‌گردم به قصهٔ مرد و زن

۱۳۱. مخلص ماجرای عرب و جفت او در فقر و شکایت

ماجرای مرد و زن را مخلصی / باز می‌جوید درون مخلِصی
ماجرای مرد و زن افتاد نقل / این مثال نفس خود میدان و عقل
این زن و مردی که نفس است و خرد / نیك پابست است بهر نیك و بد
وین دو پابسته در این خاکی سرا / روز و شب در جنگ و اندر ماجرا
زن همی جوید هویج خانگاه / یعنی آبِ رو و نان و خوان و جاه
نفس همچون زن پی چاره گری / گاه خاکی گاه جوید سروری
عقل خود زین فکرها آگاه نیست / در دماغش جز غم الله نیست
گر چه سِر قصه این دانه است و دام / صورت قصه شنو اکنون تمام
گر بیان معنوی کامل شدی / خلق عالم عاطل و باطل بدی
گر محبت فکرت و معنیستی / صورت صوم و نمازت نیستی
هدیه های دوستان با یکدگر / نیست اندر دوستی الا صور
تا گواهی داده باشد هدیه‌ها / بر محبت‌های مضمر در خفا
ز آن که احسانهای ظاهر شاهدند / بر محبت‌های سِرّ ای ارجمند
شاهدت گه راست باشد گه دروغ / مست گاهی از می و گاهی ز دوغ
دوغ خورده مستئی پیدا کند / های و هوی و سر گرانی‌ها کند
آن مُرائی در صلاة و در صیام / می‌نماید جدّ و جهدی بس تمام
تا گمان آید که او مست ولاست / چون حقیقت بنگری غرق ریاست
حاصل افعال برونی رهبر است / تا نشان باشد بر آن چه مضمر است
راهبر گه حق بود گاهی غلط / گه گزیده باشد و گاهی سقط
یا رب آن تمییز ده ما را به خواست / تا شناسیم آن نشان کژ ز راست
حس را تمییز دانی چون شود؟ / آن که حس ینظر بنور الله بود
ور اثر نبود سبب هم مظهر است / همچو خویشی کز محبت مخبر است
نبود آن که نور حقش شد امام / مر اثرها یا سببها را غلام

چونکه نور الله درآمد در مشام / مر اثر را یا سبب نبود غلام
تا محبت در درون شعله زند / زفت گردد وز اثر فارغ کند
حاجتش نبود پی اعلام مهر / چون محبت نور خود زد بر سپهر
هست تفصیلات تا گردد تمام / این سخن لیکن بجو تو، و السلام
گر چه شد معنی در این صورت پدید / صورت از معنی قریب است و بعید
در دلالت همچو آبند و درخت / چون به ماهیت روی، دورند سخت
دانه بین کز آب و خاک و آفتاب / چون درختی گشت عالم در شتاب
ور به ماهیت بگردانی نظر / دور دورند این همه از یکدگر
ترک ماهیات و خاصیات گو / شرح کن احوال آن دو رزق جو

۱۳۲. دل نهادن عرب بر التماس دل بر خویش و سوگند خوردن که در این تسلیم مرا حیلتی و امتحانی نیست

باز گو از ماجرای مرد و زن | زانکه انجامی ندارد این سخن
مرد گفت اکنون گذشتم از خلاف | حکم داری، تیغ بر کش از غلاف
هر چه گوئی مر ترا فرمان برم | ور بد و نیك آید آن را ننگرم
در وجود تو شوم من منعدم | چون محبم، حُبّ یعمی و یصمّ
گفت زن آهنگ بِرّم می‌کنی | یا به حیلت کشف سِرّم می‌کنی
گفت و الله عالم السرّ الخفی | کافرید از خاك آدم را صفی
در سه گز قالب که دادش وانمود | آنچه در الواح و در ارواح بود
یاد دادش لوح محفوظ وجود | تا بدانست آنچه در الواح بود
تا ابد هر چه که از پس بود و پیش | درس کرد از علمّ الاسماء خویش
تا مَلك بی خود شد از تدریس او | قدس دیگر یافت از تقدیس او
آن گشادیشان که آدم وا نمود | در گشاد آسمانهاشان نبود
در فراخی عرصهٔ آن پاك جان | تنگ آمد عرصهٔ هفت آسمان
گفت پیغمبر که حق فرموده است | من نگنجم هیچ در بالا و پست
در زمین و آسمان و عرش نیز | من نگنجم این یقین دان ای عزیز
در دل مومن بگنجم ای عجب | گر مرا جوئی در آن دلها طلب
گفت فادخل فی عبادی تلتقی | جنة من رؤیتی یا متقی
عرش با آن نور و با پهنای خویش | چون بدید او را برفت از جای خویش
خود بزرگی عرش باشد بس پدید | لیك صورت کیست چون معنی رسید
هر ملك می‌گفت ما را پیش از این | الفتی می‌بود با روی زمین
تخم خدمت در زمین می‌کاشتیم | ز آن تعلق ما عجب می‌داشتیم

کاین تعلق چیست با این خاکمان   چون سرشت ما بُدست از آسمان
الف این انوار با ظلمات چیست   چون تواند نور با ظلمات زیست
آدما آن الف از بوی تو بود   زآنکه جسمت را زمین بُد تار و پود
جسم خاکت را از اینجا یافتند   نور پاکت را در اینجا تافتند
اینکه جان ما ز روحت یافته ست   پیش پیش از خاك آن می‌تافته ست
در زمین بودیم و غافل از زمین   غافل از گنجی که بُد در وی دفین
چون سفر فرمود ما را ز آن مقام   تلخ شد ما را از این تحویل کام
تا که حجتها همی گفتیم ما   که بجای ما که آید ای خدا
نور این تسبیح و این تهلیل را   میفروشی بهر قال و قیل را
حکم حق گسترد بهر ما بساط   که بگوئید از طریق انبساط
هر چه آید بر زبانتان بی حذر   همچو طفلان یگانه با پدر
ما همی دانیم خود راز شما   لیك می‌خواهیم آواز شما
ز آن که این دمها اگر نالایق است   رحمت من بر غضب هم سابق است
از پی اظهار این سبق، ای ملك   در تو بنهم داعیهٔ اشکال و شك
تا بگوئی و نگیرم بر تو من   منکر حلمم نیارد دم زدن
صد پدر صد مادر، اندر حلم ما   هر نفس زاید، در افتد در فنا
حلم ایشان، کف بحر حلم ماست   کف رود آید، ولی دریا به جاست
خود چه گویم پیش آن دُر این صدف   نیست الا کف کف کف کف
حقّ آن کف، حق آن دریای صاف   که امتحانی نیست، این گفت و نه لاف
از سر مهر و صفاء است و خضوع   حق آن کس که بدو دارم رجوع
گر به پیشت امتحان است این هوس   امتحان را امتحان کن یك نفس
سِرّ مپوشان تا پدید آید سِرّم   امر کن تو هر چه بر وی قادرم
دل مپوشان تا پدید آید دلم   تا قبول آرم هر آن چه قابلم
چون کنم؟ در دست من چه چاره است؟   در نگر تا جان من چه کاره است

۱۳۳. تعیین کردن زن طریق طلب روزی شوی خود را و قبول او

گفت زن نك آفتابی تافته است
عالمی زو روشنایی یافته است

نایب رحمان خلیفهٔ کردگار
شهر بغداد است از وی چون بهار

گر بپیوندی بدان شه، شه شوی
سوی هر ادبار تا کی می روی

دوستی مقبلان چون کیمیاست
چون نظرشان، کیمیائی خود کجاست؟

چشم احمد بر ابو بکری زده
او ز یك تصدیق صدیق آمده

گفت من شه را پذیرا چون شوم؟
بی بهانه سوی او من چون روم؟

نسبتی باید مرا یا حیلتی
هیچ پیشه راست شد بی آلتی؟

همچو مجنونی که بشنید از یکی
که مرض آمد به لیلی اندکی

گفت آوه بی بهانه چون روم؟
ور بمانم از عیادت چون شوم؟

لیتنی کنت طبیباً حاذقاً
کنت أمشی نحو لیلی شائقاً

قل تعالوا گفت حق ما را بدان
تا بود شرم اشکنی ما را نشان

شب پران را گر نظر و آلت بدی
روزشان جولان و خوش حالت بدی

گفت چون شاه کرم میدان رود
عین هر بی آلتی آلت شود

زآنکه آلت دعوی است و هستی است
کار در بی آلتی و پستی است

گفت کی بی آلتی سودا کنم؟
تا نه من بی آلتی پیدا کنم

پس گواهی بایدم بر مفلسی
تا شهم رحمی کند در مفلسی

تو گواهی غیر گفت و گو و رنگ
وانما تا رحم آرد شاه شنگ

کاین گواهی که ز گفت و رنگ بد
نزد آن قاض القضاة آن جرح شد

پس گواهی زاندرون می‌بایدم
نی گواهی بـــرون می‌بایدم

صدق می‌باید گواه حال او
تا بتابد نور او بی قال او

گفت زن صدق آن بود کز بودِ خویش
پاك برخیزی تو از مجهود خویش

۱۳۴. هدیه بردن آن اعرابی سبوی آب باران از میان بادیه سوی بغداد نزد خلیفه و پنداشتن که آن جا هم قحط آب است

آب باران است ما را در سبو — ملکت و سرمایه و اسباب تو
این سبوی آب را بردار و رو — هدیه ساز و پیش شاهنشاه شو
گو که ما را غیر از این اسباب نیست — در مفازه هیچ به زین آب نیست
گر خزانه اش پُر ز دُرّ فاخر است — این چنین آبش نباشد، نادر است
چیست آن کوزه تن محصور ما — اندر آن آب حواس شور ما
ای خداوند این خم و کوزهٔ مرا — در پذیر از فضل الله اشتری
کوزه ای با پنج لوله پنج حس — پاك دار این آب را از هر نجس
تا شود زین کوزه منفذ سوی بحر — تا بگیرد کوزهٔ ما خوی بحر
تا چو هدیه پیش سلطانش بری — پاك بیند باشدش شه مشتری
بی نهایت گردد آبش بعد از آن — پر شود از کوزهٔ ما صد جهان
لوله ها بر بند و پر دارش ز خم — گفت غُضوا عن هوا ابصارکم
ریش او پر باد، کاین هدیه کراست؟ — لایق چون آن شهی، این است راست
وآن نمی‌دانست کانجا بر گذر — هست جاری دجلهٔ همچون شکر
در میان شهر چون دریا روان — پر ز کشتی‌ها و شست ماهیان
رو بر سلطان و کار و بار بین — حس تَجْرِی تَحْتَهَا الأنهار بین
این چنین حس‌ها و ادراکات ما — قطره ای باشد در آن بهر صفا
باز جوی و باز بین و بازیاب — از که از من عنده‌ام الکتاب

۱۳۵. در نمد دوختن زن سبوی آب را و مُهر بر وی نهادن از اعتقاد

مرد گفت آری سبو را سر ببند
هین که این هدیه است ما را سودمند

در نمد در دوز تو این کوزه را
تا گشاید شه به هدیه روزه را

کاین چنین، اندر همه آفاق نیست
جز رحیق و مایهٔ اذواق نیست

زآنکه ایشان ز آبهای تلخ و شور
دائما پر علت اند و نیم کور

مرغ کآب شور باشد مسکنش
او چه داند جای آب روشنش

ایکه اندر چشمهٔ شور است جات
تو چه دانی شط و جیحون و فرات

ای تو نارسته از این فانی رباط
تو چه دانی صحو و سکر و انبساط

ور بدانی نَقلت ازابّ وز جدّ است
پیش تو این نامها چون ابجد است

ابجد و هوز چه؟ فاش است و پدید
بر همه طفلان و، معنی بس بعید

پس سبو برداشت آن مرد عرب
در سفر شد می کشیدش روز و شب

بر سبو لرزان بد از آفات دهر
هم کشیدش از بیابان تا به شهر

زن مصلا باز کرده از نیاز
ربّ سلم، ورد کرده در نماز

که نگه دار آب ما را از خسان
یا رب این گوهر بدان دریا رسان

گر چه شویم آگه است و پر فن است
لیك گوهر را هزاران دشمن است

خود چه باشد گوهر؟ آب کوثر است
قطره ای زآن آب کاصل گوهر است

از دعاهای زن و زاری او
وز غم مرد و گرانباری او

سالم از دزدان و از آسیب سنگ
برد تا دار الخلافه بی درنگ

دید درگاهی پر از انعامها
اهل حاجت گستریده دامها

دم به دم هر سوی صاحب حاجتی
یافته ز آن در عطا و خلعتی

بهر گبر و مومن و زیبا و زشت
همچو خورشید و مطر، بل چون بهشت

دید قومی در نظر آراسته
قوم دیگر منتظر برخاسته

خاص و عامه از سلیمان تا به مور
زنده گشته چون جهان از نفخ صور

اهل صورت چون جواهر بافته	اهل معنی بحر نادر یافته
آن که بی همت، چه با همت شده	و آن که با همت، چه با نعمت شده

۱۳۶. در بیان آنکه چنانکه گدا عاشق کریم است، کریم هم عاشق گداست. اگر گدا را صبر بیش بود کریم بر در او آید و اگر کریم را صبر بیش بود گدا بر در او آید اما صبر گدا کمال گدا و نقص کریم است

بانگ می آمد که ای طالب بیا　　جود محتاج گدایان، چون گدا
جود محتاج است و خواهد طالبی　　همچنانکه توبه خواهد تائبی
جود می‌جوید گدایان و ضعاف　　همچو خوبان کآینه جویند صاف
روی خوبان ز آینه زیبا شود　　روی احسان از گدا پیدا شود
چون گدا آئینهٔ جود است، هان　　دم بود بر روی آیینه زیان
پس از این فرمود حق در والضحی　　بانگ کم زن ای محمد بر گدا
آن یکی جودش گدا آرد پدید　　وین دگر بخشد گدایان را مزید
پس گدایان آینه جود حق اند　　وآنکه با حقند جود مطلق اند
وآنکه جز این دوست او خود مرده است　　او بر این در نیست، نقش پرده است

۱۳۷. فرق میان آن که درویش است به خدا و تشنهٔ خداست و آن که درویش است از خدا و تشنه است به غیر او

لیک درویشی که آن تشنه خداست / هست دایم از خدایش کار راست
لیک درویشی که تشنه غیر شد / او حقیر و ابله و بی خیر شد
نقش درویش است او، نی اهل جان / نقش سگ را تو مَینداز استخوان
فقر لقمه دارد او، نی فقر حق / پیش نقش مرده ای کم نه طبق
ماهی خاکی بود درویش نان / شکل ماهی لیك از دریا رمان
نقش ماهی کی بود دوریش آب؟ / آن ز بی آبی نمی‌گردد خراب
مرغ خانه است او، نه سیمرغ هوا / لوت نوشد، او ننوشد از خدا
عاشق حق است او بهر نوال / نیست جانش عاشق حسن و جمال
گر توَهُم می کند او عشق ذات / ذات نبود وَهم اسما و صفات
وهم مخلوق است و مولود آمده ست / حق نزاییده ست او لَمْ یولد است
عاشق تصویر و وهم خویشتن / کی بود از عاشقان ذو المنن؟
عاشق آن وَهم اگر صادق بود / آن مجازش تا حقیقت می‌رود
شرح می‌خواهد بیان این سخن / لیك می‌ترسم ز افهام کهن
فهم های کهنهٔ کوته نظر / صد خیال بد در آرد در فکر
بر سماع راست هر کس چیر نیست / لقمهٔ هر مرغکی انجیر نیست
خاصه مرغ مردهٔ پوسیده ای / پر خیالی، اعمیی، بی دیده ای
نقش ماهی را چه دریا و چه خاك / رنگ هندو را چه صابون و چه زاك
نقش اگر غمگین نگاری بر ورق / او ندارد از غم و شادی سبق
صورتش غمگین و او فارغ از آن / صورتش خندان و او زآن بی نشان
وین غم و شادی که‌اندر دل خفی است / پیش آن شادی و غم جز نقش نیست

صورتِ خندانِ نقش از بهر توست		تا از آن صورت شود معنی درست
صورت غمگین نقش از بهر ماست		تا که ما را یاد آید راه راست
نقشهایی کاندر این گرمابهاست		از برون جامه کن، چون جامه هاست
تا برونی جامه ها بینی و بس		جامه بیرون کن در آ ای هم نفس
زآنکه با جامه در آن سو راه نیست		تن ز جان، جامه ز تن آگاه نیست

۱۳۸. پیش آمدن نقیبان و دربانان خلیفه از بهر اکرام اعرابی و پذیرفتن هدیهٔ او را

باز می‌گردم سوی قصه عرب — از بیان راز و سِرّ بوالعجب
آن عرابی از بیابان بعید — بر در دار الخلافه چون رسید
پس نقیبان پیش اعرابی شدند — بس گلاب لطف بر رویش زدند
حاجت او فهمشان شد بی مقال — کار ایشان بد عطا پیش از سؤال
پس بدو گفتند یا وجه العرب — از کجایی چونی از راه و تعب
گفت وجهم گر مرا وجهی دهید — بی وجوهم چون پس پشتم نهید
ای که در روتان نشان مهتریست — فرّ تان خوشتر ز زرّ جعفریست
ای که یك دیدارتان دیدارها — ای نثار دیده تان دینارها
ای همه ینظر بنور الله شده — از بر حق بهر بخشش آمده
تا زنید آن کیمیاهای نظر — بر سر مسهای اشخاص بشر
من غریبم از بیابان آمدم — بر امید لطف سلطان آمدم
بوی لطف او بیابان‌ها گرفت — ذره های ریگ هم جانها گرفت
تا بدین جا بهر دینار آمدم — چون رسیدم، مست دیدار آمدم
بهر نان شخصی سوی نانوا دوید — داد جان چون حسن نانوا را بدید
بهر فرجه شد یکی تا گلستان — فرجهٔ او شد جمال باغبان
همچو اعرابی که آب از چه کشید — آب حیوان از رخ یوسف چشید
رفت موسی کاتشی آرد بدست — آتشی دید او که از آتش برست
جَست عیسی تا رهد از دشمنان — بردش آن جستن به چارم آسمان
دام آدم دانهٔ گندم شده — تا وجودش خوشهٔ مردم شده
باز، آید سوی دام از بهرخور — ساعد شه یابد و اقبال و فر
طفل شد مکتب پی کسب هنر — بر امید مرغ و یا لطف پدر
پس ز مکتب آن یکی صدری شده — ماهیانه داده و بدری شده

آمده عباس حرب از بهر کین	بهر قمع احمد و استیز دین
گشته دین را تا قیامت پشت و رو	در خلافت او و فرزندان او
آمده عمرّ بحرب مصطفی	تیغ در کف بسته بس میثاقها
گشته‌اندر شرع امیر المومنین	پیشوا و مقتدای اهل دین
آن علف کش سوی ویرانها شده	بیخبر بر گنج ناگه پا زده
تشنه آمد سوی جوی آب در	دید اندر جوی خود عکس قمر
من بر این در، طالب چیز آمدم	صدر گشتم، چون به دهلیز آمدم
آب آوردم به تحفه بهر نان	بوی نانم برد تا صدر جهان
نان برون بُرد آدمی را از بهشت	نان مرا اندر بهشتی در سرشت
رستم از آب و ز نان همچون ملک	بی غرض گردم بر این در چون فلک
بی غرض نبود به گردش در جهان	غیر جسم و غیر جان عاشقان

۱۳۹. در بیان آنکه عاشق دنیا بر مثال عاشق دیواری است که بر او آفتاب تافته و جهد نکرد تا فهم کند که آن تاب از دیوار نیست از آفتاب است از آسمان چهارم لاجرم کلی دل بر دیوار نهاد چون پرتو آفتاب به آفتاب پیوست او محروم ماند ابدا وَ حِیلَ بَینَهُمْ وَ بَینَ ما یشْتَهُونَ

عاشقان کل، نه این عشاق جزو — ماند از کل، هر که شد مشتاق جزو
چونکه جزوی عاشق جزوی شود — زود معشوقش به کل خود رود
ریش گاو بندهٔ غیر آمد او — غرقه شد کف در ضعیفی در زد او
نیست حاکم تا کند تیمار او — کار خواجهٔ خود کند یا کار او
فازن بالحرّة پی این شد مثل — فاسرق الدرة بدین شد منتقل
بنده سوی خواجه شد، او ماند زار — بوی گل شد سوی گل، او ماند خار
همچو آن ابله که تاب آفتاب — دید بر دیوار و حیران شد شتاب
عاشق دیوار شد کاین باضیا است — بیخبر کاین عکس خورشید سماست
چون باصل خویش پیوست آنضیا — دید دیوار سیه مانده بجا
او بمانده دور از مطلوب خویش — سعی ضایع رنج باطل پای ریش
همچو صیادی که گیرد سایه ای — سایه کی گردد ورا سرمایه ای
سایهٔ مرغی گرفته مرد سخت — مرغ حیران گشته بر شاخ درخت
کاین مدمغ بر که می‌خندد عجب — اینت باطل اینت پوسیده سبب
ور تو گویی "جزو پیوستهٔ کل است" — خار می خور، خار مقرون گل است
جزو یکرو نیست پیوسته به کل — ور نه خود باطل بُدی بعث رسل
چون رسولان از پی پیوستن اند — پس چه پیوندندشان؟ چون یك تن اند
این سخن پایان ندارد ای غلام — زانکه جَرّی سخت دارد این کلام

۱۴۰. سپردن عرب هدیه را یعنی سبو را به غلامان خلیفه

شرح کن حال عرب ای با نظام
روز بی گه شد حکایت کن تمام

با نقیبان حال خود را آن عرب
چون بگفت او دید هنگام طلب

آن سبوی آب را در پیش داشت
تخم خدمت را در آن حضرت بکاشت

گفت این هدیه بَر سلطان برید
سائل شه را ز حاجت واخرید

آب شیرین و سبوی سبز و نو
ز آب بارانی که جمع آمد به گو

خنده می آمد نقیبان را از آن
لیك پذرفتند آن را همچو جان

زآنکه لطف شاه خوب با خبر
کرده بود اندر همه ارکان اثر

خوی شاهان در رعیت جا کند
چرخ اخضر خاك را خضرا کند

شه چو حوضی دان، حشم چون لوله ها
آب از لوله روان در کولهها

چون که آب جمله از حوضی است پاك
هر یکی آبی دهد خوش ذوقناك

ور در آن حوض آب شور است و پلید
هر یکی لوله همان آرد پدید

ز آن که پیوسته ست هر لوله به حوض
خوض کن در معنی این حرف، خوض

لطف شاهنشاهِ جان بی وطن
چون اثر کرده ست اندر کل تن؟

لطف عقل خوش نهادِ خوش نسب
چون همه تن را در آرد در ادب؟

عشق شنگِ بی قرار بی سکون
چون در آرد کل تن را در جنون؟

لطف آب بحر کاو چون کوثر است
سنگ ریزه اش جمله درّ و گوهر است

هر هنر که اُستا بدان معروف شد
جان شاگردش بدان موصوف شد

پیش استادِ اصولی هم اصول
خواند آن شاگردِ چُست با حصول

پیش استادِ فقیه آن فقه خوان
فقه خواند، نی اصول اندر بیان

پیش استادی که آن نحوی بود
جان شاگردش از آن نحوی شود

باز استادی که آن مَحوِ ره است
جان شاگردش از آن محو شه است

زین همه انواع دانش روز مرگ
دانش فقر است ساز راه و برگ

۱۴۱. حکایت ماجرای نحوی در کشتی با کشتیبان

آن یکی نحوی به کشتی درنشست   رو به کشتیبان نمود آن خودپرست
گفت هیچ از نحو خواندی؟ گفت لا   گفت نیم عمر تو شد بر فنا
دل شکسته گشت کشتیبان ز تاب   لیک آن دم گشت خامش از جواب
باد کشتی را به گردابی فکند   گفت کشتیبان بدان نحوی بلند
هیچ دانی آشنا کردن؟ بگو   گفت نی از من تو سبّاحی مجو
گفت کلّ عمرت ای نحوی فناست   زآنکه کشتی غرق در گردابهاست
محو می‌باید نه نحو اینجا بدان   گر تو محوی، بی‌خطر در آب ران
آب دریا مرده را بر سر نهد   ور بود زنده، ز دریا کی رهد؟
چون بمردی تو ز اوصاف بشر   بحر اسرارت نهد بر فرق سر
ای که خلقان را تو خر می‌خوانده‌ای   این زمان چون خر بر این یخ مانده‌ای
گر تو علامهٔ زمانی در جهان   نک فنای این جهان بین این زمان
مرد نحوی را از آن در دوختیم   تا شما را نحو محو آموختیم
فقه فقه و نحو نحو و صرف صرف   در "کم آمد" یابی، ای یار شگرف
آن سبوی آب دانش‌های ماست   و آن خلیفه دجلهٔ علم خداست
ما سبوها پر به دجله می‌بریم   گر نه خر دانیم ما خود را، خریم
آن عرب باری بدان معذور بود   کو ز دجله غافل و بس دور بود
گر ز دجله با خبر بودی چو ما   او نبردی آن سبو را جا به جا
بلکه از دجله اگر واقف بُدی   آن سبو را بر سر سنگی زدی
آن سبوی تنگِ پر ناموس و رنگ   شد حجاب بحر، آن را زن به سنگ

۱۴۳. قبول کردن خلیفه هدیه را و عطای بسیار فرمودن با کمال بی نیازی از آن هدیه

چون خلیفه دید و احوالش شنید — آن سبو را پر ز زر کرد و مزید
داد بخشش‌ها و خلعت‌های خاص — آن عرب را کرد از فاقه خلاص
پس نقیبی را بفرمود آن قباد — آن جهانِ بخشش و آن بحر داد
که بوی ده این سبوی پر ز زر — چون که واگردد سوی دجله اش ببر
از ره خشك آمده است و آن سفر — از ره دجلش بود نزدیکتر
چون به کشتی در نشیند رنج راه — خود فراموشش شود آنجایگاه
همچنان کردند و دادندش سبو — پر زر و بردند تا دجله دو تو
چون به کشتی درنشست و دجله دید — سجده می کرد از حیا و می خمید
کای عجب لطف آن شه وهاب را — وین عجبتر کو ستد آن آب را
چون پذیرفت از من آن دریای جود — آن جنس دغل را زود زود؟
کل عالم را سبو دان ای پسر — کان بود از لطف و خوبی تا به سر
قطره ای از دجلهٔ خوبی اوست — کان نمی گنجد ز پُرّی زیر پوست
گنج مخفی بُد ز پُرّی چاك کرد — خاك را تابان تر از افلاك کرد
گنج مخفی بد ز پُرّی جوش کرد — خاك را سلطان اطلس پوش کرد
ور بدیدی قطره از دجلهٔ خدا — آن سبو را او فنا کردی فنا
وآنکه دیدندش همیشه بی خودند — بی خودانه بر سبو سنگی زنند
ای ز غیرت بر سبو سنگی زده — آن سبو ز اشکست کاملتر شده
خم شکسته، آب از آن ناریخته — صد درستی زین شکست انگیخته
جزو جزو خم به رقص است و بحال — عقل جزوی را نموده این محال
نی سبو پیدا در این حالت نه آب — خوش ببین و الله اعلم بالصواب
چون در معنی زنی، بازت کنند — پرّ فکرت زن، که شهبازت کنند
پرّ فکرت شد گل آلود و گران — ز آن که گِل خواری، ترا گِل شد چو نان

نان گِل است و گوشت کمتر خور از این   تا نمانی همچو گِل اندر زمین
خاک میخوردیم عمری در غذا   خاک ما را خورد آخر در جزا
چون گرسنه می شوی سگ می شوی   تند و بد پیوند و بد رگ می شوی
چون شدی تو سیر مرداری شوی   بی خبر چون نقش دیواری شوی
پس دمی مردار و دیگر دم سگی   چون کنی در راه شیران هم تگی
آلت اشکال خود جز سگ مدان   کمترك انداز سگ را استخوان
زآنکه سگ چون سیر شد سرکش شود   کی سوی صید شکاری خوش رود
آن عرب را بی نوایی می کشید   تا بدان درگاه و آن دولت رسید
در حکایت گفته‌ایم احسان شاه   در حق آن بی نوای بی پناه
هر چه گوید مرد عاشق، بوی عشق   از دهانش می‌جهد در کوی عشق
گر بگوید فقه، فقر آید همه   بوی فقر آید از آن خوش دمدمه
ور بگوید کفر، آید بوی دین   آید از گفتِ شکش بوی یقین
ور بگوید کژ، نماید راستی   ای کژی که راست را آراستی
کف کژ کز بحر صافی خاسته است   اصل صاف آن فرع را آراسته است
آن کفش را صافی و محقوق دان   همچو دشنام لب معشوق دان
گشته این دشنام نامطلوب او   خوش ز بهر عارض محبوب او
از شکر گر شکل نانی می‌پزی   طعم قند آید نه نان، چون می‌مزی
گر بت زرین بیابد مومنی   کی هلد او را پی سجده کنی
چون بیــابد مومنی زرین وثن   می بنگـــذارد ورا بهر شمن
بلکه گیرد اندر آتش افکند   صورت عاریتش را بشکند
تا نماند بر ذهب نقش وثن   چونکه صورت مانع است و راه زن
ذاتِ زرش، دادِ ربانیت است   نقش بت بر نقدِ زر عاریت است
بهر کیکی تو گلیمی را مسوز   وز صداع هر مگس مگذار روز
بت پرستی، گر بمانی در صور   صورتش بگذار و در معنی نگر

مرد حجّی، همره حاجی طلب
خواه هندو خواه ترك و یا عرب

منگر اندر نقش و اندر رنگ او
بنگر اندر عزم و در آهنگ او

گر سیاه است و هم آهنگ تو است
تو سپیدش دان که هم رنگ تو است

ور سفید است و ورا آهنگ نیست
زو ببر کز دل مر او را رنگ نیست

این حکایت گفته شد زیر و زبر
همچو فکر عاشقان بی پا و سر

سَر ندارد کز ازل بوده است پیش
پا ندارد، با ابد بوده است خویش

بلکه چون آب است هر قطره از آن
هم سر است و پا و هم بی هر دو آن

حاش الله این حکایت نیست هین
نقد حال ما و توست این خوش ببین

پیش هر صوفی که او با فرّ بود
هر چه آن ماضی است لا یذکر بود

چون بود فکرش همه مشغول حال
ناید اندر ذهن او فکر مآل

هم عرب ما هم سبو ما هم ملك
جمله ما یُؤْفَكُ عَنْهُ مَنْ أفك

عقل را شو دان و زن را نفس و طمع
این دو ظلمانی و منکر، عقل شمع

بشنو اکنون اصل انکار از چه خاست
زآنکه کل را گونه گونه جزوهاست

جزو کل نی، جزوها نسبت به کل
نی چو بوی گل که باشد جزو گل

لطف سبزه جزو لطف گل بود
بانگ قمری جزو آن بلبل بود

گر شوم مشغول اشکال و جواب
تشنگان را کی توانم داد آب

ور تو اشکالی به کلی و حرج
صبر کن کالصبرُ مفتاح الفرج

احتما کن احتمی ز اندیشه‌ها
زانکه شیرانند در این بیشه‌ها

احتماها مر دواها را سر است
هضم دارو علت نو دیگر است

احتماها بر دواها سرور است
ز آن که خاریدن فزونی گر است

احتما اصل دوا آمد یقین
احتما کن قوت جانت ببین

قابل این گفته ها شو گوش وار
تا که از زر سازمت من گوشوار

گوشواره چه؟ که کان زر شوی
تا بماه و تا ثریا بر شوی

اولا بشنو که خلق مختلف
مختلف جانند از یا تا الف

در حروف مختلف شور و شکی است / گر چه از یک رو، ز سر تا پا یکی است
از یکی رو ضد و یک رو متحد / از یکی رو هزل و از یک روی جد
پس قیامت روز عرض اکبر است / عرض او خواهد که با زیب و فر است
هر که چون هندوی بُد، سودایی است / روز عرضش نوبت رسوائی است
چون ندارد روی همچون آفتاب / او نخواهد جز شب همچون نقاب
برگ یک گل چون ندارد خار او / شد بهاران دشمن اسرار او
وانکه سر تا پا گل است و سوسن است / پس بهار او را دو چشم روشن است
خار بی معنی خزان خواهد خزان / تا زند پهلوی خود با گلستان
تا بپوشد حسن آن و ننگ این / تا نبینی رنگ آن و ننگ این
پس خزان او را بهار است و حیات / یک نماید سنگ و یاقوت زکات
باغبان هم داند آن را در خزان / لیک دیدِ یک به از دید جهان
خود جهان آن یک کس است و او شه است / هر ستاره بر فلک جزو مه است
خود جهان آن یک کس است و باقیان / جمله اتباع و طفیلند ای فلان
او جهان کامل است و مفرد است / نسخه کل وجود او را بِدست
پس همی گویند هر نقش و نگار / مژده مژده نک همی آید بهار
تا بود تابان شکوفه چون زره / کی کنند آن میوه‌ها پیدا گره
چون شکوفه ریخت میوه سر کند / چون که تن بشکست جان سر برکند
میوه معنی و شکوفه صورتش / آن شکوفه مژده، میوه نعمتش
چون شکوفه ریخت میوه شد پدید / چونکه آن کم شد، شد این اندر مزید
تا که نان نشکست، قوت کی دهد؟ / ناشکسته خوشه‌ها، کی می‌دهد؟
تا هلیله نشکند با ادویه / کی شود خود صحت افزا ادویه
ای ضیاء الحق حسام الدین بگیر / یک دو کاغذ بر فزا در وصف پیر

۱۴۳. در صفت پیر و مطاوعت کردن با او

گرچه جسمت نازک است و بس نزار / بر نمی آید جهانرا بی تو کار
گر چه جسم نازکت را زور نیست / لیك بی خورشید ما را نور نیست
گر چه مصباح و زجاجه گشته‌ای / لیك سر خیل دل و سر رشته‌ای
چون سر رشته به دست و کام توست / دُرّهای عقد دل، ز انعام توست
بر نویس احوال پیر راه دان / پیر را بگزین و عین راه دان
پیر تابستان و خلقان تیر ماه / خلق مانند شب اند و پیر ماه
کرده‌ام بخت جوان را نام پیر / کاو ز حق پیر است، نز ایام پیر
او چنان پیر است کش آغاز نیست / با چنان دُرّ یتیم، انباز نیست
خود قوی تر می بود خمر کهن / خاصه آن خمری که باشد من لدن
خود قوی تر می‌شود خمر قدیم / این کهن تر بهتر ای شیخ علیم
پیر را بگزین که بی پیر این سفر / هست بس پر آفت و خوف و خطر
آن رهی که بارها تو رفته ای / بی قلاوز اندر آن آشفته ای
پس رهی را که نرفتستی تو هیچ / هین مرو تنها ز رهبر سر مپیچ
هر که او بی مرشدی در راه شد / او ز غولان گمره و در چاه شد
گر نباشد سایهٔ پیر ای فضول / بس تو را سر گشته دارد بانگ غول
غولت از راه افکند اندر گزند / از تو داهی تر در این ره بس بدند
از نبی بشنو ضلال رهروان / که چسان کرد آن بلیس بد روان
صد هزاران ساله راه از جاده دور / بردشان و کردشان زادبار عور
استخوانهاشان ببین و مویشان / عبرتی گیر و مران خر سویشان
گردن خر گیر و سوی راه کش / سوی ره بانان و ره دانان خوش
هین مهل خر را، و دست از وی مدار / زآنکه عشق اوست سوی سبزه زار
گر یکی دم تو به غفلت واهلیش / او رود فرسنگ ها سوی حشیش
دشمن راه است خر، مست علف / ای بسا خربنده کز وی شد تلف

گر ندانی ره هر آن چه خر بخواست
عکس آنرا کن که هست آن راه راست

شاوِروهُنَّ پس آنگه خالفوا
إن من لم یعصهن تالف

با هوا و آرزو کم باش دوست
چون یضلك عن سبیل الله اوست

این هوا را نشکند اندر جهان
هیچ چیزی همچو سایهٔ همرهان

۱۴۴. وصیت کردن رسول خدا (ص) مر علی (ع) را که چون هر کسی به نوع طاعتی تقرب بحق جوید، تو تقرب جوی بصحبت عاقل و بندهٔ خاص تا از ایشان همه پیش قدم باشی. قال النبی اذا تقرب الناس الی خالقهم بانواع البرّ، فتقرب الی ربک بالعقل والسر تستبقهم بالدرجات والزلفی عند الناس فی الدنیا و عند الله فی الاخره

گفت پیغمبر علی را کای علی — شیر حقی پهلوانی پر دلی
لیك بر شیری مکن هم اعتمید — اندر آ در سایهٔ نخل امید
هر کسی گر طاعتی پیش آورند — بهر قرب حضرت بیچون و چند
تو تقرب جو به عقل و سِّر خویش — نی چو ایشان بر کمال و بِّر خویش
اندر آ در سایهٔ آن عاقلی — کش نتاند برد از ره ناقلی
پس تقرب جو بدو سوی اله — سر مپیچ از طاعت او هیچ گاه
زانکه او هر خار را گلشن کند — دیده هر کور را روشن کند
ظل او اندر زمین چون کوه قاف — روح او سیمرغ بس عالی طواف
دستگیر و بنده خاص اله — طالبان را میبرد تا پیشگاه
گر بگویم تا قیامت نعت او — هیچ آنرا غایت و مقطع مجو
آفتاب روح نی آنِ فلک — که زنورش زنده‌اند انس و ملک
در بشر رو پوش گشتست آفتاب — فهم کن و الله اعلم بالصواب
یا علی از جملهٔ طاعات راه — بر گزین تو سایهٔ خاص اله
هر کسی در طاعتی بگریختند — خویشتن را مخلصی انگیختند
تر برو در سایهٔ عاقل گریز — تا رهی ز آن دشمن پنهان ستیز
از همه طاعات اینت لایق است — سبق یابی بر هرآنکو سابق است
چون گرفتت پیر هین تسلیم شو — همچو موسی زیر حکم خضر رو
صبر کن بر کار خضر ای بی نفاق — تا نگوید خضر رو هذا فراق
گر چه کشتی بشکند تو دم مزن — گر چه طفلی را کشد تو مو مکن
دست او را حق چو دست خویش خواند — پس یدُ الله فَوْقَ أَیدِیهِمْ براند

دست حق می‌راندش زنده‌اش کند — زنده چه بود جان پاینده‌اش کند
یار باید راه را تنها مرو — از سر خود اندر این صحرا مرو
هر که تنها نادرا این ره برید — هم به عون همت پیران رسید
دست پیر از غایبان کوتاه نیست — دست او جز قبضهٔ الله نیست
غایبان را چون چنین خلعت دهند — حاضران از غایبان لا شك بهند
غایبان را چون نواله می‌دهند — پیش مهمان تا چه نعمت‌ها نهند
کو کسی که پیش شه بندد کمر — تا کسی که هست از بیرون در
فرق بسیار است و ناید در حساب — آن ز اهل کشف و این زاهل حجاب
جهد می‌کن تا رهی یابی درون — ورنه، مانی حلقه وار از در برون
چون گزیدی پیر نازك دل مباش — سست و ریزیده چو آب و گل مباش
ور به هر زخمی تو پر کینه شوی — پس کجا بی صیقل آیینه شوی

۱۴۵. کبودی زدن مرد قزوینی بر شانه گاه و پشیمان شدن او به سبب زخم سوزن

این حکایت بشنو از صاحب بیان / در طریق و عادت قزوینیان
بر تن و دست و کتفها بیدرنگ / می‌زدند از صورت شیر و پلنگ
بر چنان صورت پیاپی بی گزند / از سر سوزن کبودی‌ها زنند
سوی دلاکی بشد قزوینیی / که کبودم زن بکن شیرینیی
گفت چه صورت زنم ای پهلوان / گفت بر زن صورت شیر ژیان
طالعم شیر است نقش شیر زن / جهد کن رنگ کبودی سیر زن
گفت بر چه موضعت صورت زنم / گفت بر شانه گهم زن آن رقم
تا شود پشتم قوی در رزم و بزم / با چنین شیر ژیان در عزم حزم
چون که او سوزن فرو بردن گرفت / درد آن در شانگه مسکن گرفت
پهلوان در ناله آمد کای سنی / مر مرا کشتی چه صورت می زنی
گفت آخر شیر فرمودی مرا / گفت از چه عضو کردی ابتدا
گفت از دُمگاه آغازیده‌ام / گفت دم بگذار ای دو دیده‌ام
از دُم و دُمگاه شیرم دَم گرفت / دُمگه او دَمگهم محکم گرفت
شیر بی دم باش گو ای شیر ساز / که دلم سستی گرفت از زخم گاز
جانب دیگر گرفت آن شخص زخم / بی محابا بی مواسائی و رحم
بانگ زد او کاین چه اندام است از او / گفت او گوش است این ای نیکخو
گفت تا گوشش نباشد ای همام / گوش را بگذار و کوته کن کلام
جانب دیگر خلش آغاز کرد / باز قزوینی فغان را ساز کرد
کاین سیم جانب چه‌اندام است نیز / گفت این است اشکم شیر ای عزیز
گفت گو اشکم نباشد شیر را / خود چه اشکم باید این ادبیر را
درد افزون گشت کم زن زخمها / اشکم چه شیر را بهر خدا
خیره شد دلاك و بس حیران بماند / تا به دیر انگشت در دندان بماند

بر زمین زد سوزن آن دم اوستاد
گفت در عالم کسی را این فتاد؟

شیر بی دُم و سر و اشکم که دید
این چنین شیری خدا کی آفرید؟

چون نداری طاقت سوزن زدن
از چنین شیر ژیان پس دم مزن

ای برادر صبر کن بر درد نیش
تا رهی از نیش نفس گبر خویش

کان گروهی که رهیدند از وجود
چرخ و مهر و ماهشان آرد سجود

هر که مُرد اندر تن او نفس گبر
مر و را فرمان برد خورشید و ابر

چون دلش آموخت شمع افروختن
آفتاب او را نیارد سوختن

گفت حق در آفتاب منتجم
ذکر تزاور کذا عن کهفهم

خفتگانی کز خدا بُد کارشان
میل کردی آفتاب از غارشان

خار، جمله لطف، چون گل می شود
پیش جزوی کو بر کلّ میشود

چیست تعظیم خدا افراشتن؟
خویشتن را خوار و خاکی داشتن

چیست توحید خدا آموختن؟
خویشتن را پیش واحد سوختن

گر همی خواهی که بفروزی چو روز
هستی همچون شب خود را بسوز

هستیت در هستِ آن هستی نواز
همچو مس در کیمیا اندر گداز

در من و ما سخت کرده ستی دو دست
هست این جملهٔ خرابی از "دو هست"

۱۴۶. رفتن گرگ و روباه در خدمت شیر به شکار

شیر و گرگ و روبهی بهر شکار / رفته بودند از طلب در کوهسار
کان سه با هم اندر آن صحرای ژرف / صیدها گیرند بسیار و شگرف
تا به پشت همدگر از صیدها / سخت بر بندند بار و قیدها
گر چه ز یشان شیر نر را ننگ بود / لیك کرد اکرام و همراهی نمود
این چنین شه را ز لشکر زحمت است / لیك همره شد جماعت رحمت است
همچنین مه را ز اختر ننگهاست / او میان اختران بهر سخاست
امر شاوِرْهُمْ پیمـبر را رسـید / گر چهِ رایش را نبد رائی مزید
در ترازو، جو، رفیق زر شده است / نی از آنکه جو، چو زر، گوهر شده است
روح، قالب را کنون همره شده است / مدتی سگ حارس درگه شده است
چون که رفتند آن جماعت سوی کوه / در رکاب شیرِ با فرّ و شکوه
گاو کوهی و بز و خرگوش زفت / یافتند و کار ایشان پیش رفت
هر که باشد در پی شیر حراب / کم نیاید روز و شب او را کباب
چون ز کُه در بیشه آوردندشان / کشته و مجروح و اندر خون کشان
گرگ و روبه را طمع بود اندر آن / که رود قسمت به عدل خسروان
عکس طمع هر دوشان بر شیر زد / شیر دانست آن طمعها را سند
هر که باشد شیر اسرار و امیر / او بداند هر چه‌اندیشد ضمیر
هین نگه دار ای دل اندیشه خو / دل ز اندیشهٔ بدی در پیش او
داند و خر را همی راند خمُوش / در رخت خندد برای روی پوش
شیر چون دانست آن وسواسشان / وانگفت و داشت آن دم پاسشان
لیك با خود گفت بنمایم سزا / مر شما را ای خسیسان گدا
مر شما را بس نیامد رای من / ظنتان این است در اعطای من
ای وجود رایتان از رای من / از عطاهای جهان آرای من

نقش با نقاش چه اسگالد دگر؟ / چون سگالش اوش بخشید و نظر
این چنین ظن خسیسانه به من / مر شما را بود، ننگان زمن
ظانین بالله ظن السوء را / گر نبرم سر بود عین خطا
وارهانم چرخ را از ننگتان / تا بماند در جهان این داستان
شیر با این فکر می‌زد خنده فاش / بر تبسم‌های شیر ایمن مباش
مال دنیا شد تبسم‌های حق / کرد ما را مست و مغرور و خلق
فقر و رنجوری به استت ای سند / کان تبسم دام خود را بر کند

۱۴۷. امتحان کردن شیر گرگ را و گفتن که این صیدها را قسمت کن

گفت شیر ای گرگ این را بخش کن
معدلت را نو کن ای گرگ کهن

نایب من باش در قسمت گری
تا پدید آید که تو چه گوهری

گفت: ای شه گاو وحشی بخش توست
آن بزرگ و تو بزرگ و زفت و چست

بز مرا که بز میانه ست و وسط
روبها خرگوش بستان بی غلط

شیر گفت ای گرگ چون گفتی بگو؟
چون که من باشم، تو گویی ما و تو؟

گرگ خود چه، سگ بود کو خویش دید
پیش چون من شیر بی مثل و ندید

گفت پیش آ، کس خری چون تو ندید
پیشش آمد پنجه زد او را درید

چون ندیدش مغز و تدبیر رشید
در سیاست پوستش از سر کشید

گفت چون دید منت از خود نبرد
این چنین جان را بباید زار مرد

چون نبودی فانی اندر پیش من
فضل آمد مر ترا گردن زدن

گر چه غالب دارم اندر بذل فضل
گاه گاهی هم کنم از عدل فضل

کل شیءٍ هالکٌ، جز وجه او
چون نه ای در وجه او، هستی مجو

هر که‌اندر وجه ما باشد فنا
کُلُّ شَیءٍ هالِکٌ نبود ورا

ز آن که در اِلاست، او از لا گذشت
هر که در اِلاست، او فانی نگشت

هر که بر در او من و ما می زند
ردّ باب است او و بر لا می تند

۱۴۸. قصهٔ آن کس که در یاری بکوفت، از درون گفت کیست؟ گفت منم، گفت چون تو تویی در نمی گشایم که کسی از یاران را نشناسم که من باشد

آن یکی آمد در یاری بزد　　گفت یارش کیستی ای معتمد
گفت من، گفتش برو هنگام نیست　　بر چنین خوانی مقام خام نیست
خام را جز آتش هجر و فراق　　که پزد؟ که وا رهاند از نفاق؟
چون توئی تو هنوز از او نرفت　　سوختن باید تو را در نار تفت
رفت آن مسکین و سالی در سفر　　در فراق یار سوزید از شرر
پخته گشت آن سوخته پس باز گشت　　باز گرد خانهٔ انباز گشت
حلقه زد بر در به صد ترس و ادب　　تا بنجهد بی ادب لفظی ز لب
بانگ زد یارش که، بر در کیست آن؟　　گفت بر درهم تویی ای دلستان
گفت اکنون چون منی، ای من درا　　نیست گنجایی دو من در یک سرا
چون یکی باشد همه، نبود دوئی　　هم منی برخیزد آنجا، هم توئی
نیست سوزن را سر رشته دو تا　　چون که یکتایی در این سوزن درا
رشته را با سوزن آمد ارتباط　　نیست در خور با جمل سمّ الخیاط
کی شود باریك هستی جمل　　جز به مقراض ریاضات و عمل
دست حق باید مر آن را ای فلان　　کان بود بر هر محالی کن فکان
هر محال از دست او ممکن شود　　هر حرون از بیم او ساکن شود
اکمه و ابرص چه باشد مرده نیز　　زنده گردد از فسون آن عزیز
و آن عدم کز مرده، مرده تر بود　　در کف ایجاد او مضطر بود
كُلَّ يَوْمٍ هُوَ فِي شَأْنٍ را بخوان　　مر ورا بی کار و بی فعلی مدان
کمترین کارش به هر روز آن بود　　کاو سه لشکر را روانه می‌کند
لشکری ز اصلاب سوی امهات　　بهر آن تا در رحم روید نبات

لشکری ز ارحام سوی خاکدان تا ز نرّ و ماده پر گردد جهان
لشکری از خاك ز آن سوی اجل تا ببیند هر کسی حسن عمل
باز بی شک پیش از آنها می‌رسد آنچه از حق سوی جان‌ها می‌رسد
وانچه از جانها بدلها می‌رسد وآنچه از دلها بگلها می‌رسد
اینت لشکرهای حق بیحد و مر از پی این گفت، ذکری للبشر
این سخن پایان ندارد هین بتاز سوی آن دو یار پاكِ پاك باز

۱۴۹. خواندن آن یار، یار خود را پس از بربیت یافتن

گفت یارش کاندر آ ای جمله من / نی مخالف چون گل و خار چمن

رشته یکتا شد، غلط کم شد کنون / گر دو تا بینی حروف کاف و نون

کاف و نون همچون کمند آمد جَذوب / تا کشاند مر عدم را در خطوب

پس دو تا باید کمند اندر صور / گر چه یکتا باشد آن دو در اثر

گر دوپا گر چارپا، ره را بُرد / همچو مقراض دو تا یکتا بُرد

آن دو انبازان گازر را ببین / هست در ظاهر خلاف آن و این

آن یکی کرباس در جو می‌زند / و آن دگر انباز خشکش می‌کند

باز او آن خشک را تر می‌کند / گوییا ز استیزه، ضد بر می‌تند

لیک آن دو ضدّ استیزه نما / یکدل و یک کار باشند ای فتا

هر نبی و هر ولی را مسلکی است / لیک تا حق می‌برد، جمله یکی است

چون که جمع مستمع را خواب برد / سنگ‌های آسیا را آب برد

۱۵۰. روی در کشیدن سخن از ملالت مستمعان

رفتن این آب فوق آسیاست
رفتنش در آسیا بهر شماست

چون شما را حاجت طاحون نماند
آب را در جوی اصلی باز راند

ناطقه سوی دهان، تعلیم راست
ور نه خود آن آب را جویی جداست

می رود بی بانگ و بی تکرارها
تَحْتَهَا الْأَنْهَارُ تا گلزارها

ای خدا جان را تو بنما آن مقام
کاندر او بی حرف می‌روید کلام

تا که سازد جان پاك از سر قدم
سوی عرصهٔ دور پهنای عدم

عرصه ای بس با گشاد و با فضا
وین خیال و هست یابد زو نوا

تنگتر آمد خیالات از عدم
ز آن سبب باشد خیال اسباب غم

باز هستی تنگتر بود از خیال
ز آن شود در وی قمر همچون هلال

باز هستی جهان حس و رنگ
تنگتر آمد که زندانی است تنگ

علت تنگی است ترکیب و عدد
جانب ترکیب حس‌ها می‌کشد

ز آن سوی حس عالم توحید دان
گر یکی خواهی بدان جانب بران

امر کن یك فعل بود و نون و کاف
در سخن افتاد و معنی بود صاف

این سخن پایان ندارد باز گرد
تا چه شد احوال گرگ اندر نبرد

۱۵۱. ادب کردن شیر گرگ را بجهۀ بی ادبی او

گرگ را بر کند سر آن سر فراز — تا نماند دو سری و امتیاز

فَانْتَقَمْنا مِنْهُمْ است ای گرگ پیر — چون نبودی مرده در پیش امیر

بعد از آن رو شیر با روباه کرد — گفت این را بخش کن از بهر خورد

سجده کرد و گفت کاین گاو سمین — چاشت خوردت باشد ای شاه مهین

و ین بز از بهر میان روز را — یخنیی باشد شه پیروز را

و آن دگر خرگوش بهر شام هم — شب چره، ای شاه با لطف و کرم

گفت ای روبه تو عدل افروختی — این چنین قسمت ز که آموختی

از کجا آموختی این ای بزرگ — گفت ای شاه جهان، از حال گرگ

گفت چون در عشق ما گشتی گرو — هر سه را برگیر و بستان و برو

روبها چون جملگی ما را شدی — چونت آزاریم چون تو ما شدی

ما ترا و جمله اشکاران ترا — پای بر گردون هفتم نه بر آ

چون گرفتی عبرت از گرگ دنی — پس تو روبه نیستی شیر منی

عاقل آن باشد که عبرت گیرد از — مرگ یاران در بلای محترز

روبه آن دم بر زبان صد شکر راند — که مرا شیر از پس آن گرگ خواند

گر مرا اول بفرمودی که تو — بخش کن این را، که بردی جان از او؟

پس سپاس او را که ما را در جهان — کرد پیدا از پس پیشینیان

تا شنیدیم آن سیاست‌های حق — بر قرون ماضیه اندر سبق

تا که ما از حال آن گرگان پیش — همچو روبه پاس خود داریم بیش

امت مرحومه زین رو خواندمان — آن رسول حق و صادق در بیان

استخوان و پشم آن گرگان عیان — بنگرید و پند گیرید ای مهان

عاقل از سر بنهد این هستی و باد — چون شنید انجام فرعونان و عاد

ور نه بنهد، دیگران از حال او — عبرتی گیرند از اضلال او

۱۵۳. تهدید کردن نوح علیه السلام مر قوم را که با من مپیچید که من رو پوشم در میان پس به حقیقت با خدای می پیچید ای مخذولان

گفت نوح اندر نصیحت قوم را　　در پذیرید از خدا آخر عطا

بنگرید ای سرکشان من من نیم　　من ز جان مردم، به جانان میزیم

چون ز جان مُردم بجانان زنده‌ام　　نیست مرگم تا ابد پاینده‌ام

چون بمردم از حواس بو البشر　　حق مرا شد سمع و ادراك و بصر

چون که من من نیستم این دم ز هوست　　پیش این دم هر که دم زد کافر اوست

هست اندر نقش این روباه، شیر　　سوی این روبه نشاید شد دلیر

گر ز روی صورتش می‌نگروی؟　　غرّش شیران از او می‌نشنوی؟

گر نبودی نوح را از حق یدی　　پس جهانی را چسان بر هم زدی

صد هزاران شیر بود او در تنی　　هر دو عالم را همی دید ارزنی

او برون رفته بُد از ما و منی　　او چو آتش بود و عالم خرمنی

چون که خرمن پاس عشر او نداشت　　او چنان شعله بر آن خرمن گماشت

هر که او در پیش این شیر نهان　　بی ادب چون گرگ، بگشاید دهان

همچو گرگ آن شیر بردرّاندش　　فَانْتَقَمْنا مِنْهُمْ بر خواندش

زخم یابد همچو گرگ از دست شیر　　پیش شیر ابله بود کاو شد دلیر

کاشکی آن زخم بر جسم آمدی　　تا بُدی کایمان و دل سالم بدی

قوّتم بگسست چون اینجا رسید　　چون توانم کرد این سرّ را پدید

لیک هم رمزی بگویم با شما　　بو که در یابید و گردید آشنا

همچو آن روبه، کم اشکم کنید　　پیش او روباه بازی کم کنید

جمله ما و من به پیش او نهید　　ملك ملك اوست، ملك او را دهید

چون فقیر آیید، اندر راه راست　　شیر و صید شیر، خود آن شماست

زآنکه او پاك است و سبحان وصف اوست — بی نیاز است او ز مغز و نغز و پوست
هر شکار و هر کراماتی که هست — از برای بندگان آن شه است
گفت الیس الله بکافٍ عبدهُ — تا نگردد بنده هر سو حیله جو
هر که او بر حق توکل می‌کند — او بجای خود تفضل می‌کند
نیست شه را طمع وبهر خلق ساخت — این همه دولت، خنك آن کاو شناخت
آنکه دولت آفرید و دو سرا — ملك و دولتها چکار آید و را؟
پیش سبحان بس نگه دارید دل — تا نگردید از گمان بد خجل
کاو ببیند سِرّ و فکر و جستجو — همچو اندر شیر خالص تار مو
آن که او بی نقش ساده سینه شد — نقشهای غیب را آیینه شد
سرّ ما را بی گمان موقن شود — ز آنکه مومن آینه مومن بود
مومنی او مومنی تو با گمان — در میان هر دو فرقی بیکران
چون زند این نقد ما را بر محك — پس یقین را باز داند او ز شك
چون شود جانش محك نقدها — پس ببیند نقد را و قلب را

۱۵۳. نشاندن پادشاهان صوفیان عارف را پیش روی خویش تا چشمشان بدیشان روشن شود

پادشاهان را چنان عادت بود / این شنیده باشی، ار یادت بود
دست چپشان پهلوانان ایستند / ز آنکه دل پهلوی چپ باشد ببند
مشرف و اهل قلم بر دست راست / زآنکه علم ثبت و خط آن دست راست
صوفیان را پیش رو موضع دهند / کاینهٔ جان اند و ز آیینه بهند
حاجبان این صوفیانند ای پسر / ساده و آزاده و افکنده سر
سینه ها صیقل زده در ذکر و فکر / تا پذیرد آینهٔ دل نقش بکر
هر که او از صلب فطرت خوب زاد / آینه در پیش او باید نهاد
عاشق آیینه باشد روی خوب / صیقل جان آمد از تَقْوَی القلوب

۱۵۴. آمدن مهمان پیش یوسف علیه السلام و تقاضا کردن یوسف از او تحفه و ارمغان

آمد از آفــاق یار مهربان — یوسف صدیق را شد میهمان
کآشنا بودند وقت کودکی — بر وسادهٔ آشنـائی متکی
یاد دادش جور اخوان و حسد — گفت آن زنجیر بود و ما اسد
عار نبود شیر را از سلسله — نیست ما را از قضای حق گله
شیر را بر گردن ار زنجیر بود — بر همه زنجیر سازان میر بود
گفت چون بودی تو در زندان و چاه — گفت همچون در محاق و کاست ماه
در محاق ار ماه نو گردد دو تا — نی در آخر بدر گردد بر سما
گر چه دُردانه به هاون کوفتند — نور چشم و دل شد و دفع گزند
گندمی را زیر خاك انداختند — پس ز خاکش خوشه ها بر ساختند
بار دیگر کوفتندش ز آســیا — قیمتش افزود و نان شد جان فزا
باز نان را زیر دندان کوفتند — گشت عقل و جان و فهم هوشمند
باز آن جان چونکه محو عشق گشت — یعْجِبُ الزُّرَّاعَ آمد بعد کشت
باز آن جان چون بحق او محو شد — باز ماند از سکر و سوی صحو شد
عالمی را زان صلاح آمد ثمر — قوم دیگر را فــلاح منتظر
این سخن پایان ندارد باز گرد — تا که با یوسف چه گفت آن نیك مرد

۱۵۵. طلب کردن یوسف علیه السلام ارمغان از میهمان

بعد قصه گفتنش گفت ای فلان
هین چه آوردی تو ما را ارمغان

بر در یاران تهی دست آمدن
هست بیگندم سوی طاحون شدن

حق تعالی خلق را گوید به حشر
ارمغان کو از برای روز نشر

جئتمونا و فرادی بی نوا
هم بدان سان که خلقناکم کذا

هین چه آوردید دست آویز را
ارمغانی روز رستــاخیز را

یا امید باز گشــتنتان نبود
وعدهٔ امــروز باطلتان نمود

وعدهٔ مهمانی اش را منکری
پس ز مطبخ خاك و خاکستر بری

ور نه ای منکر چنین دست تهی
بر در آن دوست پا چون می نهی

اندکی صرفه بکن از خواب و خور
ارمغان بهر ملاقاتش ببر

شو قلیل النوم مما یهجعون
باش در اسحار از یستغفرون

اندکی جنبش بکن همچون جنین
تا ببخشندت حواس نور بین

وز جهان چون رحم بیرون روی
از زمین در عرصهٔ واسع شوی

آنکه "ارض الله واسع" گفته‌اند
عرصه ای دان کانبیا در رفته‌اند

دل نگردد تنگ ز آن عرصهٔ فراخ
نخل تر آن جا نگردد خشك شاخ

حاملی تو مر حواست را کنون
کند و مانده می‌شوی و سر نگون

چون که محمولی نه حامل وقت خواب
ماندگی رفت و شدی بی پیچ و تاب

چاشنیی دان تو حال خواب را
پیش محمــولی حال اولیا

اولیا اصحاب کهفنــد ای عنود
در قیام و در تقلب هُمْ رقود

می‌کشدشان بی تکلف در فعال
بی خبر ذات الیمین ذات الشمال

چیست آن ذات الیمین؟ فعل حسن
چیست آن ذات الشمال؟ اشغال تن

گر تو بینی شان بدشواری درون
نیستشان خوفی و لا هم یحزنون

می‌رود این هر دو از مردم پدید
بیخبر زین هر دو ایشان در مزید

می‌رود این هر دو کار از انبیا بی خبر زین هر دو ایشان چون صدا
گر صدایت بشنواند خیر و شر ذات که باشد ز هر دو بیخبر

۱۵۶. گفتن مهمان یوسف علیه السلام را که ارمغان بهر تو آئینه آورده‌ام تا چون در آن نگری مرا یاد آوری

گفت یوسف هین بیاور ارمغان　　او ز شرم این تقاضا در فغان
گفت من چند ارمغان جستم ترا　　ارمغانی در نظر نامد مرا
حبّه ای را جانب کان چون برم　　قطره ای را سوی عمان چون برم
زیره را من سوی کرمان آورم　　گر به پیش تو دل و جان آورم
نیست تخمی، کاندر این انبار نیست　　غیر حسن تو، که آن را یار نیست
لایق آن دیدم که من آیینه ای　　پیش تو آرم چو نور سینه ای
تا ببینی روی خوب خود در آن　　ای تو چون خورشید شمع آسمان
آینـه آوردمـت ای روشـنی　　تا چو بینی روی خود یادم کنی
آینه بیرون کشید او از بغل　　خوب را آیینه باشد مشتغل
آینهٔ هستی چه باشد؟ نیستی　　نیستی بگزین گر تو ابله نیستی
هستی اندر نیستی بتوان نمود　　مال داران بر فقیر آرند جود
آینهٔ صافی نان خود گرسنه ست　　سوخته هم آینهٔ آتش زنه ست
نیستی و نقص هر جایی که خاست　　آینهٔ خوبی جملهٔ هست هاست
بهر آنکه نیسـتی پالودگیست　　وآنچه این هستی همه آلودگی است
چون که جامه چُست و دوزیده بود　　مظهر فرهنگ درزی چون شود
ناتراشیده همی باید جذوع　　تا دروگر اصل سازد یا فروع
خواجهٔ "اشکسته بند" آن جا رود　　که در آن جا پای اشکسته بود
کی شود؟ چون نیست رنجور نزار　　آن جمال صنعتِ طبّ آشکار
خواری و دونی مسها بر ملا　　گر نباشد کی نماید کیمیا
نقصها آییـنهٔ وصف کمـال　　و آن حقارت آینهٔ عز و جلال

زآنکه ضد را، ضد کند پیدا یقین
ز آن که با سرکه پدید است انگبین

هر که نقص خویش را دید و شناخت
اندر استکمال خود دو اسبه تاخت

زآن نمی پرد به سوی ذو الجلال
کاو گمانی می‌برد خود را کمال

علتی بدتر ز پندار کمال
نیست اندر جانت ای مغرور ضال

از دل و از دیده ات بس خون رود
تا ز تو این معجبی بیرون شود

علت ابلیس "انا خیر" بُدست
وین مرض در نفس هر مخلوق هست

گر چه خود را بس شکسته بیند او
آب صافی دان و سرگین زیر جو

چون بشورانی مر او را ز امتحان
آب سرگین رنگ گردد در زمان

در تگ جو هست سرگین ای فتی
گر چه جو صافی نماید مر ترا

هست پیر راه دان پر فطن
باغهای نفس کل را جوی کن

جوی خود را کی تواند پاك کرد؟
نافع از علم خدا شد علم مرد

آب جو سرگین نتاند پاک کرد
جهل نفسش را نروبد علم مرد

کی تراشد تیغ دستهٔ خویش را
رو به جراحی سپار این ریش را

بر سر هر ریش جمع آید مگس
تا نبینند قبح ریش خویش کس

وآن مگس، اندیشه‌ها و آمال تو
ریش تو آن ظلمت احوال تو

ور نهد مرهم بر آن ریش تو پیر
آن زمان ساکن شود درد و نفیر

تو نپنداری که صحت یافته است
پرتو مرهم بر آن جا تافته است

هین ز مرهم سر مکش ای پشت ریش
وآن ز پرتو دان، مدان از اصل خویش

این سخن پایان ندارد ای جوان
بشنو اکنون قصه ای در ضمن آن

۱۵۷. مرتد شدن کاتب وحی بسبب آنکه پرتو وحی بر وی زد و آن آیه را پیش از پیغمبر خواند و گفت من هم محل وحیم

پیش از عثمان، یکی نساخ بود
کاو به نسخ وحی، جدّی می‌نمود

چون نبی از وحی فرمودی سبق
او همان را وانوشتی بر ورق

پرتو آن وحی بر وی تافتی
او درون خویش حکمت یافتی

عین آن حکمت بفرمودی رسول
زین قدر گمراه شد آن بوالفضول

کانچه می‌گوید رسول مستنیر
مر مرا هست آن حقیقت در ضمیر

پرتو اندیشه اش زد بر رسول
قهر حق آورد بر جانش نزول

پرتو آن ناگهش بر دل بتافت
در درون خویشتن حرفی نیافت

هم ز نساخی بر آمد هم ز دین
شد عدوی مصطفی از روی کین

مصطفی فرمود: کای گبر عنود
چون سیه گشتی اگر نور از تو بود؟

گر تو ینبوع الهی بوده‌ای
این چنین آب سیه نگشوده‌ای

اندرون میسوختش هم زین سبب
توبه کردن می نیارست، این عجب

تا که ناموسش به پیش این و آن
نشکند، بر بست از توبه دهان

آه می کرد و، نبودش آه سود
چون در آمد تیغ و سر را در ربود

کرده حق ناموس را صد من حدید
ای بسا بسته به بند ناپدید

کبر و کفر آن سان ببست آن راه را
که نـیارد کرد ظاهر آه را

گفت اغلالا فهم بـه مقمحون
نیست آن اغلال ما را از برون

خلفهــــم سدا فأغـشیناهم
می‌نبیند بند را پیش و پس او

رنگ صحرا دارد آن سدّی که خاست
او نمی داند که آن سدّ قضاست

شاهد تو، سدّ روی شاهد است
مرشد تو، سدّ گفت مرشد است

ای بسا کفار را سودای دین
بندشان ناموس و کبر و آن و این

بند پنهان، لیك از آهن بتر
بند آهن را کند پاره تبر

بند آهن را توان کردن جدا
بند غیبی را نداند کس دوا

مرد را زنبور اگر نیشی زند
طبع او آن لحظه بر دفعی تند

زخم نیش اما چو از هستی توست
غم قوی باشد، نگردد درد سُست

شرح این از سینه بیرون می جهد
لیك می ترسم که نومیدی دهد

نی مشو نومید و خود را شاد کن
پیش آن فریادرس فریاد کن

کای محب عفو، از ما عفو کن
ای طبیب رنج ناسور کهن

عکس حکمت آن شقی را یاوه کرد
خود مبین، تا بر نیارد از تو گرد

ای برادر بر تو حکمت، جاریه است
آن ز ابدال است و بر تو عاریه است

گر چه در خود خانه نوری تافته است
آن ز همسایه منور یافته است

شکر کن، غرّه مشو، بینی مکن
گوش دار و هیچ خود بینی مکن

صد دریغ و درد کاین عاریتی
معجبان را دور کرد از امتی

من غلام آن که او در هر رباط
خویش را واصل نداند بر سماط

بس رباطی که بباید ترك کرد
تا به مَسکن در رسد یك روز مرد

گر چه آهن سرخ شد، او سرخ نیست
پرتو عاریت آتش زنی است

گر شود پر نور روزن یا سرا
تو مدان روشن مگر خورشید را

ور در و دیوار گوید روشنم
پرتو غیری ندارم این منم

پس بگوید آفتاب ای نارشید
چون که من غارب شوم، آید پدید

سبزه ها گویند ما سبز از خودیم
شاد و خندانیم و بس زیبا خدیم

فصل تابستان بگوید ای امم
خویش را بینید چون من بگذرم

تن همی نازد به خوبی و جمال
روح پنهان کرده فرّ و پرّ و بال

گویدش کای مزبله تو کیستی؟
یك دو روز از پرتو من زیستی

غنج و نازت می‌نگنجد در جهان
باش تا که من شوم از تو جهان

گرم دارانت تو را گوری کنند
کشکشانت در تک گور افکنند

تا که چون در گور یارانت کنند / طعمهٔ موران و مارانت کنند
بینی از گند تو گیرد آن کسی / که به پیش تو همی مردی بسی
پرتو روح است نطق و چشم و گوش / پرتو آتش بود در آب جوش
آنچنان که پرتو جان بر تن است / پرتو ابدال بر جان من است
جان جان چون واکشد پا را ز جان / جان چنان گردد که بی جان تن، بدان
سر از آن رو می‌نهم من بر زمین / تا گواه من بود در یوم دین
یوم دین که زلزلت زلزال‌ها / این زمین باشد گواه حال‌ها
کاو تحدث جهرة أخبارها / در سخن آید زمین و خاره‌ها
فلسفی گوید ز معقولات دون / عقل از دهلیز می‌ماند برون
فلسفی منکر شود در فکر و ظن / گو برو سر را بر آن دیوار زن
نطق آب و نطق خاك و نطق گل / هست محسوس حواس اهل دل
فلسفی کاو منکر حنانه است / از حواس اولیا بیگانه است
گوید او که پرتو سودای خلق / بس خیالات آورد در رای خلق
بلکه عکس آن، فساد و کفر او / این خیال منکری را زد بر او
فلسفی مر دیو را منکر شود / در همان دم سخرهٔ دیوی بود
گر ندیدی دیو را، خود را ببین / بی جنون نبود کبودی بر جبین
هر که را در دل شك و پیچانی است / در جهان او فلسفی پنهانی است
می نماید اعتقاد او گاه گاه / آن رگ فلسف کند رویش سیاه
الحذر ای مومنان کان در شماست / در شما بس عالم بی منتهاست
جمله هفتاد و دو ملت در تو است / وه که آن روزی بر آرد از تو دست
هر که او را برگ این ایمان بود / همچو برگ از بیم، او لرزان بود
بر بلیس و دیو زآن خندیده‌ای / که تو خود را نیك مردم دیده‌ای
چون کند جان باژگونه پوستین / چند واویلا بر آید ز اهل دین
بر دکان هر زرنما خندان شده است / ز آنکه سنگ امتحان پنهان شده است

پرده‌ای ستار، از ما بر مگیر / باش اندر امتحان ما را مجیر
قلب پهلو می‌زند با زر به شب / انتظار روز می‌دارد ذهب
با زبان حال زر گوید که باش / ای مزور تا بر آید روز فاش
صد هزاران سال ابلیس لعین / بود ز ابدال و امیر المؤمنین
پنجه زد با آدم از نازی که داشت / گشت رسوا همچو سرگین وقت چاشت
پنجه با مردان مزن ای بوالحوس / بر تر از سلطان چه میرانی فرس

۱۵۸. دعا کردن بلعم باعور که موسی و قومش را از این شهر که حصار داده‌اند بی مراد باز گردان و مستجاب شدن

بلعم باعور را خلق جهان
سغبه شد مانند عیسای زمان

سجده ناوردند کس را دون او
صحت رنجور بود افسون او

پنجه زد با موسی از کبر و کمال
آن چنان شد که شنیدستی تو حال

صد هزار ابلیس و بلعم در جهان
همچنین بوده است پیدا و نهان

این دو را مشهور گردانید اله
تا که باشند این دو بر باقی گواه

رهزنان را در بیابان چون کشند
یک دو تن را سوی ده زایشان کشند

تا ببینند اهل ده گیرند پند
رؤیت ایشان بودشان همچو بند

این دو دزد آویخت بر دار بلند
ور نه‌اندر شهر بس دزدان بُدند

این دو را پرچم به سوی شهر برد
کشتگان قهر را نتوان شمرد

نازنینی تو ولی در حد خویش
الله الله، پا منه زاندازه بیش

گر زنی بر نازنین تر از خودت
در تگ هفتم زمین زیر آردت

قصهٔ عاد و ثمود از بهر چیست؟
تا بدانی کانبیا را نازکی است

این نشان خسف و قذف و صاعقه
شد بیان عز نفس ناطقه

جمله حیوان را پی انسان بکش
جمله انسان را بکش از بهر هش

هش چه باشد عقل کل ای هوشمند
عقل جزوی هش بود، اما نژند

جمله حیوانات وحشی ز آدمی
باشد از حیوان انسی در کمی

خون آنها خلق را باشد سبیل
ز انکه وحشی اند از عقل جلیل

خون ایشان خلق را باشد روا
زانکه انسان را نیند ایشان سزا

عزت وحشی بدان ساقط شده است
کامر انسان را مخالف آمده است

پس چه عزت باشدت ای نادره
چون شدی تو "حُمُرٌ مستنفرة"

خر نشاید کشت از بهر صلاح	چون بود وحشی شود خونش مباح
گر چه خر را دانش زاجر نبود	هیچ معذورش نمی‌دارد ودود
پس چو وحشی شد از آن دم آدمی	کی بود معذور، ای یار سمی
لاجرم کفار را خون شد مباح	همچو وحشی پیش نشاب و رماح
جفت و فرزندانشان جمله سبیل	ز آنکه بی عقلند و مطرود و ذلیل
باز عقلی کو رمد از عقل عقل	کرد از عقلی به حیوانات نقل

۱۵۹. اعتماد کردن هاروت و ماروت بر عصمت خویش در هر فتنه ای

همچو هاروت و چو ماروت شهیر / از بطر خوردند زهر آلود تیر
اعتمادی بودشان بر قدس خویش / چیست بر شیر اعتماد گاومیش؟
گر چه او با شاخ صد چاره کند / شاخ شاخش شیر نر پاره کند
گر شود پر شاخ همچون خار پشت / شیر خواهد گاو را ناچار کشت
باد صرصر کو درختان میکند / با گیاه پست احسان میکند
بر ضعیفی گیاه آن باد تند / رحم کرد، ای دل، تو از قوت ملند
تیشه را ز انبوهی شاخ درخت / کی هراس آید؟ ببرد، لخت لخت
لیک بر برگی نکوبد خویش را / جز که بر ریشه نکوبد نیش را
شعله را ز انبوهی هیزم چه غم؟ / کی رمد قصاب زانبوهی غنم؟
پیش معنی چیست صورت؟ بس زبون / چرخ را معنیش میدارد نگون
تو قیاس از چرخ دولابی بگیر / گردشش از کیست؟ از عقل منیر
گردش این قالب همچون سپر / هست از "روح مستتر" ای پسر
گردش این باد از معنی اوست / همچو چرخی کو اسیر آب جوست
جر و مد و دخل و خرج این نفس / از که باشد؟ جز ز جان پر هوس؟
گاه جیمش میکند گه حا و دال / گاه صلحش میکند گاهی جدال
گه یمینش میبرد گاهی یسار / گه گلستان میکند، گاهیش خار
همچنین این آب را یزدان پاک / کرد بر فرعون خون سهمناک
همچنین این باد را یزدان ما / کرده بُد بر عاد همچون اژدها
باز هم آن باد را بر مومنان / کرده بُد صُلح و مراعات و امان
گفت المعنی هو الله شیخ دین / بحر معنی‌هاست رب العالمین
جمله اطباق زمین و آسمان / همچو خاشاکی بر آن بحر روان
حمله ها و رقص خاشاک اندر آب / هم ز آب آمد به وقت اضطراب

چون که ساکن خواهدش کرد از مِرا   سوی ساحل افکند خاشاک را
چون کشد از ساحلش در موج گاه   آن کند با او که آتش با گیاه
این حدیث آخر ندارد باز ران   جانب هاروت و ماروت ای جوان

۱۶. باقی قصهٔ هاروت و ماروت و نکال و عقوبت ایشان

چون گناه و فسق خلقان جهان   می‌شدی روشن به ایشان آن زمان
دست خاییدن گرفتندی ز خشم   لیک عیب خود ندیدندی به چشم
خویش در آئینه دید آن زشت مرد   رو بگردانید از آن و خشم کرد
"خویش بین" چون از کسی جرمی بدید   آتشی در وی ز دوزخ شد پدید
حمیت دین خواند او، آن کبر را   ننگرد در خویش، نفس گبر را
حمیت دین را نشانی دیگر است   که از آن آتش جهانی اخضر است
گفت حقشان، گر شما روشان گرید؟   در سیه کاران مغفل منگرید
شکر گوئید ای سپاه و چاکران   رسته اید از شهوت و از چاک ران
گر از آن معنی نهم من بر شما   مر شما را پیش نپذیرد سما
عصمتی گر مر شما را در تن است   آن ز عکس عصمت و حفظ من است
آن ز من بینید نز خود، هین و هین   تا نچربد بر شما دیو لعین
آن چنان کان کاتب وحی رسول   دید در خود حکمت و نور وصول
خویش را هم لحن مرغان خدا   می شمرد، آن بُد صفیری چون صدا
لحن مرغان را اگر واصف شوی   بر ضمیر مرغ کی واقف شوی؟
گر بیاموزی صفیر بلبلی   تو چه دانی کاو چه دارد با گلی؟
ور بدانی از قیاس و از گمان   باشد آن برعکس آن، ای ناتوان
باشد آن تصویر تو در امتهان   چون ز لب جنبان گمان‌های کران

۲۴۴

۱۶۱. به عیادت رفتن کر بر همسایه‌ی رنجور خویش

آن کری را گفت افزون مایه‌ای
که ترا رنجور شد همسایه‌ای
گفت با خود کر که با گوش گران
من چه دریابم ز گفت آن جوان
خاصه رنجور و ضعیف آواز شد
لیک باید رفت آن جا نیست بد
چون ببینم کان لبش جنبان شود
من قیاسی گیرم آن را از خرد
چون بگویم "چونی ای محنت کشم؟"
او بخواهد گفت "نیکم" یا "خوشم"
من بگویم "شکر، چه خوردی ابا"
او بگوید "شربتی" یا "ماشبا"
من بگویم "صحّ نوشت کیست آن
از طبیبان پیش تو؟" گوید "فلان"
من بگویم "بس مبارک پاست او
چون که او آمد شود کارت نکو"
پای او را آزمودستیم ما
هر کجا شد می‌شود حاجت روا
این جوابات قیاسی راست کرد
عکس آن واقع شد ای آزاد مرد
گوئیا رنجور را خاطر ز کر
اندکی رنجیده بود ای پر هنر
کر در آمد پیش رنجور و نشست
بر سر او خوش همی مالید دست
گفت "چونی؟" گفت "مُردم" گفت "شکر"
شد از این رنجور پر آزار و نکر
کین چه شکر است این عدوی ما بُد است
کر قیاسی کرد و آن کژ آمده است
بعد از آن گفتش "چه خوردی؟" گفت "زهر"
گفت "نوشت باد" افزون گشت قهر
بعد از آن گفت "از طبیبان کیست او
کاو همی آید به چاره پیش تو؟"
گفت "عزراییل می‌آید برو"
گفت "پایش بس مبارک، شاد شو"
این زمان از نزد او آیم برت
گفتم او را تا که گردد غمخورت
کر برون آمد بگفت او شادمان
"شکر کش کردم مراعات این زمان"
خود گمانش از کری معکوس بود
این زیان محض را پنداشت سود
رو بره می‌گفت با خود از عمی
"شکر که کردم عیادت جار را"
گفت رنجور این عدوی جان ماست
ما ندانستیم کاو کان جفاست

خاطر رنجور جویان صد سقط
تا که پیغامش کند از هر نمط

چون کسی که خورده باشد آش بد
می بشوراند دلش تا قی کند

"کظم غیظ" این است آن را قی مکن
تا بیابی در جزا شیرین سخن

چون نبودش صبر می پیچید او
کاین سگ زن روسپی حیز کو

تا بریزم بر وی آن چه گفته بود
کان زمان شیر ضمیرم خفته بود

چون عیادت بهر دل آرامی است
این عیادت نیست، دشمن کامی است

تا ببیند دشمن خود را نزار
تا بگیرد خاطر زشتش قرار

بس کسان کایشان عبادت‌ها کنند
دل به رضوان و ثواب آن نهند

خود حقیقت معصیت باشد خفی
بس کدر، کان را تو پنداری صفی

همچو آن کر، کو همی پنداشته ست
که نکویی کرد و آن خود بَد بُدَست

او نشسته خوش که خدمت کرده‌ام
حق همسایه به جا آورده‌ام

بهر خود او آتشی افروخته ست
در دل رنجور و خود را سوخته ست

فاتقوا النار التی أوقدتم
إنکم فی المعصیة ازددتم

گفت پیغمبر به یك صاحب ریا
صل إنك لم تصل یا فتی

از برای چارهٔ این خوفها
آمد اندر هر نمازی "اهدنا"

کاین نمازم را میامیز ای خدا
با نماز ضالین و اهل ریا

از قیاسی که بکرد آن کر گزین
صحبت ده ساله باطل شد بدین

خاصه ای خواجه قیاس حس دون
اندر آن وحیی که شد از حد برون

گوش حس تو به حرف ار در خور است؟
دان که گوش غیب گیر تو کر است

۱۶۲. در بیان آنکه اول کسی که در مقابله نصّ صریح قیاس آورد ابلیس علیه اللعنه بود

اول آن کس کاین قیاسک‌ها نمود
پیش انوار خدا، ابلیس بود

گفت نار از خاك بی شك بهتر است
من ز نار و او ز خاك اکدر است

پس قیاس فرع بر اصلش کنیم
او ز ظلمت ما ز نور روشنیم

گفت حق نی بلکه لا انساب شد
زهد و تقوی فضل را محراب شد

این نه میراث جهان فانی است
که بر انسابش پیاپی جانی است

بلکه این میـــراث‌های انبیاست
وارث این جان‌های اتقـــیاست

پور آن بو جهل شد مومن عیان
پور آن نوح نبی از گمرهان

زادهٔ خاکی منور شد چو ماه
زادهٔ آتش توئی ای رو سیاه

این قیاسات و تحرّی روز ابر
یا به شب، مر قبله را کرده است حبر

لیك با خورشید و کعبه پیش رو
این قیاس و این تحرّی را مجو

کعبه نادیده مکن رو زو متاب
از قیاس الله أعلم بالصواب

چون صفیری بشنوی از مرغ حق
ظاهرش را یاد گیری چون سبق

وانگهی از خود قیاساتی کنی
مر خیال محض را ذاتی کنی

اصطلاحاتی است مر ابدال را
که نباشد ز آن خبر غفال را

منطق الطیری به صوت آموختی
صد قیاس و صد هوس افروختی

همچو آن رنجور دلها از تو خست
کر به پندار اصابت گشته مست

کاتب آن وحی ز آن آواز مرغ
برده ظنی که منم انباز مرغ

مرغ پری زد مر او را کور کرد
نك فرو بردش به قعر مرگ و درد

هین به ظنی یا به عکسی هم شما
در میفتید از مقامات سما

گر چه هاروتید و ماروت و فزون
از همه بر بام نحنُ الصّافون

بر بدیهای بدان رحمت کنید
بر منی و خویش بینی کم تنید

هین مبادا غیرت آید از کمین
سر نگون افتید در قعر زمین

هر دو گفتند ای خدا فرمان تراست	بی امان تو امانی خود کجاست؟
این همی گفتند و دلشان می‌طپید	بد کجا آید ز ما، نعم العبید
خار خار دو فرشته هم نهشت	تا که تخم خویش بینی را نکشت
پس همی گفتند کای ارکانیان	بی خبر از پاکی روحانیان
ما بر این گردون تتقها می‌تنیم	بر زمین آییم و شادُروان زنیم
هر دوشان گفتند ما را باک نیست	که سرشت ما ز آب و خاک نیست
عدل ورزیم و عبادت آوریم	باز هر شب سوی گردون بر پریم
تا شویم اعجوبهٔ دور زمان	تا نهیم اندر زمین امن و امان
این قیاس حال گردون بر زمین	راست ناید فرق دارد در کمین

۱۶۳. در بیان آن که حال خود و مستی خود پنهان باید داشت

بشنو الفاظ حکیم بُرده‌ای
سر همانجا نه که باده خورده‌ای

چون که از میخانه مستی ضال شد
تسخر و بازیچهٔ اطفال شد

می فتد او سو به سو در هر رهی
در گِل و می‌خنددش هر ابلهی

او چنین و کودکان اندر پی اش
بی خبر از مستی و ذوق می اش

خلق اطفال اند جز مست خدا
نیست بالغ جز رهیده از هوا

گفت "دنیا لعب و لهو است و شما
کودکید" و راست فرماید خدا

از لعب بیرون نرفتی کودکی
بی ذکات روح کی باشد ذکی

چون جماع طفل دان این شهوتی
که همی رانند اینجا ای فتی

آن جماع طفل چه بود بازئی
با جماع رستمی و غازئی

جنگ خلقان همچو جنگ کودکان
جمله بی معنی و بی مغز و مهان

جمله با شمشیر چوبین جنگشان
جمله در لاینفعی آهنگشان

جمله شان گشته سواره بر نیی
کاین براق ماست یا دلدل پئی

حامل اند و خود ز جهل افراشته
راکب و محمول ره پنداشته

باش تا روزی که محمولان حق
اسب تازان بگذرند از نه طبق

تعرج الروح إلیه و الملك
من عروج الروح یهتز الفلك

همچو طفلان جمله تان دامن سوار
گوشهٔ دامن گرفته اسب وار

از حق إِنَّ الظَّنَّ لا یغْنِی رسید
مرکب ظنّ بر فلک ها کی دوید؟

اغلب الظنین فی ترجیح ذا
لا تماری الشمس فی توضیحها

آفتاب حق چو گردد مستوی
در قیامت بر رشید و بر غوی

آن گهی بینید مرکب‌های خویش
مرکبی سازیده‌اید از پای خویش

وهم و فکر و حس و ادراکات ما
همچو نی دان، مرکب کودك هلا

علمهای اهل دل حمـالشان
علمهای اهـل تن احمالشان

علم چون بر دل زند یاری شود / علم چون بر تن زند باری شود

گفت ایزد: یحمل اسفاره / بار باشد علم کان نبود ز هو

علم کان نبود ز هو بیواسطه / آن نپاید، همچو رنگ ماشطه

لیك چون این بار را نیکو کشی / بار بر گیرند و بخشندت خوشی

هین مَکِش بهر هوا آن بار علم / تا شوی راکب تو بر رهوار علم

هین بکِش بهر خدا این بار علم / تا ببینی در درون انبار علم

تا که بر رهوار علم آیی سوار / آنگهان افتد ترا از دوش بار

از هواها کی رهی بی جام هو / ای ز هو قانع شده با نام هو

از صفت و ز نام چه زاید؟ خیال / و آن خیالش هست دلال وصال

دیده ای دلال بی مدلول؟ هیچ / تا نباشد جاده نبود غول هیچ

هیچ نامی بی حقیقت دیده‌ای؟ / یا ز گاف و لام گُل، گُل چیده‌ای؟

اسم خواندی، رو مُسمی را بجو / مَه به بالا دان، نه‌اندر آبِ جو

گر ز نام و حرف خواهی بگذری / پاك کن خود را ز خود هان یك سری

همچو آهن، ز آهنی بیرنگ شو / در ریاضت آینهٔ بی زنگ شو

خویش را صافی کن از اوصاف خویش / تا ببینی ذاتِ پاكِ صافِ خویش

بینی اندر دل علومِ انبیا / بی کتاب و بی معید و اوستا

گفت پیغمبر که: هست از اُمَتم / کاو بود هم گوهر و، هم همتم

مَر مَرا زآن نور بیند جانشان / که من ایشان را همی بینم بدان

بی صحیحین و احادیث و روات / بلکه‌اندر مشرب آب حیات

سر "امسینا لکردیاً" بدان / راز "اصبحنا عرابیاً" بخوان

سرِّ امسینا و اصبحنا تو را / می‌رساند جانب راهِ خدا

ور مثالی خواهی از علم نهان / قصه گو از رومیان و چینیان

١٦٤. قصه مری کردن رومیان و چینیان در صفت نقاشی

چینیان گفتند: ما نقاش تر — رومیان گفتند: ما را کرّ و فرّ
گفت سلطان: امتحان خواهم در این — کز شما خود کیست در دعوی گزین
چینیان گفتند: خدمتها کنیم — رومیان گفتند: در حکمت تنیم
اهل چین و روم در بحث آمدند — رومیان در علم واقف تر بُدند
چینیان گفتند: یك خانه به ما — خاص بسپارید و یك آن شما
بود دو خانه مقابل دربدر — ز آن یکی چینی ستد، رومی دگر
چینیان صد رنگ از شه خواستند — پس خزینه باز کرد آن ارجمند
هر صباحی از خزینه رنگها — چینیان را راتبه بود از عطا
رومیان گفتند نه نقش و نه رنگ — در خور آید کار را، جز دفع زنگ
در فرو بستند و صیقل می‌زدند — همچو گردون صافی و ساده شدند
از دو صد رنگی به بی رنگی رهی است — رنگ چون ابر است و بی رنگی مَهی است
هر چه‌اندر ابر ضو بینی و تاب — آن ز اختر دان و ماه و آفتاب
چینیان چون از عمل فارغ شدند — از پی شادی دُهُل‌ها می‌زدند
شه در آمد دید آن جا نقش‌ها — می ربود آن عقل را و فهم را
بعد از آن آمد به سوی رومیان — پرده را بالا کشیدند از میان
عکس آن تصویر و آن کردارها — زد بر این صافی شده دیوارها
هر چه آن جا بود اینجا به نمود — دیده را از دیده خانه می‌ربود
رومیان آن صوفیانند ای پدر — بی ز تکرار و کتاب و نی هنر
لیك صیقل کرده‌اند آن سینه ها — پاك از آز و حرص و بخل و کینه ها
سینه ها صیقل زده در ذکر و فکر — از پی اظهار آن معنی بکر
آن صفای آینه وصف دل است — صورت بی منتها را قابل است
صورت بی صورت بی حد غیب — ز آینهٔ دل تافت بر موسی ز جیب
گر چه این صورت نگنجد در فلك — نی به عرش و فرش و دریا و سمك

ز آن که محدود است و معدود است آن / آینهٔ دل را نباشد حد، بدان
عقل اینجا ساکت آمد یا مضل / ز آنکه دل با اوست یا خود اوست دل
عکس هر نقشی نتابد تا ابد / جز ز دل، هم با عدد، هم بی عدد
تا ابد نو نو صور کاید بر او / می‌نماید بی حجابی اندر او
اهل صیقل رسته‌اند از بوی و رنگ / هر دمی بینند خوبی بی درنگ
نقش و قشر علم را بگذاشتند / رایت عین الیقین افراشتند
رفت فکر و روشنایی یافتند / برّ و بحر آشنایی یافتند
مرگ کز وی جمله اندر وحشت اند / می‌کنند آن قوم بر وی ریشخند
کس نیابد بر دل ایشان ظفر / بی صدف گشتند ایشان پر گهر
گر چه نحو و فقه را بگذاشتند / لیک محو و فقر را برداشتند
تا نقوش هشت جنت تافته است / لوح دلشان را پذیرا یافته است
برترند از عرش و کرسی و خلا / ساکنان مقعد صدق خدا
صد نشان دارند و محو مطلق‌اند / چه نشان؟ بل عین دیدار حق‌اند

۱۶۵. پرسیدن پیغمبر صلی الله علیه وآله مر زید را که‌امروز چونی و چگونه از خواب برخاستی و جواب او که "اصبحت مومنا حقا"

گفت پیغمبر صباحی زید را / کیف اصبحت ای رفیق با صفا؟
گفت عبدا مومنا، باز اوش گفت / کو نشان از باغ ایمان گر شگفت؟
گفت تشنه بوده‌ام من روزها / شب نخفتستم ز عشق و سوزها
تا ز روز و شب گذر کردم چنان / که ز اِسپَر بگذرد نوك سنان
که از آن سو جملهٔ ملت یکیست / صد هزاران سال و یك ساعت یکیست
هست ازل را و ابد را اتحاد / عقل را ره نیست آن سو ز افتقاد
گفت از این ره کو رهاوردی؟ بیار / در خور فهم و عقول این دیار
گفت خلقان چون ببینند آسمان / من ببینم عرش را با عرشیان
هشت جنت هفت دوزخ پیش من / هست پیدا همچو بت پیش شمن
یك به یك وا می‌شناسم خلق را / همچو گندم من ز جو در آسیا
که بهشتی که و بیگانه کی است / پیش من پیدا چو مار و ماهی است
روز زادن روم و زنگ و هر گروه / یوم تبیضّ و تسودّ وجوه
این زمان پیدا شده بر این گروه / از حبش بودند یا از چین گروه
پیش از این هر چند جان پر عیب بود / در رحم بود و ز خلقان غیب بود
الشقی من شقی فی بطن ام / من سمات الجسم یعرف حالهم
تن چو مادر طفل جان را حامله / مرگ درد زادن است و زلزله
جمله جانهای گذشته منتظر / تا چگونه زاید این جان بطر
زنگیان گویند خود از ماست او / رومیان گویند بس زیباست او
چون بزاید در جهان جان وجود / پس نماند اختلاف بیض و سود
گر بود زنگی برندش زنگیان / ور بود رومی کِشندش رومیان

تا نزاد او، مشکلات عالم است	آن که نازاده شناسد، او کم است
او مگر ینظر بنور الله بود	کاندرون پوست او را ره بود
اصل آب نطفه اسپید است و خوش	لیك عکس جان، رومی و حبش
می‌دهد رنگ احسن التقویم را	تا به اسفل می‌برد این نیم را
یوم تبیـــضّ و تســودّ وجوه	ترك و هندو شهره گردد زین گروه
فاش گردد که تو کاهی یا که کوه	هندوئی یا ترک پیش هر گروه
در رحم پیدا نگردد هند و ترك	چون که زاید بیندش خرد و بزرگ
این سخن پایان ندارد باز ران	تا نـمانیم از قـــطار کـــاروان

١٦٦. بقیه جواب گفتن زید رسول خدا صلی الله علیه و آله را که احوال خلق بر من پوشیده نیست و همه را می‌شناسم

جمله را چون روز رستاخیز من / فاش می‌بینم عیان از مرد و زن
هین بگویم یا فرو بندم نفس / لب گزیدش مصطفی یعنی که بس
یا رسول الله بگویم سر حشر؟ / در جهان پیدا کنم امروز نشر؟
هِل مرا تا پرده ها را بر درم / تا چو خورشیدی بتابد گوهرم
تا کسوف آید ز من خورشید را / تا نمایم نخل را و بید را
وا نمایم راز رستاخیز را / نقد را و نقد قلب آمیز را
دستها ببریده اصحاب شمال / وانمایم رنگ کفر و رنگ آل
واگشایم هفت سوراخ نفاق / در ضیای ماه بی خسف و مِحاق
وانمایم من پَلاس اشقیا / بشنوانم طبل و کوس انبیا
دوزخ و جنات و برزخ در میان / پیش چشم کافران آرم عیان
وانمایم حوض کوثر را به جوش / کآب بر روشان زند بانگش به گوش
و آن کسان که تشنه بر گِردش دوان / گشته‌اند، این دم نمایم من عیان
وانکه تشنه گِرد کوثر می‌دوند / یک بیک را نام گویم که کیند
وانکسان که تشنه گردش می‌زیند / یک به یک را وانمایم که کیند
می بساید دوششان بر دوش من / نعره هاشان می‌رسد در گوش من
اهل جنت پیش چشمم ز اختیار / در کشیده یکدگر را در کنار
دست همدیگر زیارت می‌کنند / از لبان هم، بوسه غارت می‌کنند
کر شد این گوشم ز بانگ آه آه / از حنین و نعره واحسرتاه
این اشارت هاست گویم از نغول / لیك می ترسم ز آزار رسول
همچنین می‌گفت سر مست و خراب / داد پیغمبر گریبانش به تاب

گفت هین در کش که اسبت گرم شد
عکس حق لا یَسْتَحْیی زد شرم شد

آینه تو جست بیرون از غلاف
آینه و میزان کجا گوید خلاف؟

آینه و میزان کجا بندد نفس؟
بهر آزار و حیای هیچ کس

آینه و میزان محكها، ای سنی
گر دو صد سالش تو خدمتها کنی

کز برای من بپوشان راستی
بل فزون بنما و منما کاستی

اوت گوید ریش و سبلت بر مخند
آینه و میزان و آن گه ریو و بند

چون خدا ما را برای آن فراخت
که به ما بتوان حقیقت را شناخت

این نباشد، ما چه ارزیم ای جوان؟
کی شویم آیین روی نیکوان

لیك در کش در بغل آیینه را
گر تجلی کرد سینا سینه را

گفت آخر هیچ گنجد در بغل؟
آفتاب حق و خورشید ازل؟

هم دغل را، هم بغل را بر درد
نی جنون ماند به پیشش نی خرد

گفت يك اصبع چو بر چشمی نهی
بینی از خورشید عالم را تهی

يك سر انگشت، پرده ماه شد
وین نشان ساتری، الله شد

تا بپوشاند جهان را نقطه‌ای
مهر گردد منکسف از سقطه‌ای

لب ببند و غور دریایی نگر
بحر را حق کرد محکوم بشر

همچو چشمهٔ زنجبیل و سلسبیل
هست در حکم بهشتی جلیل

چار جوی جنت اندر حکم ماست
این نه زور ما، ز فرمان خداست

هر کجا خواهیم داریمش روان
همچو سحر اندر مراد ساحران

همچو این دو چشمهٔ چشم روان
هست در حکم دل و فرمان جان

گر بخواهد، رفت سوی زهر و مار
ور بخواهد، رفت سوی اعتبار

گر بخواهد، سوی محسوسات رفت
ور بخواهد، سوی ملبوسات رفت

گر بخواهد، سوی کلیات راند
ور بخواهد، حبس جزئیات ماند

همچنین هر پنج حس چون نایزه
بر مرادِ امر دل شد جایزه

هر طرف که دل اشارت کردشان
میدود هر پنج حس دامن کشان

دست و پا در امر دل اندر ملا
همچو اندر دست موسی آن عصا

دل بخواهد، پا در آید زو به رقص
یا گریزد سوی افزونی ز نقص

دل بخواهد، دست آید در حساب
با اصابع، تا نویسد او کتاب

دست در دست نهانی مانده است
او درون تن، برون بنشانده است

گر بخواهد، بر عدو ماری شود
ور بخواهد، بر ولی یاری شود

ور بخواهد، کفچه ای در خوردنی
ور بخواهد، همچو گرز ده منی

دل چه می گوید بدیشان، ای عجب
طرفه وصلت طرفه پنهانی سبب

دل مگر مهر سلیمان یافته است؟
که مهار پنج حس بر تافته است

پنج حسی از برون مأسور اوست
پنج حسی از درون مأمور اوست

ده حس است و هفت اندام و دگر
آنچه اندر گفت ناید، می شمر

چون سلیمانی دلا در مهتری
بر پری و دیو، زن انگشتری

گر در این ملکت بری باشی ز ریو
خاتم از دست تو نستاند، سه دیو

بعد از آن عالم بگیرد اسم تو
دو جهان محکوم تو، چون جسم تو

ور ز دستت دیو خاتم را ببرد
پادشاهی فوت شد، بختت بمرد

بعد از آن "یا حسرتا" شد للعباد
بر شما مختوم تا "یوم التناد"

ور تو دیو خویشتن را منکری
چون روی آنجا تو روشن بنگری

مکر خود را گر تو انکار آوری
از ترازو و آینه کی جان بری؟

این سخن پایان ندارد چون کنم؟
بعد از این بر قصه لقمان تنم

۱۶۷. متهم کردن غلامان و خواجه تاشان مر لقمان را که آن میوه های تر ونده که می آوردیم او خورده است

بود لقمان پیش خواجه خویشتن — در میان بندگانش خوار تن
می‌فرستاد او غلامان را به باغ — تا که میوه آیدش بهر فراغ
بود لقمان در غلامان چون طفیل — پر معانی، تیره صورت، همچو لیل
آن غلامان میوه های جمع را — خوش بخوردند از نهیب طمع را
خواجه را گفتند، لقمان خورد آن — خواجه بر لقمان ترش گشت و گران
چون تفحص کرد لقمان از سبب — در عتاب خواجه‌اش بگشاد لب
گفت لقمان سیدا، پیش خدا — بنده خائن نباشد مرتجی
امتحان را کار فرما ای کیا — شربت گرم آب ده بهر نما
امتحان کن جمله ما را ای کریم — سیرمان در ده تو از آب حمیم
بعد از آن ما را به صحرای کلان — تو سواره ما پیاده بر دوان
آن گهان بنگر تو بد کردار را — صنع‌های کاشـف الاسـرار را
گشت خواجه ساقی از آب حمیم — مر غلامان را و خوردند آن ز بیم
بعد از آن می‌راندشان در دشت‌ها — می‌دویدندی مـیان کشت‌ها
قی در افتادند ایشان از عنا — آب می‌آورد ز یشان میوه ها
چون که لقمان را در آمد قی ز ناف — می درآمد از درونش آب صاف
حکمت لقمان چو تاند این نمود — پس چه باشد حکمت رب الوجود؟
یوْمَ تُبْلَی، السَّرائِرُ کلها — بان منکم کامن لا یشتهی
چون سُقُوا ماءً حَمِیماً قطعت — جملة الأستار مما أفظعت
نار از آن آمد عذاب کافران — که حجر را نار باشد امتحان
آن دل چون سنگ را تا چند چند — پند گفتیم و، نمی‌پذرفت پند

ریش بد را داروی بد یافت رگ / مر سر خر را سزد دندان سگ
الخبیثات الخبیثین حکمت است / زشت را هم زشت جفت و بابت است
پس تو هر جفتی که می خواهی، برو / محو و هم رنگ صفات جفت شو
نور خواهی، مستعد شو، نور گیر / محو او باش و صفاتش را پذیر
ور رهی خواهی ازین سجن خرب / سر مکش از دوست، وَ اسْجُدْ وَ اقترب
سرکشان را بین سراسر در عذاب / سر بنه، والله اعلم بالصواب
این سخن پایان ندارد، خیز زید / بر براق ناطقه بر بند قید

۱۶۸. بقیه حکایت زید با پیغمبر صلی الله علیه و آله و جواب او به آنحضرت

ناطقه چون فاضح آمد عیب را / میدراند پرده های غیب را
غیب مطلوب حق آمد چند گاه / این دهل زن را بران، بربند راه
تک مران، در کش عنان، مستور به / هر کس از پندار خود مسرور به
حق همی خواهد که نومیدان او / زین عبادت هم نگردانند رو
هم مشرف در عبادتهای او / مشتغل گشته به طاعتهای او
هم به اومیدی مشرّف می شوند / چند روزی در رکابش میدوند
خواهد آن رحمت بتابد بر همه / بر بد و نیک از عموم مرحمه
حق همی خواهد که هر میر و اسیر / با رجا و خوف باشند و حذیر
این رجا و خوف در پرده بود / تا پسِ این پرده، پرورده شود
چون دریدی پرده، کو خوف و رجا؟ / غیب را شد کرّ و فرّی بر ملا

۱۶۹. حکایت ماهی گیر و مرد جوان و گمان او که ماهی گیر سلیمانست

بر لب جو برد ظنی یك فتا ‌‌ ‌ که سلیمان است ماهی گیر ما
گر ویست این از چه فرد است و خفیست؟ ‌ ورنه، سیمای سلیمانیش چیست؟
اندر این اندیشه می بود او دو دل ‌ تا سلیمان گشت شاه مستقل
دیو رفت از تخت و ملك او، گریخت ‌ تیغ بختش خون آن شیطان بریخت
کرد در انگشت خود انگشتری ‌ جمع آمد لشکر دیو و پری
آمدند از بهر نظاره رجال ‌ در میانشان آنکه بُد صاحب خیال
چون در انگشتش بدید انگشتری ‌ رفت اندیشه و تحرّی یك سری
وهم آنگاه است، کو پوشیده است ‌ این تحری از پی نادیده است
شد خیال غائب اندر سینه زفت ‌ چونکه حاضر شد، خیال او برفت
گر سمای نور بی باریدنی ست ‌ هم زمین تار بی بالیده نیست
گرچه هست اظهار کردن هم کمال ‌ میرهاند جانها را از خیال
يؤْمِنُونَ بِالْغَيبِ می باید مرا ‌ زآن ببستم روزن فانی سرا
لیک یک درصد بود ایمان به غیب ‌ نیک دان و بگذر، از تردید و ریب
چون شکافم آسمان را در ظهور؟ ‌ چون بگویم هل تری فیها فطور؟
تا در این ظلمت تحری گسترند ‌ هر کسی رو جانبی می آورند
مدتی معکوس باشد کارها ‌ شحنه را دزد آورد بر دارها
تا که بس سلطان و عالی همتی ‌ بندهٔ بندهٔ خود آید مدتی
بندگی در غیب آید خوب و کش ‌ حفظ غیب آید در استبعاد خوش
کو که مدح شاه گوید پیش او ‌ تا که در غیبت بود او شرم رو
قلعه داری کز کنار مملکت ‌ دور از سلطان و سایه سلطنت
پاس دارد قلعه را از دشمنان ‌ قلعه نفروشد به مال بی کران
غایب از شه در کنار ثغرها ‌ همچو حاضر او نگه دارد وفا

نزد شه بهتر بود از دیگران
که به خدمت حاضرند و جان فشان

پس به غیبت نیم ذره حفظ کار
به که‌اندر حاضری زآن صد هزار

طاعت و ایمان کنون محمود شد
بعد مرگ اندر عیان مردود شد

چونکه غیب و غایب و رو پوش به
پس دهان بربسته، لب خاموش به

ای برادر دست وا دار از سخُن
خود خدا پیدا کند علم لدُن

بس بود خورشید را رویش گواه
أَی شی ء أعظم الشاهد إله

نه بگویم چون قرین شد بر بیان
هم خدا و هم ملك هم عالمان

یشهد الله و الملك و اهل العلوم
إنه لا رب إلا مـــن یـــدوم

چون گواهی داد حق، که بود ملك؟
تا شود اندر گواهی مشترك

زآنکه شعشاع حضور آفتاب
بر نتابد چشم و دلهای خراب

چون خفاشی، کو تف خورشید را
بر نتابد بگسلد اومید را

پس ملایك را چو ماهان بازدان
جلوه گر خورشید را بر آسمان

کاین ضیا ما ز آفتابی یافتیم
چون خلیفه بر ضعیفان تافتیم

چون مه نو یا سه روزه یا که بدر
مرتبه هر یك ملك، در نور قدر

ز اجنحه نور ثلاث او رباع
بر مراتب هر ملك را آن شعاع

همچو پرهای عقول انســیان
که بسی فرقستشان اندر میان

پس قرین هر بشر در نیك و بد
آن ملك باشد که مانندش بود

چشم اعمش، نور خور، چون بر نتافت
اختر او را شمع شد، تا ره بیافت

۱۷۰. گفتن پیغمبر صلی الله علیه اله مر زید را که این سرّ را فاش تر از این مکن

گفت پیغمبر که: اصحابی نجوم
رهروان را شمع و، شیطان را رجوم

هر کسی را گر بُدی آن چشم و زور
که گرفتی ز آفتاب چرخ نور؟

کی ستاره حاجت استی ای ذلیل؟
که بود، بر نور خورشید او دلیل

هیچ ماه و اختری حاجت نبود
که بود، بر آفتاب حق شهود

ماه می گوید به ابر و خاك و فی
من بشر بودم ولی یوحی الی

چون شما تاریك بودم از نهاد
وحی خورشیدم چنین نوری بداد

ظلمتی دارم به نسبت با شموس
نور دارم بهر ظلمات نفوس

ز آن ضعیفم، تا تو تابی آوری
که نه مرد آفتاب انوری

همچو شهد و سرکه در هم بافتم
تا سوی رنج جگر ره یافتم

چون ز علت وارهیدی ای رهین
سرکه را بگذار و میخور انگبین

تخت دل معمور شد پاك از هوا
بروی الرَّحْمنُ عَلَی الْعَرْشِ استوی

حکم بر دل بعد از این بی واسطه
حق کند، چون یافت دل این رابطه

این سخن پایان ندارد زید کو
تا دهم پندش که رسوایی مجو

نیست حکمت گفتن این اسرار را
چون قیامت می‌رسد اظهار را

زید را اکنون نیابی، کو گریخت
جست از صف نعال و نعل ریخت

تو که باشی زید هم خود را نیافت
همچو اختر، که بر او خورشید تافت

نی از او نقشی بیابی نی نشان
نی کهی یابی، نه راه کهکشان

شد حواس و نطق با پایان ما
محو نور دانش سلطان ما

حس‌ها و عقل‌هاشان در درون
موج در موج لَدَینا محضرون

چون بیامد شام و وقت بار شد
انجم پنهان شده بر کار شد

خلق عالم جملگی بیهش شوند
پرده ها بر رو کشند و بغنوند

صبح چون دم زد، عَلَم برداشت خور
هر تنی از خوابگه برداشت سر

بیهشان را وادهد حق هوش‌ها
حلقه حلقه، حلقه ها در گوش‌ها

پای کوبان دست افشان در ثنا
ناز نـــازان، ربنـــا أحییتنا

آن جلود و آن عظام ریخته
فارسان گشته غبار انگیخته

حمله آرند از عدم سوی وجود
در قیامت هم شکور و هم کنود

سر چه می پیچی؟ کنون نادیده‌ای
در عدم، ز اول نه سرپیچیده‌ای؟

در عدم افشرده بودی پای خویش
که مرا که بر کند از جای خویش؟

می‌نبینی صـــنع ربانیت را
که کشید او موی پیشانیت را

تا کشیدت اندر این انواع حال
که نبودت در گمان و در خیال

آن عدم او را هماره بنده است
کار کن دیوا، سلیمان زنده است

دیو می‌سازد جِفانٍ کالجواب
زَهره نی، تا دفع گوید، یا جواب

خویش را بین، چون همی لرزی ز بیم؟
مر عدم را نیز لرزان بین مقیم

ور تو دست اندر مناصب می‌زنی
هم ز ترس است آن که جانی می‌کنی

هر چه جز عشق خدای احسن است
گر شکر خواری است، آن جان کندن است

چیست جان کندن؟ سوی مرگ آمدن
دست در آب حیاتی نازدن

خلق را دو دیده در خاك و ممات
صد گمان دارند در آب حیات

جهد کن تا صد گمان گردد نود
شب برو، ور تو بخسبی، شب رود

در شب تاریك جو آن روز را
پیش کن آن عقل ظلمت سوز را

در شب بد رنگ، بس نیکی بود
آب حیوان جفت تاریکی بود

سر ز خفتن کی توان برداشتن
با چنین خشخاش غفلت کاشتن

خواب مرده لقمه مرده یار شد
خواجه خفت و، دزد شب بر کار شد

تو نمی‌دانی که خصمانت کیند
ناریان خصم وجود خاکی اند

نار خصم آب و فرزندان اوست
همچنانکه آب خصم جان اوست

آب آتش را کشد زیرا که او
خصم فرزندان آب است و عدو

بعد از آن، این نار، نار شهوت است
کاندر او اصل گناه و زلت است

نار بیرونی به آبی بفسرد
نار شهوت تا به دوزخ می‌برد

نار شهوت می نیار امد به آب
ز انکه دارد طبع دوزخ در عذاب

نار شهوت را چه چاره؟ نور دین
نورکم اطفاء نار الکافرین

چه کشد این نار را؟ نور خدا
نور ابراهیم را ساز اوستا

تا ز نار نفس چون نمرود تو
وارهد این جسم همچون عود تو

نار پاکان را ندارد خود زیان
کی ز خاشاکی شود دریا نهان؟

هر که تریاق خدائی را بخورد
گر خورد زهری مگویش که بمرد

خود کند رنجور را رنجورتر
وانکه معمور است، از آن معمورتر

گر طبیبت گوید ای رنجور زار
از عسل پرهیز کن هین هوشدار

گر جوابش گوئی از جهل ای سقیم
"که چرا تو می‌خوری بی ترس و بیم؟"

گویدت در دل حکیم نکته دان
کج قیاسی کرده ای چون ابلهان

آب چشمه بین ز ریزش شد فزون
آب خُم بین که ز خوردن شد نگون

در تو علت می‌فروزد همچو نار
هین مکن با نار هیزم را تو یار

زین دو، آتش خانه ات ویران شود
قالب زنده از آن بیجان شود

در من ار ناریست، هست آن همچو نور
نار صحت در تن افزاید سرور

نار صحت چون فروزد در وجود
بیزبان زو تن برد صد گونه سود

شهوت ناری، به راندن کم نشد
او به ماندن کم شود، بی هیچ بد

تا که هیزم می‌نهی بر آتشی
کی بمیرد آتش از هیزم کشی؟

چون که هیزم باز گیری، نار مُرد
ز انکه تقوی آب سوی نار برد

کی سیه گردد به آتش روی خوب
کو نهد گلگونه از تَقْوَی القلوب

۱۷۱. آتش افتادن در شهر به ایام عمر

آتشی افتاد در عهد عمر	همچو چوب خشک می خورد او حجر
در فتاد اندر بنا و خانه ها	تا زد اندر پَر مرغ و لانه ها
نیم شهر از شعله ها آتش گرفت	آب می‌ترسید از آن و می‌شکفت
مشگهای آب و سرکه می‌زدند	بر سر آتش کسان هوشمند
آتش از استیزه افزودی لهب	می‌رسید او را مدد از صنع رب
می‌رسید او را مدد از بی‌حدی	آتش از استیزه افزون می‌شدی
خلق آمد جانب عمر شتاب	کاتش ما می‌نمیرد هیچ از آب
گفت آن آتش ز آیات خداست	شعله ای از آتش بخل شماست
آب بگذارید و نان قسمت کنید	بُخل بگذارید اگر آن منید
خلق گفتندش که در بگشوده‌ایم	ما سخی و اهل فتوت بوده‌ایم
گفت نان بر رسم و عادت داده اید	از برای حق دری نگشاده‌اید
بهر فخر و بهر بوش و بهر ناز	نه از برای ترس و تقوی و نیاز
مال تخم است و به هر شوره منه	تیغ را در دست هر ره زن مده
اهل دین را باز دان از اهل کین	همنشین حق بجو، با او نشین
هر کسی بر قوم خود ایثار کرد	کاغه پندارد که او خود کار کرد

۱۷۲. خدو انداختن خصم بر روی امیر المؤمنین علی علیه السلام و انداختن آن حضرت شمشیر را از دست

از علی آموز اخلاص عمل / شیر حق را دان منزه از دغل
در غزا بر پهلوانی دست یافت / زود شمشیری بر آورد و شتافت
او خدو انداخت بر روی علی / افتخار هر نبی و هر ولی
او خدو انداخت بر روئی که ماه / سجده آرد پیش او در سجده گاه
در زمان انداخت شمشیر آن علی / کرد او اندر غزایش کاهلی
گشت حیران آن مبارز زین عمل / وز نمودن عفو و رحم بی محل
گفت بر من تیغ تیز افراشتی / از چه افکندی مرا بگذاشتی
آن چه دیدی بهتر از پیکار من؟ / تا شدی تو سست در اشکار من؟
آن چه دیدی که چنین خشمت نشست؟ / تا چنان برقی نمود و باز جست
آن چه دیدی که مرا زآن عکس دید / در دل و جان شعله ای آمد پدید؟
آن چه دیدی برتر از کون و مکان؟ / که به از جان بود و بخشیدیم جان
در شجاعـــت شیر ربانیســـتی / در مروت خود که داند کیستی
در مروت ابر موسایی به تیه / کآمد از وی خوان و نان بی شبیه
ابرها گندم دهد، کان را به جهد / پخته و شیرین کند مردم چو شهد
ابر موسی پر رحمت بر گشاد / پخته و شیرین بی زحمت بداد
از برای پخته خواران کرم / رحمتش افراشت در عالم علم
تا چهل سال آن وظیفه و آن عطا / کم نشد یك روز از آن اهل رجا
تا هم ایشان از خسیسی خاستند / گندنا و تره و خس خواستند
جملگی گفتند با موسی ز آز / بقل و قثاء و عدس سیر و پیاز
زآن گدا روئی و حرص و آزشان / منقطع شد منّ و سلوی زآسمان

امت احمد که هستند از کرام   هست باقی تا قیامت آن طعام
چون ابیت عند ربی فاش شد   یطعم و یسقی کنایت زاش شد
هیچ بی تأویل این را در پذیر   تا در آید در گلو چون شهد و شیر
ز آن که تأویل است وا داد عطا   چون که بیند آن حقیقت را خطا
آن خطا دیدن ز ضعف عقل اوست   عقل کل مغز است و عقل جزو پوست
خویش را تأویل کن، نه اخبار را   مغز را بد گوی، نی گلزار را
ای علی که جمله عقل و دیده ای   شمه ای واگو از آن چه دیده ای
تیغ حلمت جان ما را چاک کرد   آب علمت خاک ما را پاک کرد
باز گو دانم که این اسرار هوست   ز آن که بی شمشیر کشتن کار اوست
صانع بی آلت و بی جارحه   واهب این هدیه‌های رایحه
صد هزاران می‌چشاند روح را   که خبر نبود دهان را ای فتی
صد هزاران روح بخشد هوش را   که خبر نبود دو چشم و گوش را
باز گو ای باز عرش خوش شکار   تا چه دیدی این زمان از کردگار
چشم تو ادراک غیب آموخته   چشم‌های حاضران بر دوخته
آن یکی ماهی همی بیند عیان   و آن یکی تاریک می‌بیند جهان
و آن یکی سه ماه می‌بیند به هم   این سه کس بنشسته یک موضع، نعم
چشم هر سه باز و گوش هر سه تیز   در تو آویزان و از من در گریز
سحر عین است این عجب لطف خفیست   بر تو نقش گرگ و بر من یوسفی است
عالم ار هژده هزار است و فزون   هر نظر را نیست این هژده زبون
راز بگشا ای علی مرتضی   ای پس سوء القضاء حسن القضاء
یا تو واگو آنچه عقلت یافته است   یا بگویم آنچه بر من تافته است
از تو بر من تافت، چون داری نهان؟   می‌فشانی نور، چون مه بی زبان
از تو بر من تافت، پنهان چون کنی؟   بیزبان چون ماه پرتو میزنی
لیک اگر در گفت آید قرص ماه   شب روان را زودتر آرد به راه

از غلط ایمن شوند و از ذهول
بانگ مه غالب شود بر بانگ غول

ماه بی گفتن چو باشد رهنما
چون بگوید شد ضیا اندر ضیا

چون تو بابی آن مدینه علم را
چون شعاعی آفتاب حلم را

باز باش ای باب بر جویای باب
تا رسد از تو قشور اندر لباب

باز باش ای باب رحمت تا ابد
بارگاه ما لَهُ کُفُواً أحد

هر هوا و ذره ای خود منظری است
ناگشاده که گود آنجا دری است؟

تا بنگشاید دری را دیدبان
در درون هرگز نگنجد این گمان

چون گشاده شد دری حیران شود
مرغ امّید و طمع پرّان شود

غافلی ناگه به ویران گنج یافت
سوی هر ویرانه زان پس می شتافت

تا ز درویشی نیابی تو گهر
کی گهر جوئی ز درویشی دگر

سالها گر ظن دود با پای خویش
نگذرد ز اشکاف بینیهای خویش

تا به بینی نایدت از غیب بو
غیر بینی هیچ می بینی؟ بگو

۱۷۳. سؤال کردن آن کافر از آن حضرت که چون بر من ظفر یافتی چرا از قتل من اعراض فرمودی و مرا نکشتی؟

پس بگفت آن نو مسلمان ولی
از سر مستی و لذت با علی

که بفرما یا امیر المؤمنین
تا بجنبد جان بتن در چون جنین

هفت اختر هر جنین را مدتی
می‌کنند ای جان به نوبت خدمتی

چونکه وقت آید که جان گیرد جنین
آفتابش آن زمان گردد معین

چون جنین را نوبت تدبیر رو
از ستاره سوی خورشید آید او

این جنین در جنبش آید ز آفتاب
کافتابش جان همی بخشد شتاب

از دگر انجم بجز نقشی نیافت
این جنین، تا آفتابش بر نتافت

از کدامین ره تعلق یافت او؟
در رحم با آفتاب خوب رو

از ره پنهان که دور از حس ماست
آفتاب چرخ را بس راههاست

آن رهی که زر بیابد قوت از او
و آن رهی که سنگ شد یاقوت از او

آن رهی که سرخ سازد لعل را
و آن رهی که برق بخشد نعل را

آن رهی که پخته سازد میوه را
و آن رهی که دل دهد کالیوه را

باز گو ای باز پَر افروخته
با شه و با ساعدش آموخته

باز گو ای باز عنقا گیر شاه
ای سپاه اشکن به خود، نی با سپاه

امت وَحدی، یکی و صد هزار
باز گو، ای بنده بازت را شکار

در محل قهر این رحمت ز چیست؟
اژدها را دست دادن راه کیست؟

۱۷۴. جواب گفتن امیر المؤمنین که سبب افکندن شمشیر چه بود در آن حالت

گفت من تیغ از پی حق می‌زنم
بندهٔ حقم، نه مأمور تنم

شیر حقم نیستم شیر هوا
فعل من بر دین من باشد گوا

من چو تیغم و آن زنندهٔ آفتاب
ما رمیتَ إذ رمیتُ در حِراب

رخت خود را من ز ره برداشتم
غیر حق را من عدم انگاشتم

من چو تیغم، پر گهرهای وصال
زندهٔ گردانم، نه کشته در قتال

سایه‌ام من، کدخدایم آفتاب
حاجبم من، نیستم او را حجاب

خون نپوشد گوهر تیغ مرا
باد از جا کی برد میغ مرا؟

کَه نیم کوهم، ز حلم و صبر و داد
کوه را کی در رباید تند باد؟

آنکه از بادی رود از جا خسی است
زآنکه باد ناموافق خود بسی است

باد خشم و، باد شهوت، باد آز
برد او را که نبود اهل نیاز

باد کبر و باد عجب و باد خلم
برد او را که نبود از اهل علم

کوهم و هستی من بنیاد اوست
ور شوم چون کاه، بادم باد اوست

جز به باد او نجنبد میل من
نیست جز عشق احد سر خیل من

خشم بر شاهان، شه و، ما را غلام
خشم را من بسته‌ام زیر لگام

تیغ حلمم گردن خشمم زده ست
خشم حق بر من چو رحمت آمده ست

غرق نورم، گر چه سقفم شد خراب
روضه گشتم، گر چه هستم بو تراب

چون در آمد علتی اندر غزا
تیغ را دیدم نهان کردن سزا

تا احب لله آید نام من
تا که ابغض لله آید کام من

تا که اعطا لله آید جود من
تا که‌امسك لله آید بود من

بخل من لله، عطا لله و بس
جمله لله‌ام نیم من آن کس

و آنچه لله میکنم تقلید نیست
نیست تخییل و گمان جز دید نیست

ز اجتهاد و از تحری رسته‌ام
آستین بر دامن حق بسته‌ام

گر همی پرم، همی بینم مطار
ور همی گردم، همی بینم مدار

ور کشم باری، بدانم تا کجا
ماهم و، خورشید پیشم پیشوا

بیش از این، با خلق گفتن، روی نیست
بحر را گنجایی اندر جوی نیست

پست می گویم به‌اندازهٔ عقول
عیب نبود این بود کار رسول

از غرض حُرّم، گواهی حُرّ شنو
که گواهی بندگان نه ارزد دو جو

در شریعت مر گواهی بنده را
نیست قدری وقت دعوی و قضا

گر هزاران بنده باشندت گواه
شرع نپذیرد گواهیشان به کاه

بندهٔ شهوت بتر نزدیك حق
از غلام و بندگان مسترق

کاین به یك لفظی شود از خواجه حُرّ
و آن زید شیرین و، میرد سخت مُر

بندهٔ شهوت ندارد خود خلاص
جز به فضل ایزد و انعام خاص

در چهی افتاد کان را غور نیست
و آن گناه اوست، جبر و جور نیست

در چهی انداخت او خود را که من
در خور قعرش نمی یابم رسن

چون گناه اوست، ای جان چون کنم؟
که ورا از قعر چَه بیرون کنم

بس کنم، گر این سخن افزون شود
خود جگر چه بود؟ که خارا خون شود

این جگرها خون نشد از سختی است
غفلت و مشغولی و بد بختی است

خون شود روزی که خونش سود نیست
خون شو آن وقتی که خون مردود نیست

چون گواهی بندگان مقبول نیست
عدل او باشد، که بندهٔ غول نیست

گشت ارسلناك شاهد در نذر
ز آن که بود از کون او حُرّ ابن حُرّ

چون که حُرّم، خشم کی بندد مرا؟
نیست اینجا جز صفات حق، در آ

اندرآ کازاد کردت لطف حق
زآنکه رحمت داشت بر خشمش سبق

اندرآ اکنون که رستی از خطر
سنگ بودی کیمیا کردت گهر

رسته ای از کفر و خارستان او
چون گلی بشکفته در بستان هو

تو منی و من تو، با تو من خوشم
تو علی بودی، علی را چون کشم؟

معصیت کردی به از هر طاعتی
آسمان پیموده‌ای در ساعتی

بس خجسته معصیت کان مرد کرد	نی ز خاری بر دمد اوراق ورد؟
نی گناه عمر و قصد رسول؟	می‌کشیدش تا به درگاه قبول؟
نی به سحر ساحران فرعونشان؟	می کشید و گشت دولت عونشان؟
گر نبودی سحرشان و آن جحود	کی کشیدیشان به فرعون عنود؟
کی بدیدندی عصا و معجزات؟	معصیت طاعت شد ای قوم عُصات
ناامیدی را خدا گردن زده است	چون گنه مانند طاعت آمده است
چون مبدل می‌کند او سیئات	عین طاعت می کند رغم وشئات
زین شود مرجوم شیطان رجیم	و ز حسد او بطرقد، گردد دو نیم
او بکوشد تا گناهی آورد	ز آن گنه ما را به چاهی آورد
چون ببیند کان گنه شد طاعتی	گردد او را نامبارک ساعتی
اندر آ من در گشادم مر ترا	تُف زدی و تُحفه دادم مر ترا
چون جفاگر را چنین ها می‌دهم	پیش پای چپ ز جان سر می نهم
پس وفاگر را چه بخشم تو بدان	گنج‌ها و ملک‌های جاودان
جاودانه پادشاهی بخشمش	آنچه اندر وهم ناید بدهمش
من چنان مردم که بر خونی خویش	نوش لطف من نشد در قهر نیش

۱۷۵. گفتن پیغمبر به گوش رکابدار امیر المؤمنین علی (ع) که هر آینه کشتن علی بدست تو خواهد بود

گفت پیغمبر به گوش چاکرم   کو برد روزی ز گردن این سرم
کرد آگه آن رسول از وحی دوست   که هلاکم عاقبت بر دست اوست
او همی گوید بکش پیشین مرا   تا نیاید از من این منکر خطا
من همی گویم: چو مرگ من ز توست   با قضا من چون توانم حیله جست؟
او همی افتد به پیشم کای کریم   مر مرا کن از برای حق دو نیم
تا نیاید بر من این انجام بد   تا نسوزد جـان من بر جان خود
من همی گویـــم برو جفّ القلم   ز آن قلم بس سر نگون گردد علم
هیچ بغضی نیست در جانم ز تو   زآنکه این را من نمی‌دانم ز تو
آلت حقی تو، فاعل دست حق   چون زنم بر آلت حق طعن و دق
گفت او پس آن قصاص از بهر چیست   گفت هم از حق و، آن سرّ خفیست
گر کند بر فعل خود او اعتراض   ز اعتراض خود برویاند ریاض
اعتراض او را رسد بر فعل خود   ز آن که در قهر است و در لطف او احَد
اندر این شهر حوادث میر اوست   در ممالك مالك تدبیر اوست
آلت خود را اگر او بشکند   آن شکسته گشته را نیکو کند
رمز ننسخ آیه او ننس‌ها   نأت خیرا در عقب میدان مها
هر شریعت را که حق منسوخ کرد   او گیا برد و عوض آورد ورد
شب کند منسوخ شغل روز را   دان جمادی آن خرد افروز را
باز شب منسوخ شد از نور روز   تا جمادی سوخت زآن آتش فروز
گر چه ظلمت آمد آن نوم و سبات   نی درون ظلمت است آب حیات؟
نی در آن ظلمت خردها تازه شد؟   سکته ای سرمایهٔ آوازه شد؟

که ز ضدها ضدها آید پدید　　در سویدا روشنایی آفرید

جنگ پیغمبر مدار صلح شد　　صلح این آخر زمان ز آن جنگ بُد

صد هزاران سر برید آن دلستان　　تا امان یابد سر اهل جهان

باغبان ز آن می‌برد شاخ خضر　　تا بیابد نخل قامت‌ها و بر

می کنَد از باغ دانا آن حشیش　　تا نماید باغ و میوه خرمیش

می کند دندان بد را آن طبیب　　تا رهد از درد و بیماری حبیب

بس زیادتها درون نقصهاست　　مر شهیدان را حیات اندر فناست

چون بریده گشت حلق رزق خوار　　یرزقون فرحین شد خوشگوار

حلق حیوان چون بریده شد به عدل　　حلق انسان رست و افزائید فضل

حلق انسان چون ببرد هین ببین　　تا چه زاید؟ کن قیاس آن بر این

حلق ثالث زاید و تیمار او　　شربت حق باشد و انوار او

حلق ببریده خورد شربت، ولی　　حلق از لا رسته، مرده در بلی

بس کن ای دون همت کوته بنان　　تا کی ات باشد حیات جان به نان؟

ز آن نداری میوه ای مانند بید　　کآبرو بردی پی نان سپید

گر ندارد صبر زین نان جان حس　　کیمیا را گیر و زر گردان تو مس

جامه شویی کرد خواهی ای فلان　　رو مگردان از محلهٔ گازران

گر چه نان بشکست مر روزهٔ ترا　　در شکسته بند پیچ و برتر آ

چون شکسته بند آمد دست او　　پس رفو باشد یقین اشکست او

گر تو آن را بشکنی گوید بیا　　تو درستش کن، نداری دست و پا

پس شکستن حق او باشد که او　　مر شکسته گشته را داند رفو

آن که داند دوخت او تاند درید　　هر چه را بفروخت نیکوتر خرید

خانه را کند و چو جنت ساخت او　　پست کرد و بر فلک افراخت او

خانه را ویران کند زیر و زبر　　پس به یك ساعت کند معمورتر

گر یکی سر را ببرد از بدن　　صد هزاران سر بر آرد در زمن

گر نفرمودی قصاصی بر جناة
یا نگفتی فی القصاص آمد حیات

خود که را زهره بدی تا او ز خود
بر اسیر حکم حق تیغی زند؟

زآنکه داند هر که چشمش را گشود
کآن کُشنده سخرهٔ تقدیر بود

هر که را آن حکم بر سر آمدی
بر سر فرزند خود تیغی زدی

رو بترس و، طعنه کم زن بر بدان
پیش دام حکم، عجز خود بدان

پیش حکم حق بنه گردن ز جان
تسخر و طعنه مزن بر گمرهان

۱۷۶. تعجب کردن آدم از فعل ابلیس و عذر آوردن و توبه کردن

روزی آدم بر بلیسی کو شقی ست		از حقارت و از زیافت بنگریست
خویش بینی کرد و آمد خود گزین		خنده زد بر کار ابلیس لعین
بانگ بر زد غیرت حق کای صفی		تو نمی دانی ز اسرار خفی
پوستین را بازگونه گر کند		کوه را از بیخ و از بن بر کند
پردهٔ صد آدم آن دم بر درد		صد بلیس نو مسلمان آورد
گفت آدم توبه کردم زین نظر		این چنین گستاخ نندیشم دگر
یارب این جرات ز بنده عفو کن		توبه کردم می‌نگیرم زین سُخن
یا غیاث المستغیثین، اهدنا		لا افتخار بالعلوم و الغنی
لا تزغ قلبا هدیت بالکرم		و اصرف السوء الذی خط القلم
بگذران از جان ما سوء القضا		وا مبر ما را ز اخوان صفا
ایخدا ای فضل تو حاجت روا		با تو یاد هیچ کس نبود روا
تلخ تر از فرقت تو هیچ نیست		بی پناهت، غیر پیچا پیچ نیست
رخت ما هم رخت ما را راه زن		جسم ما مر جان ما را جامه کن
دست ما چون پای ما را می خورد		بی امان تو کسی چون جان برد؟
ور برد جان زین خطرهای عظیم		برده باشد مایهٔ ادبار و بیم
زآنکه جان چون واصل جانان نبود		تا ابد با خویش کور است و کبود
چون تو ندهی راه، جان خود برده گیر		جان که بی تو زنده باشد، مرده گیر
گر تو طعنه می‌زنی بر بندگان		مر ترا آن می رسد ای کامران
ور تو ماه و مهر را گوئی جفا		ور تو قد سرو را گویی دوتا
ور تو چرخ و عرش را گوئی حقیر		ور تو کان و بحر را گویی فقیر
آن به نسبت با کمال تو رواست		ملك و اقبال و غناها، مر تو راست؟
که تو پاکی از خطر و ز نیستی		نیستان را موجد و مغنیستی

آن که رویانید تواند سوختن
وآنکه بدریده است، داند دوختن

می بسوزد هر خزان مر باغ را
باز رویاند گل صباغ را

کای بسوزیده، برون آ تازه شو
بار دیگر خوب و خوب آوازه شو

چشم نرگس کور شد، بازش بساخت
حلق نی ببرید و بازش خود نواخت

ما چو مصنوعیم و صانع نیستیم
جز زبون و جز که قانع نیستیم

ما همه نفسی و نفسی می زنیم
گر نخوانی ما همه اهریمنیم

زآن ز اهریمن رهیدستیم ما
که خریدی جان ما را از عمی

تو عصا کش هر که را که زندگی است
بی عصا و بی عصا کش کور چیست؟

غیر تو هر چه خوش است و ناخوش است
آدمی سوز است و عین آتش است

هر که را آتش پناه و پشت شد
هم مجوسی گشت و هم زردشت شد

کل شیء ما خلا الله باطل
إن فضل الله غیم هاطل

باز رو سوی علی و خونی اش
و آن کرم با خونی و افزونی اش

۱۷۷. بقیه قصه امیر المؤمنین علی علیه السلام و مسامحت و اغماض کردن او با خونی خویش

گفت دشمن را همی می‌بینم به چشم روز و شب بر وی ندارم هیچ خشم
زآنکه مرگم همچو جان خوش آمده ست مرگِ من در بعث، چنگ اندر زده ست
مرگ بی مرگی بود ما را حلال برگ بی برگی بود ما را نوال
برگ بی برگی تو را چون برگ شد جان باقی یافتی و، مرگ شد
ظاهرش مرگ و به باطن زندگی ظاهرش ابتر نهان پایندگی
از رحم زادن جنین را رفتن است در جهان او را ز نو بشکفتن است
آنکه مردن پیش جانش تهلکه است حکم لاتلقو نگیرد او بدست
چون مرا سوی اجل عشق و هواست نهی لا تُلْقُوا بِأَيدِيكُمْ مراست
ز آنکه نهی، از دانهٔ شیرین بود تلخ را خود نهی حاجت کی شود؟
دانه ای کش تلخ باشد مغز و پوست تلخی و مکروهی اش خود نهی اوست
دانهٔ مردن مرا شیرین شده ست بل هم احیاء پی من آمده ست
اقتلونی یا ثقاتی لائما إن فی قتلی حیاتی دائما
إن فی موتی حیاتی یا فتی کم أفارق موطنی حتی متی
فرقتی لو لم تکن فی ذا السکون لم یقل إِنَّا إِلَيهِ راجعون
راجع آن باشد که باز آید به شهر سوی وحدت آید از تفریق دهر
این سخن پایان ندارد، چاکرم چون شنید این سِرّ ز سید، گشت خم

۱۷۸. افتادن رکابدار در پای امیر المومنین علی علیه السلام که ای امیر مرا بکش و از این بلیه برهان

باز آمد کای علی زودم بکش
تا نبینم آن دم و وقت ترش

من حلالت می‌کنم خونم بریز
تا نبیند چشم من آن رستخیز

گفتم، ار هر ذره ای خونی شود
خنجر اندر کف به قصد تو بود

یك سر مو از تو نتواند برید
چون قلم بر تو چنان خطی کشید

لیك بی غم شو، شفیع تو منم
خواجهٔ روحم، نه مملوك تنم

پیش من این تن ندارد قیمتی
بی تن خویشم، فتی ابن الفتی

خنجر و شمشیر شد ریحان من
مرگ من شد بزم و نرگسدان من

آنکه او تن را بدین سان پی کند
حرص میری و خلافت کی کند

زآن به ظاهر کوشد اندر جاه و حکم
تا امیران را نماید راه و حکم

تا بیاراید بهر تن جامه ای
تا نویسد او بهر کس نامه ای

تا امیری را دهد جان دگر
تا دهد نخل خلافت را ثمر

میری او بینی اندر آن جهان
فکرت پنهانیت گردد عیان

هین گمان بد مَبَر ای ذولباب
با خود آ، والله اعلم بالصواب

۱۷۹. بیان آنکه فتح طلبیدن پیغمبر صلی الله علیه و آله در مکه و غیرها جهت دوستی ملك دنیا نبود چونکه فرمود "الدنیا جیفهٔ و طالبها کلاب"

جهد پیغمبر به فتح مکه هم — کی بود در حب دنیا متهم؟
آنکه او از مخزن هفت آسمان — چشم و دل بر بست روز امتحان
از پی نظاره‌اش حور جنان — کرده پر آفاق هر هفت آسمان
قدسیان افتاده بر خاک رهش — صد چو یوسف اوفتاده در چهش
خویشتن آراسته از بهر او — خود ورا پروای غیر دوست کو؟
آنچنان پر گشته از اجلال حق — کاندر او هم ره نیابد آل حق
لا یسع فینا نبی مرسل — و الملك و الروح ایضا فاعقلوا
گفت ما زاغیم، همچون زاغ نی — مست صباغیم، مست باغ نی
چونکه مخزن‌های افلاك و عقول — چون خسی آمد بر چشم رسول
پس چه باشد، مکه و شام و عراق — که نماید او نبرد و اشتیاق؟
آن گمان بر وی ضمیری بَد کند — که قیاس از جهل و حرص خود کند
آبگینهٔ زرد چون سازی نقاب — زرد بینی جمله نور آفتاب
بشکن آن شیشهٔ کبود و زرد را — تا شناسی گرد را و مرد را
گِرد فارس گرد، سر افراشته — گرد را تو مرد حق پنداشته
گرد دید ابلیس و گفت این فرع طین — چون فزاید بر من آتش جبین؟
تا تو می‌بینی عزیزان را بشر — دان که میراث بلیس است آن نظر
گر نه فرزند بلیسی ای عنید — پس به تو میراث آن سگ چون رسید؟
من نیم سگ، شیر حقم، حق پرست — شیر حق آن است کز صورت برست
شیر دنیا جوید اشکاری و برگ — شیر مولی جوید آزادی و مرگ
چون که‌اندر مرگ بیند صد وجود — همچو پروانه بسوزاند وجود

شد هوای مرگ طوق صادقان / که جهودان را بُد آن دم امتحان

در نبی فرمود کای قوم یهود / صادقان را مرگ باشد برگ و سود

همچنان که آرزوی سود هست / آرزوی مرگ بردن زآن به است

ای جهودان، بهر ناموس کسان / بگذرانید این تمنا بر زبان

یك جهودی آنقدر زهره نداشت / چون محمد این علم را بر فراشت

گفت اگر رانید این را بر زبان / یك یهودی خود نماند در جهان

پس یهودان مال بردند و خراج / که مکن ما را تو رسوا ای سراج

جزیه پذرفتند و می‌بودند شاد / همچنان والله اعلم بالرشاد

این سخن را نیست پایانی پدید / دست با من ده، چو چشمت دوست دید

اندرآ در گلستان از مزبله / چونکه در ظلمت بدیدی مشغله

بی توقف زودتر در نه قدم / زین چَهِ بی بُن سوی باغ ارم

هم نبردش گفت از بهر خدا / شرح کن این را که بپذیرم هلا

۱۸۰. گفتن امیر المؤمنین علیه السلام با قرین خود که چون خدو انداختی در روی من نفس من جنبید و اخلاص عمل نماند. مانع کشتن تو آن شد.

گفت امیر المؤمنین با آن جوان ‌‌‌ که به هنگام نبرد ای پهلوان

چون خدو انداختی بر روی من ‌‌‌ نفس جنبید و تبه شد خوی من

نیم بهر حق شد و نیمی هوا ‌‌‌ شرکت اندر کار حق نبود روا

تو نگاریدهٔ کف مولیستی ‌‌‌ آنِ حقی، کردهٔ من نیستی

نقش حق را هم به‌امر حق شکن ‌‌‌ بر زجاجهٔ دوست، سنگ دوست زن

گبر این بشنید و نوری شد پدید ‌‌‌ در دل او، تا که زُنارش بُرید

گفت من تخم جفا می کاشتم ‌‌‌ من ترا نوعی دگر پنداشتم

تو ترازوی احد خو بوده‌ای ‌‌‌ بل زبانهٔ هر ترازو بوده‌ای

تو تبار و اصل و خویشم بوده‌ای ‌‌‌ تو فروغ شمع کیشم بوده‌ای

من غلام آن چراغ شمع خو ‌‌‌ که چراغت روشنی پذرفت از او

من غلام موج آن دریای نور ‌‌‌ که چنین گوهر در آرد در ظهور

عرضه کن بر من شهادت را که من ‌‌‌ مر ترا دیدم سرافراز زمن

قرب پنجَه کس ز خویش و قوم او ‌‌‌ عاشقانه سوی دین کردند رو

او به تیغ حلم چندین خلق را ‌‌‌ وا خرید از تیغ چندین حلق را

تیغ حلم از تیغ آهن تیزتر ‌‌‌ بل ز صد لشکر ظفر انگیزتر

۱۸۱. خاتمه‌ی دفتر اول مثنوی معنوی مولوی

ای دریغا لقمه ای دو خورده شد / جوشش فکرت از آن افسرده شد
گندمی خورشید آدم را کسوف / چون ذنب شعشاع بدری را خسوف
اینت لطف دل که از یك مشت گل / ماه او چون می‌شود پروین گسل
نان چو معنی بود و خوردش سود بود / چون که صورت گشت، انگیزد جحود
همچو خار سبز کاشتر می‌خورد / زآن خورش صد نفع و لذت می‌برد
چونکه آن سبزیش رفت و خشك گشت / چون همان را می خورد اشتر ز دشت
می دراند کام و لنجش، ای دریغ / کان چنان ورد مربی، گشت تیغ
نان چو معنی بود، بود آن خار سبز / چونکه صورت شد، کنون خشك است و گبز
تو بدآن عادت که او را پیش از این / خورده بودی ای وجود نازنین
بر همان بو می خوری این خشك را / بعد از آن کامیخت معنی با ثری
گشت خاك آمیز و خشك و گوشت بُر / ز آن گیاه اکنون بپرهیز ای شتر
سخت خاك آلود می‌آید سُخُن / آب تیره شد، سر چه بند کن
تا خدایش باز صاف و خوش کند / آنکه تیره کرد هم صافش کند
صبر آرد آرزو را، نی شتاب / صبر کن، و الله اعلم بالصواب

پایان دفتر اول

برای تهیه دفاتر دیگر مثنوی معنوی و دیگر آثار شعر انتشارات

بارکد زیر را اسکن کنید

خانه انتشارات کید زوکادو